Hutmacher · Symbolik der biblischen Zahlen und Zeiten

Hans A. Hutmacher

Symbolik der biblischen Zahlen und Zeiten

1993

Ferdinand Schöningh
Paderborn · München · Wien · Zürich

Die Deutsche Bibliothek - CIP-Einheitsaufnahme

Hutmacher, Hans A.:
Symbolik der biblischen Zahlen und Zeiten / Hans A.
Hutmacher. - Paderborn; München; Wien; Zürich:
Schöningh, 1993
ISBN 3-506-73967-0

Umschlaggestaltung: Elmar Lixenfeld, Frankfurt am Main

Printed in Germany. Herstellung: Ferdinand Schöningh, Paderborn

ISBN 3-506-73967-0

Inhalt

Einleitung

Die Arche Noah im Spielwarengeschäft, Adam und Eva auf der Witzseite belächelt und der uralte Methusalem als orientalisches Märchen-Fossil: Das sind die Folgen eines Verständnisses gewisser Bibelstellen, das weder die religiöse Genialität Israels noch die bleibend andrängende Botschaft des Wortes Gottes ans Licht bringen konnte — gerade auch aus „schwierigen Texten". Die exegetische Wissenschaft hat in den letzten Jahrzehnten unschätzbare Erhellungen gebracht, die in Kommentaren und Lexika greifbar sind. Es fehlt aber — insbesondere für den fragenden Schrifterklärer und Religionslehrer — an Erklärungen der Zahlen- und Zeitangaben, die vor allem in der „Urgeschichte", aber auch an Textstellen mit Zahlenaussagen, den Leser nahezu ratlos zurücklassen. Diesen Mangel zu lindern will diese kleine Einführung versuchen.

Ein wichtiger Schlüssel zum Verständnis biblischer Zahlenangaben liegt, mehr als nicht-jüdische Bibelausleger früherer Zeiten vermuten konnten, in einer „Zahlensymbolik" („Gematrie"). Man muß hier von einer eigenständigen literarischen Kunstform der biblischen Schriftsteller sprechen, deren Erklärung nicht als Gegensatz, sondern ergänzend zur übrigen wissenschaftlichen Exegese zu sehen ist.

Die Zahlensymbolik kann allerdings auch zu Übertreibungen verführen. Hier gilt die Mahnung von C. Schedl: „Da man praktisch jedes hebräische Wort als Zahl lesen kann, bot sich von selbst die Möglichkeit an, mit Hilfe von Zahlenwerten zum Tiefensinn der Schrift vorzustoßen. Hier konnte man eine Akribie sondergleichen entfalten. Im Endeffekt führt diese Methode von der Bibel weit weg. Der Text wurde zu einem Instrument komplizierter Mathematik. Geschichtlich gesehen ging der Weg von der nüchternen und einfachen Gematrie in der jüdischen Traditionsliteratur bis zu der schwer nachvollziehbaren 'Höheren Mathematik' der mittelalterlichen Kabbalah."[1] Und seine Kritik ist ernstzunehmen: „Die Zahlenmystik, die neuerdings Friedrich Weinreb in seinen beiden Büchern: Der göttliche Bauplan der Welt; der Sinn der Bibel nach der ältesten jüdischen Überlieferung (Zürich 1966), und: Die Rolle der Esther; das Buch Esther nach der ältesten jüdischen Überlieferung (Zürich 1968) entwickelte, ist eher geeignet, jemanden von der Beschäftigung mit Zahlenmystik abzuhalten als hinzuführen. Denn was hier mit Hilfe von Zahlen an Textexegese geboten wird, führt vom Text weit weg. Der Text ist eher nur ein Aufhänger für ein in sich geschlossenes kosmisches Zahlensystem. Hier allein liegt m. E. der Wert beider Bücher. Man bekommt den Eindruck, daß ein urtümliches System bis ins Bizarre durchexerziert wird."[2] Dieser Vorwurf darf aber nicht die ursprünglich im Text verankerte Kunst in Verruf bringen, wenn nachgewiesen werden kann, daß sie ein gebräuchliches Stilmittel religiöser Dichtung war.[3]

Wie läßt sich in Kürze das Entstehen der zahlensymbolischen Dichtkunst denken? Es sollen einige Gründe angeführt werden, die gerade im hebräischen religiösen Schrifttum diese Ausdrucksform stark gefördert haben können. Da ist zunächst auf die Tatsache hinzuweisen, daß die hebräischen Buchstaben zugleich auch als Zahlen dienen. Stellen wir uns vor, wir würden zum Abzählen A, B, C, D usw. gebrauchen. Diese Gewohnheit schärfte dann außerordentlich unseren Blick dafür, in den Buchstaben zugleich die Zahlen zu sehen. Ein hebräisches Beth — ein B also — auf einem Gefäß in Jerusalem aufgemalt, hätte einen abgekürzten Besitzernamen (Baruch) oder auch eine Maßzahl, z. B. zwei (Scheffel), bezeichnen können. Die Abfolge des hebräischen Alphabets aus 22 Buchstaben hat folgende Zahlenwerte: 1, 2, 3, 4, 5, 6, 7, 8, 9, 10, 20, 30, 40, 50, 60, 70, 80, 90, 100, 200, 300, 400.[4] Man kann leicht einsehen, daß über 81 % der Buchstaben-Zahlen sich unter dem Wert 100 befinden und auch die Hunderterwerte nur bis zur Endzahl 400 reichen. So lassen sich viele Wörter finden, die — als Zahlensumme gelesen — recht überschaubare Werte zeigen und die Tausend nicht überschreiten.

Man muß noch hinzufügen, daß die hebräische Schrift — anders als die griechische oder deutsche — geradezu eine „Kurzschrift" darstellt. Es werden nur die Konsonanten geschrieben. Die Vokale werden später durch die Vokalzeichen über oder unter den Konsonanten kenntlich gemacht — etwa seit dem 5. nachchristlichen Jahrhundert; sie gehören also nicht zur ursprünglichen Bibelschrift. Um ein Beispiel zu bringen: Der Name „David" wird im Hebräischen lediglich דוד, „DWD" geschrieben, der Name „Babel" nur בבל, „BBL", was dem hebräischen Leser selbstverständlich zugleich auch als 4-6-4 oder 2-2-30 erscheint. (Für die in Zahlen geschriebenen Wörter hat sich die Schreibweise mit Bindestrich-Absetzung bewährt. Natürlich wird auch die Lesart von links nach rechts für diese Arbeit gewählt — anders als im Hebräischen.) Die durchschnittliche Wortlänge im hebräischen Bibeltext besteht aus 3,8 Buchstaben. Dies macht das Wortbild leicht überschaubar und erleichtert die Zahlensymbolik. Bei großen Zahlenwerten haben die Hebräer allerdings zuweilen auch die Quersummen verwertet. Da die Null ihnen als Ziffer nicht bekannt war, setzten sie z. B. die Zahl 444 zusammen aus 4 als Zahl und Hundert als Wort, dann 4 als Zahl und Zehner als Wort und schließlich die 4. So bestand die Möglichkeit, die Zahl 444 als eine Summe von 4 + 4 + 4 zu lesen. Das ergab dann 12 als Quersumme.

Eine weitere Tatsache ist zu berücksichtigen. Das strenge Bilderverbot rief in einem phantasiereichen Volk geradezu nach Darstellungsmitteln, die — über die bildhaften Gestaltungen der Dichtkunst hinaus — den Text sozusagen „illustrierten", ihn in Zahlenverhältnissen und Wertvergleichen fast zum „Bild" werden ließen, wenn auch solche „Zahlenbilder" sich in ihrer Abstraktion oft nur einem nachdenkenden, langsamen Eindringen erschlossen. Dies war natürlich auch nur am gelesenen Wort möglich, das auch in seinem graphischen Eindruck gesehen wurde. „Auf den visuellen Effekt hat die Schrift seit den ersten Anfängen bis auf die Pflege moderner Kunstschrift großen Wert gelegt. Älteste sumerische Schriftdenkmäler aus dem 3. Jahrtausend geben dem Schriftbild zuliebe sogar die natürliche Wortfolge preis. Die ägyptische Hieroglyphenschrift ist stark vom Ornamentalen bestimmt."[5] Es gilt für größere Bereiche der hebräischen Literatur, was J. Becker für bestimmte Psalmen formuliert: „Die Akrostichie, die jeden folgenden Vers mit einem bestimmten Buchstaben, im Fall der alphabetischen Psalmen mit dem folgenden Buchstaben des Alphabets beginnen läßt, ist etwas für das Auge und hat nur einen Sinn, wenn die Komposition für die Lektüre bestimmt ist."[6]

Wie bildete sich nun auf diesem Hintergrund die konkrete biblische Zahlensymbolik? Wir können hier nur vermuten. Es ist nach unserer heutigen Kenntnis nicht so gewesen, daß sie — wie die spätere jüdische kabbalistische Spekulation gern glaubte — vom Himmel her geradezu als göttliches, von Ewigkeit erdachtes Kunstsystem in einem einmaligen Akt diktiert wurde. Sie wird einem nachdenklichen Schriftbetrachter, einem uns unbekannten genialen Entdecker — oder einer entsprechenden Gruppe — intuitiv und voll überraschendem Erstaunen in die Augen gesprungen sein und dann, mehr und mehr Analogien findend und wohl auch konstruierend, ihre Verbreitung begonnen haben.

Nehmen wir ein Beispiel eines solchen möglichen Entdeckungsvorgangs. Die große geschichtliche Heilstat Gottes an seinem Volk war die Rettung aus Ägypten und die Hinführung in das Land Kanaan; aus der Zerstreuung in Ägypten (Ex 5,12) in das Land der Einigung und Volkwerdung. Davon künden älteste Texte und Feiern. Ägypten, hebr. Mizraim, und Kanaan lesen sich in der Umschrift MSRIM und KN'N. Mühelos und selbstverständlich kann ein Israelit diese Buchstaben auch als Zahlen lesen. Dann steht unmittelbar mit gleicher Deutlichkeit dem Leser vor Augen: (MSRIM) 40-90-200-10-40 und (KN'N) 20-50-70-50. Der nächste Schritt war nun sehr naheliegend. Man faßte die Gesamtsumme der jeweiligen Namen in den Blick. Es ergab sich für den Namen Ägypten (Mizraim) 380 und für Kanaan 190. Jetzt entdeckte man: 380 verhält sich zu 190 genau wie 2 zu 1. Das hieß: Die Führung Gottes aus Ägypten nach Kanaan, aus der Zweiteilung und Zerteilung des Volkes in die Einheit des Gelobten Landes war geheimnisvoll in den Namen Ägypten und Kanaan „abgebildet". Nur angedeutet sei, daß von hier ein Licht fällt auf die sonst kaum erklärbare Altersangabe bei Mose, der den Zug aus der Zerteilung in die Einheit leitete. Er begann nämlich mit 80 Jahren den Exodus und führte dann 40 Jahre das Volk bis an die Grenze und in Sichtweite der Landes der Einheit, wo er mit 120 Jahren starb. Hier zeichnet sich auch das Verhältnis 80 zu 40 = 2 zu 1 ab, wobei die Bibel ausdrücklich die 80 Jahre des Mose auf zweimal 40 Lebensjahre aufgliedert (Apg 7,23.31). Diese Zahlen, entwickelt aus der Entdeckung der Namensbedeutung, wollen also nicht von der chronologischen Lebenslänge des Mose berichten, sondern von seiner Funktion künden. Gehen wir dieser Spur noch etwas weiter nach. Aus diesem Urschema wird auch verständlich, warum die im Gelobten Land der Einheit geborenen Patriarchen in eben diesem Kanaan vor der Zeit in Ägypten genau 190 Jahre lang lebten. Isaak ist bei der Geburt Jakobs nach Gen 25,26 im Alter von 60 Jahren, und Jakob siedelt mit 130 Jahren (Gen 47,9) nach Ägypten über: 190 Jahre!

Eine weitere Variante dieses Themas ist auch die Angabe, daß die Dauer des Aufenthaltes der Israeliten in Ägypten nach Ex 12,40 430 Jahre betrug, während die verheißungserfüllte Aufenthaltsdauer der drei Erzväter in Kanaan 215 Jahre währte. Zu den oben erwähnten 190 Jahren sind noch die 25 Jahre zu zählen, die Abraham vom Einzug mit 75 Jahren bis zur Geburt Isaak mit 100 Jahren in Kanaan verbringt. Auch hier ist die 1 zur 2 hin widergespiegelt. Doch über die Väterchronologie noch später. Eine heilsgeschichtliche Deutung der Zeit und nicht eine abzählbare chronologische Folge steht unübersehbar im Vordergrund. Ein letztes Nachklingen im Neuen Testament sei auf dieser Spur noch angezeigt: Lukas zählt im Pfingstgeschehen, das als ein „Anti-Babel" die Völker im Heiligen Geist eint, genau 17 Völker auf. Babel hat (s. oben) als Zahlenwert 34. Wieder wird die 2 zur 1 widergespiegelt: Die Zerstreuung wird in die Einheit des Geistes zurückgeführt.[7]

In der Folge von solchen Entdeckungen müssen wir annehmen, daß der betrachtende Blick sehr bewußt im Anschauen des Textes diese „Innenbilder" und „Verhältnisaussagen" erkannt hat. In unserer Betrachtung beschränken wir uns nachdrücklich auf die im biblischen Text belegten Zahlen, die übrigens auch ein im Hebräischen nur gering Kundiger nachprüfen kann. Deshalb versagen wir uns, die jüdischen Traditionen und Legenden mit ihren oft reizvollen Angaben zu biblischen Geschehnissen hinzuzuziehen.

Als sehr verführerisch muß auch eine Übertreibung der Spekulation zurückgewiesen werden. Es ist leicht einzusehen, daß man in einer gewissen Entdeckerfreude mit fast allen bedeutsamen Namen, wichtigen theologischen Begriffen, Satzgefügen und Kernabschnitten — entsprechend ihren Wörterzahlen, Buchstabensummen und Zahlenwerten — eine unübersehbare Fülle von Beziehungen und Zahlenentsprechungen herstellen kann.

Diese Arbeit unterscheidet sich von den Ergebnissen C. Schedls darin, daß sie die Zahlenbilder auf Grundaussagen (z. B. Gottestitel, Bekenntnisformeln) der jüdischen Glaubenswelt zurückführt und nicht auf astrologische und pythagoreische Lehren. Ebenso scheint die von Schedl oft angewandte Methode der *Addition* in Zahlenbildern nicht die Sicherheit von *Produkten* zu haben, die — besonders bei Primzahlen — kaum mehrdeutig sind. „Die Gematrie ... arbeitet mit Multiplizierung und

Teilung."[8] Die Anstöße der Schedlschen Untersuchungen sind aber, auch wenn in dieser Arbeit letztlich andere, dem Glauben Israels entsprechendere Ergebnisse zu Tage treten, dankbar zu erwähnen.[9]

Es gilt, sich auf immer wiederkehrende, regelmäßig aufscheinende Zahlensymboliken zu beschränken. Es kann zuweilen der Fall auftreten, wo die Bedeutung einer Zahl mehrere Namen oder Begriffe aus der Heilsgeschichte oder Gottesattribute ausdrückt, wie es auch im Rabbinischen Schrifttum geschieht, die wir — wenigstens bis jetzt — nebeneinander stehen lassen müssen. Vielleicht gelangen wir später zu einer besseren Kenntnis von verfasserschaftlichen „Bauhütten", die bei den „priesterschriftlichen" Verfassern und Endredakteuren in nachexilischer Zeit zu suchen sind.[10] Ausdrücklich sei noch einmal betont, daß die Ergebnisse, besonders von großen Zahlenwerten, nie als absolute Wahrheiten verstanden werden wollen. Der Weg geht von den überzeugend sicheren Ergebnissen kleiner Zahlenbilder in die Deutung größerer.

Nicht zu vermeiden wird sein, daß mancher zunächst einige Zusammenhänge für Zufallstreffer halten wird. Dagegen spricht, besonders in relevanten Textabschnitten, eine solide Probe: Es müssen immer mehrere Werte, z. B. Anzahl der Wörter, Anzahl der Buchstaben und Zahlenwert aller Wörter, sinnvoll zusammenpassen. Nicht selten lassen thematisch ähnliche Stellen, beispielsweise Segensformeln, schon vor dem genauen Untersuchen erfahrungsgemäß eine bestimmte Zahlensymbolik erwarten. Die Bestätigung ist dann weniger eine Überraschung als eine sich mehr verdichtende Gewißheit einer ungewöhnlichen Wortbaukunst des biblischen Textes. Dieser überliefert seine Aussagen nur, wenn das kunstvolle Maßwerk ohne den Verlust eines einzigen Jotas erhalten bleibt — eine Einsicht, die in der über zweitausendjährigen Thorahschreibertradition selbstverständlich geblieben ist. In einem Zitat aus dem zweiten nachchristlichen Jahrhundert erzählt der Mischna-Lehrer vom Rabbi Ismael, der einen Thorahschreiber mahnte: „Mein Sohn, sei vorsichtig bei deiner Arbeit, denn sie ist eine Gottesarbeit; wenn du nur einen Buchstaben ausläßt oder einen Buchstaben zuviel schreibst, zerstörst du die ganze Welt."[11] Dieses Wissen bewirkte eine ehrfürchtige Behutsamkeit, die dem Anspruch des göttlichen Wortes antwortete, dem es nicht angemessen ist, verkürzt und verstümmelt zu frivoler Satire und Märchennaivität herabzusinken.

Bevorzugte Bilder

Wer sich in eine bestimmte Kunstepoche vertieft, wird immer wieder speziellen Ausdrucksformen einer Geistes- und Lebenshaltung begegnen. So ist etwa die Baukunst der Gotik reich an phantasievollen Variationen, doch fallen bestimmte Formen der

Fenster oder der Gewölbe immer wieder ins Auge. In ähnlicher Weise begegnen uns in den biblischen Texten oftmals aufscheinende Zahlenwerte, die bekannte Gottesnamen, Glaubensbekenntnisse oder heilsgeschichtliche Fakten in Erinnerung rufen. Man kann noch Erstaunlicheres feststellen: Eine alte Botschaft erhält zuweilen durch eine spätere „zahlensymbolische" Rahmung eine Aktualisierung für eine spätere Glaubenssituation. (Dieser Vorgang einer zeitentsprechenden Umformung findet eine Analogie in der Neufassung ursprünglich anders bezogener Worte Jesu durch die Formkraft lebendiger Gemeindetheologie.) Ohne die Reihenfolge der statistischen Häufigkeit anzuwenden, nennen wir einige der wichtigsten Zahlenwerte und Zahlenbotschaften.

Die heilsgeschichtlich bedeutsamste Gotteszusage drückt sich in einem Namen aus. Der Name „Jahweh", hebr. יהוה אחד, ist alttestamentlich die vollendete göttliche Selbstoffenbarung an sein Volk in der bleibenden Gültigkeit seiner Vergangenheit. Er ist gefüllt von tröstlicher Zusage, von Barmherzigkeit und Treue. Er wird ehrfürchtig bewahrt und geschützt, man spricht ihn im Judentum heute nicht mehr laut aus. Jahweh, hebr. JHWH, ist in Zahlen gelesen 10-5-6-5 oder als Gesamtsumme 26. Diese Zahl spielt für die Struktur biblischer Texte oder Zusammenstellungen eine hervorragende Rolle. So ist es kein Zufall, daß Mose, dem der Gottesname geoffenbart wurde, als Nachkomme des Adam im 26. Geschlecht gezählt wird (vgl. 1 Chr,1-4.25; 5,27-29). Das bedeutet dann: Das hier Gewirkte hat nicht irgendeine religiöse Ursächlichkeit, die auch andere Völker erahnen; vielmehr ist es herkünftig von Jahweh, dem treuen Gott der Väter, der sein Volk bereitet im Gang der Geschichte — bis zur messianischen Erfüllung, die Lukas im 26maligen Nennen des Kyrios in der Geburtsgeschichte (Lk 1.2) anzeigt. Diese offenbarende Zahl 26, die Worte und Geschehnisse in diesen Sinnzusammenhang einbindet, ist auch in verschiedenen Varianten anzutreffen. Was auf den ersten Blick hin als Spielerei erscheint, ist ein liebevolles Variieren der Aussage: Im menschlichen Wort bringt sich die Fülle Jahwehs zur Sprache.

Es ist nur folgerichtig, daß auch andere Gottesnamen eine wichtige Rolle spielen. Genannt seien hier nur Elohim („Gott", hebr. אלהים), 1-30-5-10-40 = 86, dann El als Kurzform (hebr. אל), 1-30 = 31, sodann Adonai, hebr. für „Herr", 1-4-50-10 = 65, dann Kebod-Jahweh („Herrlichkeit Jahwehs", hebr. Kabod), 20-2-6-4 = 32. 32 plus 26 ergibt 58, schließlich Echad („Der Eine") 1-8-4 = 13. Das kürzeste Glaubensbekenntnis Israels, „Jahweh (ist) Einzig", hebr. Jahweh echad, ist dann 26 plus 13 = 39.

Auch die Zahl 10 findet sich in zahlreichen Strukturen.[12] Es wäre zu schlicht von der israelitischen Intelligenz gedacht, würde man bei den 10 Geboten am Sinai oder den 10 Schöpfungsworten in Gen 1 oder den 10 Schöpfungstaten in Gen 2 an eine simple Memorierhilfe mit den 10 Fingern denken. Die jüdische Exegese weist auch auf 10 Verheißungen Gottes an die Erzväter hin, den zehnmaligen Segen über den ersten Menschen und 10 Segnungen über Jakob. Auch das Dezimalsystem war nicht der Anstoß. Die 10 als schöpferische Zahl geht auf andere Überlegungen zurück. Die auch bei den Griechen schon sehr früh einsetzenden Weltbetrachtungen kannten einen nach harmonischen Zahlen geordneten Kosmos. Dieser wurde hervorgehend und bestehend gedacht aus einer geometrischen Form 1. als Punkt, 2. als Linie, 3. als Fläche und 4. als Körper. „Alles ist in der Vierheit enthalten." Diese 4 „Dimensionen" bauen die Welt auf, in der die Zehn als Entfaltung dieser Urformen herrscht. Zählt man 1, 2, 3 und 4 zusammen, dann erhält man als Summe dieser „Urzahl" 4 die 10. Diese Gedankengänge waren dem jüdischen Denken nicht unbekannt. Das zeigt nicht nur der Gebrauch der Zehnzahl bei Schöpfung, Rettung und Bundesschluß, sondern auch die Aussage, daß der Urgrund der Vierheit hinter einer geometrischen Weltformel auf den in den vier heiligen Buchstaben sich selbstmitteilenden JHWH hinführt.[13]

Eine solche Bedeutung spannt sich von diesen erwähnten und noch später bei der Struktur von Gen 1.2 zu nennenden zahlreichen Beispiele über die späteren Beobachtungen der rabbinischen Exegese, daß z. B. das Verb „herabsteigen" als Selbstentäußerung Gottes 10mal in der Thorah vorkommt (fast eine vorlaufende Inkarnationstheologie) bis hin zu den 10 Wundertaten Jesu bei Matthäus im 8. und 9. Kapitel und zu dem in theologische Abgründigkeit reichenden zehnmaligen Gebrauch des Verbes „paradidonai" (hebr. für [in den Tod] überliefern) in der Markuspassion.

Als Zahl der entfalteten Schöpfung ist auch 55 zu nennen, die Summe der Zahlen von 1 bis 10. So schreibt z. B. Philo von Alexandrien bei der Schilderung des mosaischen Bundeszeltes: „So hatte das Zelt — ohne die beiden nicht sichtbaren in der Ecke — insgesamt 55 sichtbare Säulen, das ist die Summe der Zahlen von eins bis zur Zahl der höchsten Vollkommenheit, der Zehn."[14]

Die Kurzform des Heiligen Namens 10-5-6-5 ist Jah, bekannt aus Hallelu-Jah: „Preiset Jah(we)". Diese Kurzform Jah hat als Zahlenwert 10-5, also 15. Das ist dem hebräischen Denken so geläufig, daß auch im alltäglichen Rechnen die Zahl 15 nicht nach der normalen Schreibweise gebildet werden darf. Sie wird nie, wie es die Regel wäre, mit dem Buchstaben J (= 10) und H (= 5) geschrieben. Sie muß als Ausnahme mit 9 und 6 geschrieben werden. Das ist schon jeder Schulgrammatik zu entnehmen.[15] So wird beim Rechnen mit der Zahl 15 ein versehentliches, ehrfurchtsloses Aussprechen dieser Form des Heiligen Namens verhindert.

Eine weitere Variante ist der sogenannte „große Wert" des Jahwehnamens. Man läßt die einzelnen Gottesbuchstaben-Zahlen gleichsam ehrfürchtig vor dem Auge anwachsen und vereint die so ausgefalteten Stufen als Gesamtheit. Dies ist keine Addition, sondern die *Entfaltung* des Wertes. So ergibt sich 10, 10+5, 10+5+6, 10+5+6+5. Der Gesamtwert des großen Jahwehnamens beträgt 72. Oder im Bild:

J	=	10	
J H	=	10+5	
J H W	=	10+5+6	
J H W H	=	10+5+6+5	= 72

Solche Werte nennen wir auch „angewachsene Werte“ oder „Füllewerte“, weil dadurch die in ihnen verborgene Fülle, z. B. der göttlichen Allmacht, zum Ausdruck kommt. Dazu gehört auch die Möglichkeit der Potenzierung, so daß z. B. Jahweh (10-5-6-5) mit der Zahl 186 ($10^2+5^2+6^2+5^2$) in seiner Allmacht dargestellt wird.

Ein dem biblischen Denken selbstverständliches Bild ist die Zahl 7, die — ursprünglich und außerbiblisch als Wochenzahl und antike Planetenzahl bekannt — im jüdischen Denken die Zahl der Heiligkeit Gottes und der aus seiner heiligen Machtfülle erfolgten Schöpfung und damit der Woche mit dem Sabbathöhepunkt wird. Damit erhält sie den Ausdruck der irdischen Vollkommenheit. Ausgedrückt wird sie auch in 49 als 7 x 7. Verständlich wird jetzt, warum die ursprünglich aus der Sonnen- und Mondjahrberechnung stammende Zahl 8 „hinter“ oder „über“ der Siebentagesschöpfungswelt steht und auf den Bereich des Endzeitlichen, Jenseitigen und Göttlichen verweist. Deshalb wird auch in Gen 1 der zum Bereich des Göttlichen berufene Mensch mit dem 8. Schöpfungswort erschaffen und der zum messianischem Heil berufene Israelit am 8. Tage durch die Beschneidung dem Volk eingegliedert. Um noch ein anderes unter vielen Beispielen zu erwähnen: Neben den 7 Söhnen Abrahams (1 Chr 1,32) ist ihm durch ein Wunder vom Himmel ein 8. Sohn der Verheißung geboren, der ein Schattenbild des Messias genannt werden kann, denn „in deiner Nachkommenschaft sollen alle Völker der Erde gesegnet werden.“ (Gen 22,18) Die jüdische Tradition[16] sagt (gemäß Jes 9,5): „Acht Namen hat der Messias: Sprößling, Sproß, Gesalbter, Wunder, Berater, starker Gott, ewiger Vater, Fürst des Friedens.“ Die neutestamentliche Kirche hat die Auferstehung Jesu am 1. Tag der neuen Woche, also am 8. Tage, als eine messianische Botschaft erfahren. Ein Nachklingen kann man in dem achtmaligen „Schweigegebot“ bei Markus erkennen, das auf die Auferstehung bezogen erscheint und ein theologisches Strukturprinzip darstellt.

Auch die Zahl 50 — und 500 als Zahl nach der letzten Zahl, 400, — ist als jenseits der 49 „jenseits“ der ersten Zahl 400, also dieser irdischen Welt und Weltzeit, die Zahl der Neuen, göttlichen oder heiligen Welt und auch die Zahl des Messias. So ist das 50. Jahr das befreiende Jobeljahr. Am 50. Tag nach Passah ist das Fest, an dem die vom Himmel her erfolgte Übergabe der göttlichen Gebote gefeiert wird. Die einzige Stelle auf dieser Erde, die dem Himmel zugehört, der Tempelplatz in Jerusalem, ist nach Ez 42,20 in der Vollendung 500 mal 500 Ellen. Auch gehört hierher, daß man erst 50 Jahre alt sein muß, um Abraham sehen zu können (Joh 8,57). 500 Jahre nach Sinai ist die Tempelweihe.

Wenden wir uns in unserem Überblick der Zahl 22 zu. Das hebräische Alphabet hat 22 Buchstaben. Jegliches dem gläubigen Menschen vernehmbare Wort Gottes in Schöpfung und Weisung ist aus diesen 22 Buchstaben gebaut. In ihnen nimmt das göttliche Wort Gestalt an und wohnt unter uns. Daran erinnern z. B. die 22 Blütenkelche des Tempelleuchters (Ex 25,31) oder der in 22 x 8 Versen kunstvoll gebaute Psalm 119, der die vom Himmel (8) in die Sprache (22) gekommene göttliche Weisung besingt.[17]

32 ist — wie schon erwähnt — der Wert des Wortes „Herrlichkeit", griech. Doxa: Kabod (KBWD).

Unter den hebräischen Wortbildern hat die Zahl 1 oder der Buchstabe Aleph eine besonders vornehme Bedeutung. Die Zahl 1 ist Hinweis auf den Einzig-Einen. So ist auch die Vorschrift zu verstehen, daß der Hohepriester nur einmal im Jahr allein vor den Einzigen treten darf (Lev 16). Das ausgeschriebene Zahlwort für 1 heißt „Echad" = 1-8-4, also im Wert von 13. 13 ist für die Israeliten keine Unglückszahl, sondern die über die Fülle der 12 (Monate, Tierkreisbilder, Stämme Israels) regierende Zahl als Symbol Gottes. Die kürzeste Form des jüdischen Glaubensbekenntnisses, oft in Todes- oder Martyriumsnöten auf den Lippen seiner Bekenner überliefert, heißt „Jahweh-echad": „Jahweh: ein Einziger".[18] Die jüdische Tradition kennt 13 Attribute Gottes.[19] In der Zahl gelesen ist das 26 plus 13 = 39. So ist 39 das Bild des Glaubensbekenntnisses. Verweilen wir noch kurz bei dieser Eins. Oft wird in einer Verhältniszahl zur Eins die Beziehung Gottes zur Welt und zur Geschichte dargestellt. So werden z. B. in dem Verhältnis 1:70 die Beziehung Gottes zu den (in Gen 10 gezählten) 70 Völkern der Welt sichtbar gemacht. Die 70 plus 1 Opfertiere der Feier des Laubhüttenfestes (Num 29,12) werden von den Israeliten so gedeutet.

Das weitaus häufigste Verhältnisbild ist 1:4. Der eine Gott wirkt in die Vierheit (Himmelsrichtungen) oder Vielheit der Welt. So hat die heiligste Liturgie Israels, der berühmte Aaronitische Segen, 15 Wörter zu 60 Buchstaben: der Eine, Jah (= 15), ergießt seine Gnade in die Vielheit der Welt, 15:60 = 1:4.

Die Zahl 40 ist die Zahl der langen Dauer und des Vielen — ähnlich wie bei uns die Zahl 100. Dafür gibt es so zahlreiche Belege, daß man von den 40 Jahren der Wüstenwanderung über die 40 Jahre der davidischen Regierungszeit, von den 40 Tagen auf dem Berge bei Moses über die 40 Tage des Elija in der Einöde bis hin zum 40tägigen Fasten Jesu und den lukanischen 40 Tagen zwischen Ostern und Himmelfahrt eine Fülle von Beispielen bringen kann. Man wird auch auf die bei Paulus (2 Kor 11,24) erwähnte Strafe von „vierzig Schlägen weniger einen" hinweisen können, die als jüdische Modifizierung der ursprünglich geforderten Strafe von 40 Schlägen (Dtn 25,3) gerade das Abzählen erforderlich machte, weil die Zahl 40 eben mit einem unbestimmten „sehr viel" gleichgesetzt wurde. In dieser semitischen Sprachenwelt findet sich die Ausdrucksweise, mit der noch heute arabische Kinder wegen Unfolgsamkeit gescholten werden: „Das habe ich dir doch schon 40 mal gesagt!" Und schließlich: „Vierzigfüßler" heißt im Irak der „Tausendfüßler".

Die Zahl 17 spielt eine auffallend häufige Rolle. Wie erwähnt, gilt sie im Neuen Testament mehr als Völkerzahl (Pfingstbericht, oder auch die beim — von der Völkermission kündenden — Fischfang genannte Zahl 153 als Summe der Zahlen 1 bis 17). Im Alten Testament steht sie mehr als Zahlenwert des Wortes „gut", hebr. tob (= 9-6-2), und spielt in Gen 1, aber auch in den Patriarchengeschichten eine Rolle.

Eine ausgesprochen negative Zahl sei auch erwähnt: Die 6 ist das Symbol der Mühsal der Arbeitstage vor dem Sabbat, aber auch die Zahl des Antichristen in der Apokalypse, die — die Kenntnis der Zahlensymbolik voraussetzend — schreibt: „Wer Verstand hat, berechnet die Zahl des Tieres; es ist die Zahl für einen Menschen. Die Zahl ist 666." (Offb 13,18)

Die Zahl 73 ist noch eine außerordentlich bedeutsame Zahl.[20] Sie entspricht dem Wert des Wortes Chokmah (hebr. חכמה für Weisheit, Sophia): Ch-k-m-h = 8-20-40-5: 73. Die Quersumme (die Null war nicht bekannt) ist 19.

Es wird gezeigt werden, daß gerade in der Schöpfungstheologie der Genesis, ja schon im ersten Satz der Bibel dieser Begriff eine Schlüsselstellung innehält — bis hin zu der Tatsache, daß 73 Psalmen namentlich David zugeschrieben werden.[21] Hier wird auch der Einfluß der Weisheitlichen Theologie der frühen Nachexilszeit mit Händen greifbar.[22]

Die Zahl 167 ist auch eine besonders heilige Zahl für Israel. Das Glaubensbekenntnis Israels, das jeder Jude täglich beten soll, ist das bekannte „Schma Israel". Den Worten „Höre Israel" folgt Dtn 6,4: „Jahweh unser Elohim: Jahweh einzig". Das ist hebr. Jahweh Elohenu Jahweh echad = 10-5-6-5 1-30-5-10-50-6 10-5-6-5 1-8-4, als Summe 167. So hat auch der späte, weisheitliche Psalm 150 als feierlicher Abschluß des Psalters 35 Wörter (Lobpreis des „Heiligen" (7), der sich in der Fünfrollen-Thorah (5) offenbarte) und 167 Buchstaben: Es ist der Gott zu preisen, der da ist „Jahweh unser Gott: Jahweh einzig".[23]

Schließlich noch ein Wort über die großen Zahlensummen: Noch heute werden die Thorahrollen für den Gottesdienst von Hand geschrieben. Der Thorahschreiber muß die Buchstabenanzahl jeder Seite zählen und zur Kontrolle unter jedem Bogen vermerken. Große Summen zu zählen ist also keine ungewöhnliche Tätigkeit beim Umgang mit der Thorah.

Man beachte auch den Satz des Talmud: „Die Alten heißen deshalb Sopherim [hebr. für „Schreiber", aber auch „Zähler"], weil sie alle Buchstaben der Thorah zählten." (Qidduschin, 30a)

Die Verfasser der Thorah nennen oft außergewöhnlich große Zahlen. So wird z. B. die Anzahl der aus Ägypten ausziehenden Israeliten mehrfach genannt: Es sind 603550 (Ex 38,26; Num 1,46 und 2,32). Gezählte Wörter, Buchstaben und Zahlenbilder sind die wirksamste Textsicherung. Mit größter Sorgfalt hat Israel darauf geachtet, daß vom göttlichen Wort „kein Jod" verlorengeht. Mit den deutenden Zahlenbildern wurden Textabschnitte geradezu „versiegelt". Große Summe können natürlich oft mehrdeutig aufgelöst werden. Die Variationsmöglichkeit wird aber stark eingeschränkt durch den schon erwähnten Grundsatz der Gematrie, mit Multiplizierung und Teilung zu arbeiten. Die Mehrdeutigkeit verringert sich nochmals, weil sehr oft gebrauchte biblische Symbolzahlen häufig Primzahlen sind. Wenn dann noch einige Faktoren eines großen Produktes verschieden deutbar sind, bietet die der Textstelle entsprechende theologische Aussage eine zusätzliche Sicherheit.

Unsere Methode wird darin bestehen, daß wir von gesicherten und überschaubaren Bildeinheiten ausgehen, die sich mehr und mehr bestätigen, und dann die größeren Einheiten und Textgestaltungen von dieser Basis aus aufzulösen suchen.

Die Altersangaben in der Abrahamsgeschichte

Wir lesen in der Genesis[24]: „Abram war 86 Jahre alt, als Hagar den Ismael dem Abram gebar." (Gen 16,16) Später heißt es dann: „Abraham war 100 Jahre alt, als ihm sein Sohn Isaak geboren wurde." (Gen 21,5) Demnach war Ismael 14 Jahre älter als Isaak. Nach den Entwöhnungsfest für den dreijährigen Isaak[25] wird Hagar mit dem 14 Jahre älteren Ismael in die Wüste geschickt. Dorthin trägt sie den „Knaben" auf der Schulter, auf der bereits ein Brot und ein mit Wasser gefüllter Schlauch liegen (Gen 21,14). Auch „wirft sie ihn unter einen der Sträucher" (Gen 21,16) und hebt ihn wieder hoch. Und: Der Knabe ist nach den Altersangaben bereits 17 Jahre alt![26] Was soll man dazu sagen? Ist der sorgfältigen Endredaktion der priesterschriftlichen Verfasser ein Fehler unterlaufen? Aber sind nicht auch andere Altersangaben in den Vätergeschichten rätselhaft? Was bedeutet es, daß Abraham mit 75 Jahren aus Haran auszieht, daß Sarah mit 127 Jahren und Abraham mit 175 Jahren stirbt? Der Text ist lange durchdacht; es „ist an der Vätergeschichte noch bis in das Exil gearbeitet worden."[27] D. Arenhoevel sagt es so: „Vermutlich haben diese Zahlen für den alten Leser eine geheimnisvolle Bedeutung gehabt. Nur haben wir den Schlüssel verloren."[28] Vielleicht finden wir doch einen Schlüssel, mit dem wir hier in der Abrahamsgeschichte und — zum Beweis, daß er paßt — auch bei vielen anderen alttestamentlichen Zahlenangaben theologische Aussagen aufschließen können.

Nun gibt es im jüdischen Glauben einige Spuren: Bekanntlich werden an den vier Ecken des jüdischen Gebetsmantels die Schaufäden angebracht. Sie sind nach den Worten der Heiligen Schrift (Num 15,38-41) Erinnerungszeichen „für Jahweh, euren Gott". Wieso eigentlich sind bunte Fäden ein Symbol für den Gott Israels? Die jüdische Erklärung bringt die Lösung: „Insgesamt werden die Fäden 39 Mal umeinander gewickelt, das ist die Summe, zu der sich die Buchstaben der hebräischen Wörter ... der Herr ist einzig ... addieren."[29]

Die Kernworte des jüdischen Glaubensbekenntnisses, des „Schma Israel" (Dtn 6,4), lauten „Jahweh echad" = „Jahweh einzig", heute „Adonai echad" ausgesprochen. Die hebräischen Buchstaben für Jahweh sind JHWH. Wie schon gesagt: Man kann diese Buchstaben des Namens „Jahweh" auch als Zahlen lesen: 10-5-6-5. Das hebräische Wort für „einzig" heißt „echad", geschrieben e/a-ch-d. Dieses Wort hat — wie die rabbinische Wendung lautet — „13 in der Zahl", nämlich 1-8-4 = 13. So ist also das jüdische Grundbekenntnis „Jahweh echad" (Jahweh einzig) in Zahlen zu lesen: 10-5-6-5 1-8-4 = 39. Das also sieht der Jude in den vier Schaufäden mit ihren 39 Schlingungen. Dieses Glaubensbekenntnis soll er in die ganze Welt, in die vier Himmelsrichtungen (vier Ecken seines Mantels) hinaus bezeugen. Gehen wir noch einer zweiten Spur bei den Himmelsrichtungen nach. Der bekannte Segen des Alten Testamentes („Der Herr segne dich und behüte dich ...“), der aaronitische Segen (Num 6,22-27), ist planvoll aufgebaut, „der Text ist konstruiert, und zwar durch und durch ... insgesamt sind es 15 Wörter.“[30] Diese 15 Wörter haben — wie es die rabbinische Lehre weiß — genau 60 Buchstaben. Die Bedeutung ist folgendermaßen einsichtig zu machen:

Wir nannten schon den Zahlenwert des Namens „Jahweh“. Davon benutzt die Bibel auch eine Kurzform „Jah“. Wir kennen sie aus Zusammensetzungen wie z. B. aus dem Ruf „Lobet Jah(-weh)“: „Hallelu Jah“. Oder „Mein Stolz und Gesang ist Jah“ (Ex 15,2) oder „Jah ist sein Name“ (Ps 68,5). Die 15 Wörter des aaronitischen Segens entsprechen der Zahl 15 des Namens „Jah“ (Jh = 10-5). Die 60 Buchstaben des Segens sind das Vierfache der 15, des Jahweh-Namens.[31] Das ist ein Hinweis darauf, daß im Segen der Name Jahweh (15) in die ganze Welt, in alle vier Himmelsrichtungen zu allen Völkern der Erde (4) ausgerufen wird. Der Psalm 67 mit seinem „Anklang an den aaronitischen Segen“[32] sagt im Schlußvers entsprechend: „Es segne uns Gott, daß ihn fürchten *alle Enden* der Erde!“ (Ps 67,8) Der Segen der Priester hat die Struktur 15 (Wörter) zu 60 (Buchstaben), im Bild:

Jah (15)
↑
Jah (15) ←   → Jah (15)
↓
Jah (15)

Kehren wir jetzt wieder zu Abraham zurück. Er zieht mit 75 Jahren (Gen 12,4) aus Haran aus. Vorher wird ihm eine im Alten Testament einzigartige Würde verliehen: „Und du sollst ein Segen sein.“ (Gen 12,2) Der berühmte jüdische Kommentator Raschi umschreibt diese Sätze Gottes: „Werde zum Segen; die Segnungen sind in deine Hand gelegt, bis jetzt waren sie in meiner Hand.“[33] Abraham wird selbst zum Segen „für alle Geschlechter der Erde“. (Gen 12,3) Da ist ein Unterschied zum aaronitischen Priestersegen. Heute noch müssen ihn die Kohanim, die Männer aus priesterlicher Abkunft, im feierlichen Synagogengottesdienst sprechen. Sie dürfen jedoch nur den Segen herabrufen — während Abraham in einzigartiger Weise zum *Segen selbst* wird. Die Kohanim müssen ihre Finger auseinandergespreizt halten, wenn sie den Segen herabrufen (oft abgebildet auf jüdischen Grabsteinen oder im Schmuck der Thorahkronen), denn der Segen „kann nur aus der Höhe herabkommen, nicht dagegen aus ihren Händen“.[34] Der Segen jedoch, der Abraham selbst ist, hat eine andere Struktur. Abraham ist der verkörperte Segen in der Mitte, in dem „sich alle Völker der Welt segnen“ (Gen 12,3). Dann ist der Jahweh-Segen in seinem Träger *und* in die vier Weltrichtungen aller Völker hinaus existent. Die Worte dieser

Verheißung sind aus dem Bild der Fünf aufgebaut. Das Grundwort, das nicht weniger als fünfmal variiert wird, ist das Wort „Segen“.[35] Dieser Segen betrifft erstens Abraham, er betrifft aber zweitens auch diejenigen, „die zu dieser Segnung von außen her Stellung nehmen werden“.

Jah(weh)

15

↑

Jah(weh) ← Jah(weh) mit Abraham → Jah(weh)
15 15 15

↓

Jah(weh)

15

---

5 x 15 = 75. Diese Zahl erscheint nun als Altersangabe Abrahams. Sie ist im Text unmittelbar mit der Segensverheißung verbunden (Gen 12,2-3; 12,4): „Abram war 75 Jahre alt, als er von Haran wegzog.“ (Gen 12,4) Das macht deutlich: Die Zahl 75 ist keine Altersangabe zur Biographie, sondern „Bild“ der heiligen Funktion Abrahams: „Du sollst ein Segen sein.“ (Gen 12,2) Es gibt noch einen weiteren Hinweis: Gott beginnt die Heilsgeschichte des Volkes, indem er Abraham in einer Gottesrede anruft. Dieser Text steigert sich: Gott zeigt ihm das Land, er macht ihn zu einem großem Volk und er wird ein Segen sein. „Geh fort aus deinem Land, von deiner Verwandtschaft und aus deinem Vaterhaus in das Land, das ich dir zeigen werde. Ich werde dich zu einem großen Volk machen, dich segnen und deinen Namen groß machen, und du sollst ein Segen sein.“ (Gen 12,1-2) Dieser Text besteht im Hebräischen aus 75 Buchstaben. Auch hier ist die Struktur des Segens, 5 x 15, ausgedrückt. Das bestätigt eine in dieselbe Richtung weisende Ausführung von P. Lapide: „So heißt es also fünfmal im 1. Buch Mose, daß er selbst sowie sein Name 'allen Geschlechtern des Erdbodens' zum Segen gereichen werde (Gen 12,3; 18,18; 22,18; 26,6 und 28,14). Der fünfmalige Doppelsegen ist sowohl auf leibliche Nachkommenschaft bezogen als auch auf die universale Segenskraft, die von ihm aus auf seine ganze Umwelt ausgehen soll.“[36]

Die Ergänzung durch Sarah

In Gen 21 spricht Gott zu Abraham: „Höre auf Sarah in allem, was sie dir sagt!“ (Gen 21,12). Mit dieser Stelle betonen auch die Rabbinen die besondere Mitwirkung

Sarahs an der Heilsgeschichte.[37] Zudem fällt auf, daß Sarah die einzige Frau der Patriarchen ist, deren Lebensalter die Heilige Schrift nennt. Sie stirbt mit 127 Jahren. Auffallend ist auch die Parallelität der Namensänderung: Wie Gott dem Abram den Ehrennamen „Abraham“ (Gen 17,5) verleiht, so würdigt er seine Frau Sarai mit dem Namen „Sarah“ (Gen 17,15). Bei Sarah wird — einzigartig bei den Patriarchenfrauen — eine Altersangabe bei der Geburt ihres Sohnes gemacht: Sie ist bei der Geburt Isaaks 90 Jahre alt (Gen 17,17). Bei Jesaja ist zu lesen, daß Abraham die großen Heilssegnungen empfing: „Ich habe ihn berufen, gesegnet und geehrt.“ (Jes 51,1-2) Dieser Anfang aus Abraham wird aber bewußt als Zweiheit von Abraham und Sarah definiert. Nach dem doppelten Bild der Entstehung Israels aus „Felsen“ und „Brunnenschacht“ wird Israel zugerufen: „Blickt hin auf Abraham, euren Vater, und auf Sarah, die euch gebar!“ (Jes 51,2) Sollte dann nicht auch das Alter Sarahs beim Anfang der Heilsgeschichte, bei der Berufung in den Haran eine Rolle spielen? Auf den Hinweis, daß Abraham mit 75 Jahren auszog, folgt unvermittelt: „So nahm Abram seine Frau Sarai mit ...“ (Gen 12,15). Sarah war zehn Jahre jünger als Abraham — gemäß Gen 17,17. Sie war also zur Zeit der Berufung 65 Jahre. Wir stoßen hier auf ein eigentümliches Verfahren der priesterschriftlichen Verfasser. Oft lassen sie absichtlich eine Zahlenangabe einer Liste offen. Die sinnvolle Vollendung muß aus anderen Texten erschlossen werden.

Abraham war also 75 Jahre und Sarah 65 Jahre alt bei der Berufung. Es ergibt sich, daß auch 65 durch 5 teilbar ist: 65 = 5 x 13. Wie oben bereits erklärt, ist 13 das als Zahlen gelesene höchste Gottesbekenntnis des jüdischen Glaubens: „einzig“, hebr. echad, = 1-8-4, der im „Schmuck“ der vier Schaufäden in die vier Himmelsrichtungen hinaus bekannt wird. Damit ist das Bild vollendet: Die Segnung durch den „Jahweh echad“ (hebr. für Jahweh einzig) wird durch Abraham und Sarah, die gemeinsam ein Segen sind, in die Weite der in die vier Himmelsrichtungen ausgebreiteten Völker der Erde hinausgetragen, weil sie das Volk Israel begründen. Dann ergibt sich folgendes Bild:

„Jah(weh) einzig“

15 + 13

↑

„Jah(weh) einzig“ ←	„Jah(weh) einzig“	→ „Jah(weh) einzig“
15 + 13	15 + 13	15 + 13

(in Abraham + Sarah)

↓

„Jah(weh) einzig“

15 + 13

So erweisen sich diese Altersangaben als theologische Aussagen. Wenden wir uns nun der gesamten Geschichte Abrahams und Sarahs zu, in der nach der Berufung noch Jahres-Angaben begegnen, die im folgenden vollständig aufgeführt werden.

	Jahre			Jahre		
Abraham	75		Sarah			
	10	Gen 16,3		90	Gen 17,17	
	86	Gen 16,16		127	Gen 23,1	
	99	Gen 17,1				
	100	Gen 17,17				
	99	Gen 17,24				
	100	Gen 21,5				
	175	Gen 25,7				
Summe:	744		+	217		= 961

Die Gesamtsumme aller von Abraham und Sarah direkt genannten Altersangaben ist also 961. Das ist 31^2. Abraham verehrte an den verschiedenen Altären seiner Wanderungen seinen Gott unter dem Namen „El“. „El“ ist als Zahl gelesen 1-30 = 31. Dieser Gott, der „El“ in Allmacht (31^2), leitete seine Wege.

Die höchste Aufgipfelung

In einer letzten, kunstvollen Steigerung haben die Verfasser noch eine theologische Aussage erreicht. Die erschließbare Altersangabe Sarahs beim Auszug (65) ist bekannt. Die Abrahamsgeschichte enthält aber noch eine Altersangabe (Gen 17,25-26): „Sein Sohn Ismael war 13 Jahre alt, als das Fleisch seiner Vorhaut beschnitten wurde; an eben diesem Tage wurde Abraham und Ismael, sein Sohn, beschnitten.“ Die Zahl 13 bei der Beschneidung von Abraham und Ismael ist ein Hinweis auf den „Einzigen“, hebr. Echad, 1-8-4 = 13. Abraham und Ismael treten durch dieses „epochemachendes Ereignis“[38] in seinen Bund ein. So ist die Zahl 13 hier mehr als eine Altersnotiz zum Leben Ismaels. Nehmen wir nun noch diese Zeitangaben hinzu:

	744
	217
	65
	13
Summe:	1039

Das ist genau der Zahlenwert der Buchstaben des feierlichsten Gottestitels, der in der Abrahamsgeschichte zweimal vorkommt: bei der Begegnung Abrahams mit Melchisedek (Gen 14,19.22):

„Gott der Höchste, Schöpfer Himmels und Erde"

oder

„El Eljon Koneh Schamaim wa-Arez":

1-30 70-30-10-6-50 100-50-5 300-40-10-40 6-1-200-90 = 1039. Dieser Gott lenkte die Geschichte Abrahams und Sarahs.[39]

Noch ein bemerkenswertes Einzelbild:

Betrachtet man die tatsächlichen Heilszeiten ohne die Doppelangaben und ungeachtet ihrer Überschneidungen als jeweils gefüllte heilige Wirkzeiten Gottes, dann muß gemäß Gen 16,3 zu den Lebensabschnitten Abrahams noch die Altersangabe von 85 Jahren als Ende einer Gnadenepoche gerechnet werden. Abraham wohnte nämlich 10 Jahre im Lande Kanaan. Dann zeigt sich:

Gen 12,4	=	75
Gen 16,3	=	85
Gen 16,6	=	86
Gen 17,1	=	99
Gen 21,5	=	100
Gen 25,7	=	175
Summe:		620

Die Zahl 620 ist im Judentum sehr bekannt. Der Wortlaut der Zehn Gebote besteht aus 620 Buchstaben (Ex 20). Da 620 zugleich auch der Zahlenwert des Wortes für hebr. Kether, „Krone" (20-400-200) ist, bildet auch der Buchstabenbestand des Dekalogs das Bild der Krone ab. Auch in der Synagogenkunst sind die Gesetzestafeln häufig mit einer Krone geschmückt. Der Dekalog ist die „Krone der Thorah". Auch Abraham ist die Krone der Thorah, die Verkörperung der Treue zur Thorah, der lebendige Dekalog. Er ist der wahre „Knecht Gottes", wie er von Gott in Gen 26,24 genannt wird, und der einzige Mensch, der den Titel trägt: „Freund Gottes" (Jes 41,8). An diesen Beispielen wird deutlich, wie sorgfältig die Endredaktion die Zahlenangaben zu einer theologischen Aussage zusammengefügt hat.

Die Zahlen in Abrahams Fürbitte

Außer in den Altersangaben und Heilszeiten wird bei einer bekannten Episode der Abrahamserzählung noch eine auffallende Häufung von Zahlen sichtbar. Es ist die berühmte Erzählung Gen 18,16-33, in der es um Abrahams Fragen zur Vernichtung Sodoms geht. In einem langen Gespräch wird erörtert, wieviele Gerechte eine Stadt retten können. C. Westermann weist darauf hin, daß dieser Text nachexilisch ist, „auf jeden Fall nach 587“. „Nachdem Israel aufgehört hatte, ein Staat zu sein und als Provinz zu einem Großreich gehörte, mußte die Frage nach dem Walten Jahwehs in der Völkergeschichte wichtig werden; und dabei war besonders die Frage drängend, wie Gottes Gerechtigkeit in seinem Geschichtswalten erkennbar war. In diesen Zusammenhang gehört auch Gen 18. Es ist aus solchen Reflexionen erwachsen“.[40] Wir haben also einen weisheitlichen späten Text vor uns, dessen Konstruktion uns nicht überraschen darf. Gen 18,16 ff. erzählt die Fürbitte Abrahams im Hinblick auf einige mögliche Gerechte in Sodoma. Auffallend ist auch hier die Zahlenabfolge. Gott erbarmt sich, wenn es in der Stadt noch folgende Anzahl von Gerechten gibt: erst 50, dann 45, dann 40, dann 30, dann 20 und schließlich 10 (Summe = 195). Was bedeutet nun 195? Das ist die 5 x 39. Dann meint diese Zahlenangabe: Wenn es Gerechte gibt in der sündigen Stadt, dann besteht ihre Gerechtigkeit darin, daß sie das fünfrollige Buch des Mose halten, dessen Inhalt im Kern aus der Wahrheit und dem Bekenntnis besteht: „Jahweh ist einzig“ (26 + 13). Von hier aus ist auch die zum Synagogengottesdienst vorgeschriebene Zehnzahl von Männern („Minjan“) zu erklären. Sie können — wie in Gen 18 — die Strafe Gottes aufhalten als Menschen, die die fünf Bücher des Mose mit ihrem Bekenntnis zum „Jahweh ist einzig“ beachten.

Im Dialog zwischen Gott und Abraham fällt noch etwas auf. Die genannten Zahlen werden noch mehrmals im Gespräch wiederholt. Nehmen wir jetzt die *gesamten* Zahlen des Dialogs, dann ergibt sich folgende Reihe: 50, 50, 50, 50, 5, 5, 45, 40, 40, 30, 30, 20, 20, 10, 10 (Summe = 455). Die Zahl 455 ist ebenfalls ein Hinweis auf das rettende Bekenntnis, begründet auf das Fünfrollenbuch mit seinem Inhalt von der Fülle des „Einzigen“, hebr. Echad, = 13. Alle Zahlen von 1 bis 13 (die Fülle, die in der 13 ist) ergeben 91, und 5 x 91 ergibt 455. Also auch hier ist es das gläubige Bekenntnis des „Einzigen“, das Gottes strafverschonende Barmherzigkeit bewegt.

Die Altersangaben in den Urväterlisten

Methusalems Alter ist sprichwörtlich bekannt. Wir blicken in die Geschlechterfolgen von Adam bis Noah (Gen 5) und von Noahs Söhnen bis Terach, dem Vater Abrahams (Gen 11). Es zeigt sich eine verwirrende Fülle von Lebens- und Zeugungsaltersangaben. Man kann bei einzelnen Angaben interessante Übereinstimmungen mit alten babylonischen Königslisten finden und nach den Berührungen mit Kultur und Mythologie des Zweistromlandes forschen.[41] Doch hier fragen wir nach der Gesamtaussage des aus alten Mosaiksteinen neukomponierten Bildes, das in der jüdischen Neugestaltung ein theologisches Kernstück alttestamentlicher Heilsaussage wurde.[42] R. Smend schreibt über den (oder die) Verfasser dieser Teile: „Bei P (Priesterschrift) ... beherrscht die Disposition alles. Die Einzelgeschichten stehen völlig im Dienst des Ganzen.“ Und: „Die Tradition erschien P in ihrer alten Gestalt für seine Gegenwart nicht mehr brauchbar. Die große Zäsur des Babylonischen Exils hatte die Notwendigkeit, aber auch die Möglichkeit gebracht, sie ganz neu zu formen. Je ferner die Vergangenheit entrückt war, umso freier ließ sie sich von der Gegenwart aus vorstellen und gestalten ... Jetzt war es möglich, die Lebensjahre jedes der Ur- und Erzväter bei der Zeugung seines Erstgeborenen und bei seinem Tode, die Maße der Arche Noahs ..., die Namen der 70-köpfigen Familie Jakobs und die Zahl der wehrfähigen Israeliten jedes einzelnen Stammes am Sinai ... zu kennen.“[43]

a) Die Alterslisten von Adam bis Mose

Es wurde gezeigt, wie sorgfältig die Altersangaben in der Abrahamsgeschichte gefügt sind. Eine Liste der Altersangaben geht von Gen 5 über die Kapitel 17,25.35 und 47 bis zu Ex 6 und Dtn 34. Mit der Zahl 26 ist eine Formung nach dem Jahweh-Namen gegeben (JHWH: 10-5-6-5 = 26). Entsprechend ist diese Liste zusätzlich noch in Blöcke zu 10, 5, 6 und 5 Namen gegliedert. Betrachten wir nun diese Liste der 26 Geschlechter von Adam bis Mose (vgl. Gen 5; 9,29; 11,10-26,32; 17,17; 25,7.26; 35,28; 47,28; Ex 6,16 f.; Dtn 34,7):

	1.	Adam	930
	2.	Seth	912
	3.	Enosch	905
J	4.	Kenan	910
(10)	5.	Mahalalel	895
	6.	Jared	962
	7.	Henoch	365
	8.	Metuselah	969
	9.	Lamech	777

	10.	Noah	950
	11.	Sem	600
	12.	Arpachschad	438
H	13.	Schelach	433
(5)	14.	Heber	464
	15.	Peleg	239
	16.	Reu	239
	17.	Serug	230
W	18.	Nachor	148
(6)	19.	Terach	205
	20.	Abraham	175
	21.	Isaak	180
	22.	Jakob	147
	23.	Levi	137
H	24.	Qehat	133
(5)	25.	Amram	137
	26.	Mose	120
		Summe:	12600

Die Zäsur nach Noah ist durch die folgende Sintfluterzählung erreicht. Der Einschnitt nach Isaak ist deutlich, da mit Jakob/Israel die Geschichte Israels beginnt. Die Zäsur nach Peleg wird nicht sofort deutlich. Man muß dazu die parallele Erwähnung des Namens Peleg in Gen 10,25 beachten, worauf jüdische Erklärer hinweisen.[44] Dort heißt es nämlich: „Dem Heber wurden zwei Söhne geboren; der Name des einen war Peleg; denn in seinen Tagen spaltete sich die Erde." So wird also darauf hingewiesen, daß der Name Peleg aus dem Verb „plg" erklärt wird, das „spalten, teilen" bedeutet. Die Verfasser konnten also sehr wohl für den Leser, der diesen Vers kannte, die durch eine „Spaltung" angedeutete Bildhaftigkeit der Liste sichtbar machen. Diese Gliederung der Liste nach dem Jahweh-Name ist natürlich auch eine theologische Aussage: Der Gott, der sich erst dem Mose als „Jahweh" offenbart, ist bereits seit der Schöpfung des ersten Menschen der Herr der Geschichte. Diese Altersangaben sind nicht fiktiv und wahllos eingesetzt, damit die Endsumme erreicht wird. Die Einzelsummen der 4 Blöcke sind:

J	(1.-10.)	=	8575
H	(11.-15.)	=	2174
W	(16.-21.)	=	1177
H	(22.-26.)	=	674

In der Einleitung wurde schon erwähnt, daß man damals bei großen Zahlen gern die Quersumme beachtete. Für die Hebräer war das leicht, weil die Null unbekannt war. Die Zahlenwerte der 4 Blöcke ergeben als Quersummen 25, 14, 16, 17, zusammen 72. Das ist der erwähnte große Jahweh-Name:

J	=	10	
J H	=	10+5	
J H W	=	10+5+6	
J H W H	=	10+5+6+5	= 72

So ist auch hier die kunstvolle Gliederung nach dem Jahweh-Namen ersichtlich. Jetzt wenden wir uns dem krönenden Schlußstein, der Endsumme zu. Die Zahl 12600 erscheint an der geschichtlichen Wende, wo für die in Gen 10 aufgezählten 70 Völker der Welt die 12 Stämme Israels von Jahweh durch Mose zum Volk bereitet werden. Dies zeigt die Auflösung in ein Zahlenbild:

	15	(Jahweh-Kurzform: Jh = 10-5)
mal	12	(Stämme Israels)
mal	70	(Völker der Welt)!
15 x 12 x 70 =	12600!	(Dieser Zahl wird man auch bei Lukas begegnen.)

(Wenn man versucht, die Zahl 12600 auf andere Art aufzulösen, dann ergibt sich noch: 10 x 10 x 2 x 63 oder 10 x 10 x 2 x 3 x 7 oder 7 x 1800 oder 7 x 12 x 150 oder 50 x 252 oder 5 x 10 x 2 x 126 oder 3 x 4 x 5 x 7 x 30 oder 3 x 3 x 4 x 5 x 7 x 10 oder 4 x 5 x 630. Das ergibt keine befriedigende und der biblischen Aussage dieser Stelle entsprechende Deutung. Wenn eine Berechnung aber von bekannten und im Judentum bewußten Symbolzahlen 15 (Jah), 70 (in der Genesis genannte Völker der Welt) und natürlich von der Zahl 12 ausgeht, dann ist 12600 als 15 x 12 x 70 doch überzeugend an dieser Bibelstelle. Zusätzlich muß noch bemerkt werden, daß diese Symbolzahlen besonders häufig und stimmig in den biblischen Zahlenbildern erscheinen.)

b) Die Liste der Zeugungsalter

Es läßt sich eine weitere Altersangabenfolge ausmachen: die Reihe der Zeugungsalter. Diese Liste führt bis zum 22. Glied der Geschlechterkette. Sie endet mit dem Beginn der Zeugungen der 12 Söhne Jakobs. Wir finden die Reihe in lückenloser Folge von Adam bis Terach (Gen 5,1-32 und Gen 11,10-26) und in den Vätergeschichten (Gen 17,17 und Gen 25,26). Aber sollte denn das wichtige Datum der Beginn der Zeugung der 12 Stammväter Israels durch Jakob/Israel fehlen? Ausgerechnet dieser fundamentale Epochenbeginn? Doch ist diese Altersangabe für den sorgfältigen Bibelleser in versteckter Form vorhanden. Sie kann — so wollen es wohl die priesterschriftlichen Lehrmeister — erschlossen werden. Der Weg dazu geht so:

Jakob zieht mit 130 Jahren nach Ägypten (Gen 47,9). Josef war zu dieser Zeit 39 Jahre alt. Diese 39 Jahre errechnen sich so: Josef war mit 30 Jahren (Gen 41,46) in den Dienst des Pharao getreten. Es kamen die sieben Jahre des Überflusses (Gen 41,47). Die Versöhnung mit den Brüdern und die sofortige Reise Jakobs (Gen 45,9) zu Josef erfolgte nach zwei Jahren (Gen 45,6): 30 + 7 + 2 = 39.

Die Altersdifferenz zwischen Jakob und Josef beträgt also (130 - 39 =) 91 Jahre. Jakob hat den Josef also mit 91 Jahren gezeugt. Nach Gen 30,25.26 und Gen 29,30 ist Jakob bei der Geburt des Josef 14 Jahre bei Laban. Er war also mit 77 Jahren geflohen: 91 - 14 = 77. Nun erhält Jakob aber seine erste Frau Lea nach Ablauf eines siebenjährigen Dienstes bei Laban (Gen 29,20), zu dem er mit 77 Jahren geflohen war: 77 + 7 = 84. Da mit der Heirat Leas bekanntlich die Zeugung der 12 Söhne ihren Anfang nimmt, beginnt also Jakob die Zeugung der 12 Söhne mit 84 Jahren. 84 ist aber: 7 x 12. Das bedeutet: Die Heiligkeit Gottes, die hier wirkt, ist symbolisiert in der Zahl 7, die Zahl 12 deutet auf das Zwölf-Stämme-Volk Gottes.

Noch ein kurzer Ausblick: Sollte die Zahl 84 beim Beginn des gotterwählten Zwölf-Stämme-Volkes nicht auch am Anfang stehen, wenn das neutestamentliche Zwölf-Apostel-Volk bereitet wird? Da diese Füllezahl bei Maria und Josef in ihrem Lebensalter nicht in Frage kommen konnte, hat sie der Evangelist als einzige Altersangabe bei der Geburt Jesu eingesetzt: Die auf den Erlöser wartende Prophetin Hanna war 84 Jahre alt (Lk 2,37). Es ist auch zu beobachten, daß dieses für Israel so wichtige Datum auch eine entsprechend würdige Einfügung in die gesamte Heilsgeschichte erhalten hat. Entsprechend dieser Liste sind seit der Berufung Abrahams 169 Jahre vergangen. Die Zahl 169 ist 13 x 13. Es ist also ein Hinweis auf den „Einzigen“ Gott und sein Walten und Wirken. Den Titel Jahwehs „Echad“ (1-8-4) = „Einzig“ haben wir ja bereits erwähnt.

Nachdem jetzt die wichtigste, wenn auch zunächst verborgene Altersangabe bekannt ist, kann man nun die volle Liste der Zeugungsalter zusammenstellen. Die von Gott gefügte Generationenkette reicht von der Erschaffung des Menschen (Adam) bis zur Gründung des Zwölf-Stämme-Volkes Israel (Jakob). Folgende Angaben zum Zeugungsalter erscheinen:

1.	Adam	130
2.	Seth	105
3.	Enosch	90
4.	Kenan	70
5.	Mahalalel	65
6.	Jared	162
7.	Henoch	65
8.	Metuselah	187
9.	Lamech	182
10.	Noah	500
11.	Sem	100
12.	Arpachschad	35
13.	Schelach	30
14.	Heber	34

15.	Peleg	30
16.	Reu	32
17.	Serug	30
18.	Nachor	29
19.	Terach	70
20.	Abraham	100
21.	Isaak	60
22.	Jakob	84
	Summe:	2190

Was ist die Bedeutung der Zahl 2190? Die biblischen Endredakteure preisen oft die göttliche Weisheit: Die Weisheit Gottes hat die Welt erschaffen, die Weisheit Gottes lenkt auch das Volk Israel. Das hebr. Wort für „Weisheit" ist „Chokmah", hebr. Ch k m h, als Zahl gelesen: 8-20-40-5 = 73. Die Zahl der Schöpfung und Gründung ist 10. Dazu gehören die 10 Schöpfungsworte in Gen 1, die 10 Schöpfungstaten in Gen 2 oder die 10 „volksgründenden" Sinai-Worte in Ex 20. So ist auch die Lenkung der Geschichte bis zum Beginn des Zwölf-Stämme-Volkes eine Schöpfungstat. Die Zahl 3 ist das Symbol der Kraft, der Macht. Wir kennen das „dreimal heilig" als superlativisches „allerheiligst" (Jes 6,3). 2190 ist 73 x 3 x 10. Man wird darauf hingewiesen, daß die Weisheit (73) in göttlicher Macht (3) in einem neuen Schöpfungswerk (10) die Geschichte der Menschheit auf den Beginn des Zwölf-Stämme-Volkes lenkte.

Es bleibt noch nachzutragen, daß es kein Zufall ist, wenn die Zeugung der 12 Stammväter Israels, der Söhne Jakobs/Israels, die 22. Zeugung der Reihe ist. Das ist die „Parallelität" mit der Welterschaffung in Gen 1, denn dort erschafft Gott durch sein Wort, sein göttliches Schöpfungswort. Da es 22 hebräische Buchstaben gibt, ist die Zahl 22 das Symbol für Sprache, Wort. Hier ist ebenfalls zu fragen, ob die einzelnen Zahlen nur als „Füllmaterial" dienen. Auch hier ergeben die Quersummen 156. Das ist 39 x 4, der „Jahweh echad" wirkt durch sein Volk hinein in die Vier-Vielheit der Welt (4).

c) Die Liste der Restjahre

Auffallend ist die Angabe der Restjahre. Sie erscheint überflüssig. Nach jeder Nennung des Zeugungsalters wird ja ohnehin die Gesamtlebenszeit angeführt. So heißt z. B. Gen 5,28-20: „Jered war 162 Jahre alt, da zeugte er Henoch. Nach der Geburt Henochs lebte Jered noch 800 Jahre und zeugte Söhne und Töchter. Die gesamte Lebenszeit Jereds betrug 962 Jahre, dann starb er." Diese Liste muß etwas Ergänzendes darstellen. Ehe man aber die Liste erstellt, muß man sorgsam auf den Tatbestand achten, daß von Noah 2 Restzeiten gelten.

Da ist zunächst die zu erschließende Restzeit. Es heißt nämlich von ihm, daß er 950 Jahre lebte (Gen 9,28) und daß er mit 500 Jahren (Gen 5,32) den Sem, Ham und Japheth zeugte, wobei natürlich nur die Zeugung des Sem, des Stammvaters der Semiten und der „guten" Linie bis Abram, zu bewerten ist. Die Liste vorher nennt ja auch nur diesen Erbsohn. Dann aber kennt die Liste noch eine Restzeit für Noah: „Noah lebte nach der Flut noch 350 Jahre" (Gen 9,28). So ist also in die Restzeit-Liste für Noah 450 und 350 einzusetzen. Wir erhalten dann noch als entsprechende Liste (Gen 5 und 11,10-26):

1.	Adam	800	
2.	Seth	807	
3.	Enosch	815	
4.	Kenan	840	
5.	Mahalalel	830	
6.	Jared	800	
7.	Henoch	300	
8.	Metuselah	782	
9.	Lamech	595	
10.	Noah	450	
		350	
11.	Sem	500	
12.	Arpachschad	403	
13.	Schelach	403	
14.	Heber	430	
15.	Peleg	209	
16.	Reu	207	
17.	Serug	200	
18.	Nachor	119	
19.	Terach	135	: (Gen 11,26-32)
20.	Abraham	75	: (Gen 17,17; 25,7)
21.	Isaak	120	: (Gen 25,26; 35,28)
	Summe:	10170	

Die Gesamtschau

Fügen wir jetzt alle drei Listen zusammen:

1. Die Liste der Lebensalter	12600
2. Die Liste der Zeugungsalter	2190
3. Die Liste der Restjahre	10170
Summe:	24960

Das ist sinnvoll aufgelöst 10 x 4^3 x 39. Der sich durch sein Schöpferwirken (durch sein Israel) in alle Welt (4 x 4 x 4) offenbarende „Einzige Jahweh" (im „Schma Israel", Dtn 6,4) ist es, der 39 (Jahweh = 26, und echad = 13) als Zahlenwert hat.

Ein Zahlenbild mit Gott

Wir würden die Kunst der priesterschriftlichen Schriftsteller unterschätzen, wenn wir gerade in dieser fundamentalen Liste uns nur mit einem Zahlenbild begnügen würden. Es drängt sich doch geradezu die Frage auf, ob nicht außer diesen einfachen Listen eine Kombination der uns (doch sicher nicht überflüssigerweise) zusätzlich mitgeteilten Altersangaben relevant sei. Welche zusätzlichen Altersangaben sind gemeint? Da ist zunächst das geheimnisvolle Alter Sarahs. Sie wird 127 Jahre alt nach Gen 23,1 — die einzige Lebenszeitanzeige unter den Frauen der Patriarchen. Sodann fällt das in Ex 7,7 erwähnte Alter Aarons auf. Demnach ist er drei Jahre älter als Mose und bei seinem Tode 123 Jahre alt (Num 33,39). Schließlich noch eine Beobachtung: Die auffällige Formulierung in Gen 5,1 und 5,3 schließt Gott und Adam zusammen: „Dies ist die Geschlechterfolge Adams: Als Gott den Menschen schuf, machte er ihn nach dem Bilde Gottes ... Adam lebte 130 Jahre, da zeugte er nach seinem Bild und Gleichnis und nannte seinen Namen Seth." Dazu schreibt H. Junker: „Die nachdrückliche Betonung, daß Gott den (ersten) Menschen 'nach seinem Bilde schuf', in Verbindung mit der ebenso auffälligen Hervorhebung, daß dieser Mensch seinen Sohn Seth 'nach seinem Bild und Gleichnis erzeugte', scheint mit Absicht Gott gleichsam als den Vater der Menschheit hinstellen zu wollen, ein Gedanke, den Lk 3,38 wohl dieser Stelle entnommen hat."[45]

Der lukanische Stammbaum Jesu, der bekanntlich „rückwärts" verläuft, endet mit der Aufzählung: „(Sohn) des Enosch, des Seth, des Adam, Gottes". Zudem ist die Erschaffung des Menschen in Gen 1 im 26. Vers begonnen. Da hier am Anfang die jüdische Verszählung mit der späteren, christlichen noch übereinstimmt, ist angedeutet, daß der Mensch nicht nur nach dem Bilde Elohims, sondern auch nach dem Bilde Jahwehs (= 26) geschaffen ist.[46] Wenn also gemäß Gen 5,1 und 5,3 *Gott* in dieses Bild der Altersangaben einzusetzen ist, dann wird der Schriftkundige also den Namen „Jahweh" über die Listen setzen. Da es für Gott keine Lebensalter gibt, muß man — wenn man dieses Zahlenbild mit einer entsprechenden Zahl krönen will — den Zahlenwert des Namens „Jahweh" (26) hinzufügen. Dann erhalten wir folgende Liste, die mit „Jahweh", Sarah und Aaron erweitert und mit den heilswichtigen Zeugungsalter-Zahlen ergänzt ist:

				Zeugungs-alter:
		Jahweh	26	
	1.	Adam	930	130
	2.	Seth	912	105
	3.	Enosch	905	90
J	4.	Kenan	910	70
(10)	5.	Mahalalel	895	65
	6.	Jared	962	162

	7.	Henoch	365	65
	8.	Metuselah	969	187
	9.	Lamech	777	182
	10.	Noah	950	500
	11.	Sem	600	100
	12.	Arpachschad	438	35
H	13.	Schelach	433	30
(5)	14.	Heber	464	34
	15.	Peleg	239	30
	16.	Reu	239	32
	17.	Serug	230	30
W	18.	Nachor	148	29
(6)	19.	Terach	205	70
	20.	Abraham + *Sarah*	175 + 127	100
	21.	Isaak	180	60
	22.	Jakob	147	84
	23.	Levi	137	____
H	24.	Qehat	133	
(5)	25.	Amram	137	
	26.	Mose + Aaron	120 + 123	+ 2190
		Summe:	15066	

Bei der Deutung sollten wir zunächst nicht übersehen, daß wir jetzt von der Schöpfung bis Mose 27 Glieder der Reihe haben. Die Zahl 27 ist 3 x 3 x 3. Das ist wieder ein Hinweis auf das in der 3 ausgedrückte göttlich-machtvolle Wirken Gottes. Gott spricht z. B. auch 27mal in Gen 1-3. C. Schedl beschreibt den Leningrader Kodex, die älteste masoretische vollständige Handschrift des Alten Testamentes, und er merkt an, „daß jede Folioseite vom ersten bis zum letzten Buch des AT den Text in je drei Spalten bringt. Die Normalspalte zählt 27 Zeilen, was wohl kein Zufall sein dürfte; denn 27 ist doch 3 zur dritten Potenz (3^3), also erhöhter Ausdruck des dreimal heiligen Gottes Israels." (Auch ist es sicher kein Zufall, daß es 27 Bücher des Neuen Testamentes gibt.)[47]

Was besagt nun die Zahl 15066? Es ist wieder das Schlüsselbild, der Kernsatz des jüdischen Glaubensbekenntnisses, dem „Schma Israel" (Dtn 6,4): „Jahweh: einzig!" (Jahweh echad = 10-5-6-5 1-8-4) Hier nun erscheint die Aussage „Jahweh echad" in gesteigerter, feierlicher Form (wie in der Einleitung erwähnt), als „Entfaltung" seiner Allmacht:

J	H	W	H		E	CH	D	
10^2	5^2	6^2	5^2		1^2	8^2	4^2	

$$186 \quad \text{x} \quad 81 \quad = 15066$$

Details des „Zahlentempels“

Innerhalb der Menschheitslisten spielen natürlich die Altersangaben und die Lebensläufe der *Stammväter* des Volkes Israel eine besondere Rolle. Mit Abrahams Berufung sondert sich Gott sein Volk aus. Im 7. Geschlecht nach Abraham wird Mose berufen. Wenn die Gesamtmenschheit als unter dem Willen Gottes gestaltet erscheint, dann muß dies wohl in besonderem Maße bei den 7 Patriarchengestalten von Abraham bis Mose deutlich gemacht sein. Wir betrachten die Reihe der Altersangaben dieser Männer:

1.	Abraham	175
2.	Isaak	180
3.	Jakob	147
4.	Levi	137
5.	Qehat	133
6.	Amram	137
7.	Mose	120
	Summe:	1029

Was bedeutet 1029? In der Beschreibung des jüdischen Sterbens schreibt De Vries: „Zum Schluß sagen alle zusammen in langgedehnten Tönen das Sch'ma Israel: 'Höre Israel! Gott, unser Herr, ist ein einziger, einziger Gott!' Damit wartet man jedoch bis zum wirklich letzten Augenblick. Denn die Seele, die dahingeht, wird auf den Flügeln dieses Bekenntnisses zum Einzig-Einen, zu ihrem Schöpfer in die Ewigkeit getragen. Und das Wort echad, das Ein bedeutet, wird, wenn möglich, so lange angehalten, bis mit dem Ende dieses Wortes auch die Seele ausgehaucht wird.“ Er berichtet dann von Rabbi Akiba auf der Folter: „Daraufhin stimmte er das Sch'ma Israel an. Und er hielt das Wort echad so lange an, bis er seinen Geist mit diesem Wort aufgab. Da ertönte eine himmlische Stimme, die sagte: 'Wohl dir, Rabbi Akiba, daß dein Odem bei echad ausging!' (Babylonischer Talmud, Berachot, 61b).“[48] Dieses heiligste und tiefste Wort des Judentums begegnet immer wieder. Es hat den Zahlenwert 13, denn *e ch a d*, hebr. für „einzig“, ist: 1-8-4 = 13. Aber die nicht auszuschöpfende Fülle dieses „Einen“ wird auch angedeutet in den „Füllezahlen“, z. B. in der „angewachsenen Zahl“:

$$1$$
$$1 + 8$$
$$1 + 8 + 4 \qquad = 23$$

Oder in der Potenzierung dieser angewachsenen Füllezahl als allmächtige göttliche Fülle:

$$
\begin{array}{c}
1^2 \\
1^2 + 8^2 \\
1^1 + 8^2 + 4^2
\end{array}
\quad = 147
$$

So ist das Leben Jakobs/Israels mit seinen 147 Jahren gelenkt von Fülle des Planes des „Einzigen". Aber auch die Lenkung der Geschichte seines Volkes von Abraham an bis zur Vollendung der Volksgründung unter Mose steht unter der heiligen (7) Leitung des „Einen" in seiner göttlichen Fülle (147): 7 x 147 = 1029.

Der Vater der Zwölf Stämme: Jakob/Israel

Es ist fast zu erwarten, daß sich in der Architektur der priesterschriftlichen Verfasser auch für den letzten der großen Väter Israels, Jakob/Israel, hinsichtlich seiner Alters- und Zeugungsangaben ein entsprechend sinnvolles Zahlenbild ergeben müßte. Wir müssen dabei aber beachten, daß das Zeugungsalter aus dem Rückschluß, angefangen Gen 47,9, 47,28 und 50,22, errechnet werden muß (s. oben). Dann ergibt sich, daß wir zwei Angaben haben: den Beginn der Zeugungen mit 84 Jahren und die nur bei Josefs Zeugung uns gegebene Zahl 91. So haben wir folgendes Bild:

		Jakob lebt
	147	Jahre und beginnt die Zeugung der 12 Söhne mit
	84	Jahren. Er lebt danach noch
	63	Jahre.
Summe:	294	

Dazu kommt:

		Er lebt
	147	Jahre und zeugt mit
	91	Jahren Josef, den Lieblingssohn und späteren Retter.
	56	Jahre lebt er danach noch.
Summe:	294	

Diese beiden Summen ergeben zusammengerechnet 588. Das ist 7^2 x 12, also heiligstes Wirken Gottes (7 x 7) über den 12 Stammvätern, die Jakob/Israel zeugt.

Alle Zahlenangaben der Berichte über Abraham, Isaak und Jakob

Zusätzlich zu den Angaben der schon besprochenen Abrahamsgeschichte mit ihrer Gesamtsumme 1039 finden wir an Daten in der Isaaks- und Jakobsgeschichte:

Abraham und Sarah			1039	Jahre
Isaak	war bei der Heirat Rebekkas	(Gen 25,19)	40	Jahre,
	bei der Geburt Jakobs und Esaus	(Gen 25,26)	60	Jahre
	alt; er starb im Alter von	(Gen 35,28)	180	Jahren.
Esau	heiratet die Jehudit im Alter von	(Gen 26,34)	40	Jahren.
Jakob	werden Dienstjahre zugeschrieben	(Gen 29,18)	7	Jahre,
		(Gen 29,20)	7	Jahre,
		(Gen 29,27)	7	Jahre,
		(Gen 29,30)	7	Jahre,
		(Gen 31,38)	20	Jahre,
		(Gen 31,41)	20	Jahre,
		(Gen 31,41)	14	Jahre,
		(Gen 31,41)	6	Jahre.
	Er ist beim Umzug nach Ägypten	(Gen 47,9)	130	Jahre
	alt und stirbt mit	(Gen 47,28)	147	Jahren.
	In Ägypten lebte er	(Gen 47,28)	17	Jahre.
Josef	wird nach Ägypten verkauft mit	(Gen 37,2)	17	Jahren.
	Er erringt seine Macht mit	(Gen 41,46)	30	Jahren
	und stirbt mit	(Gen 50,26)	110	Jahren.
	(Die Daten über Hunger- und Erntejahre gehören natürlich nicht zu seinen Lebensdaten.)			
	Summe:		1898	

Welches Bild werden die priesterschriftlichen Theologen wohl in die Erzählungen über das Leben der Erzväter Abraham, Isaak und Jakob eingezeichnet haben, über die Jahweh, der Gott Israels, in seiner Weisheit seine Hände gehalten hat?

Jahweh ist 10-5-6-5	= 26
Weisheit (Chokmah) ist 8-20-40-5	= 73
und: 26 x 73 = 1898.	

Es ist die Weisheit Jahwehs, die über ihnen gewaltet hat.

Ein bestätigender Nachklang: Die Lebensalterzahlen des Tobit-Buches

Das aus weisheitlichen Kreisen stammende und relativ späte Buch Tobit (ca. 200)[49] nennt auch außergewöhnliche Altersangaben.

Tobit wird blind mit	58	Jahren (14,2).
Er war blind	8	Jahre (14,2).
Er lebte	158	Jahre (14,11).

Man findet im Text mehrfach den Hinweis auf die Herrlichkeit des Königtums Gottes, besonders im Höhepunkt, in Tobits Lobgesang (13,1-18). Die an Tobit offenbarte Herrlichkeit Gottes wird besonders in 12,15 als Herrlichkeit des durch die Zahl 7 symbolisierten heiligen Gottes genannt. „Ich bin Rafael, einer von den 7 heiligen Engeln, die das Gebet der Heiligen emportragen und mit ihm vor die Majestät des heiligen Gottes treten." Das Wort für die Herrlichkeit Jahwehs ist hebr. Kebod Jahweh, 32 + 26 = 58. Die Lebensdaten Tobits (58 + 8 + 158) ergeben 224. Das ist 7 x 58, also die im Tobitbuch gepriesene Herrlichkeit des heiligen Gottes.

Im Schlußkapitel wird eine Zusammenfassung der Lebensdaten gegeben, bei der auch das Lebensalter seines Sohnes Tobias genannt wird:

Tobit wird blind mit	58	Jahren (Tob 14,2).
Er war blind	8	Jahre (Tob 14,2).
Er lebte insgesamt	158	Jahre (Tob 14,11).
Sein Sohn Tobias lebte	127	Jahre (Tob 14,14).
Summe:	351	

Die Zahl 351 ist eine zahlensymbolisch bekannte Zahl: Sie ist die Summe aller Zahlen von 1 bis 26, also die Fülle der Zahl 26, die Fülle des Zahlenwertes des Heiligen Namens „Jahweh" (10-5-6-5 = 26). Auch dies ist ein Hinweis auf den Gott Israels, der als „Jahweh" dem Menschen in Diaspora und Not aus seiner Fülle hilfreich nahe ist.

Die Listen der Namenswerte

Da außer den Jahreszahlen auch die Werte der *Namen* in den Stammväterlisten betrachtet werden können, erhält man weitere Reihen. Dabei ist bei der Nennung, die ja auch von Gott verliehene Titel bedeuten, auf Abraham an Stelle von Abram und auf Sarah statt Sarai zu achten (Gen 17,5.15).

Bei Jakob ist anders zu verfahren; in der Heiligen Schrift ist auch noch nach Gen 32,29 der Name „Jakob“ *neben* dem Namen „Israel“ gebräuchlich. Es ist hier auf die Beobachtung von L. Ruppert zu verweisen, der mit Blick auf die Josefserzählung und Gen 49 sagt, der Gebrauch des Israel-Namens für den Erzvater Jakob zeuge „von bewußter Reflexion: 'Israel' soll dem Leser offenbar signalisieren, daß der von Gott selbst so benannte Patriarch von nun an als Stammvater des gleichnamigen Volkes und seine Söhne folglich als Väter der israelitischen Stämme erscheinen ...“[50] Im Stammbaum des ersten Buches der Chronik (1 Chr 1,34) heißt es dann schon konsequent: „Abraham zeugte Isaak. Die Söhne Isaaks: Esau und Israel.“

Noch eine Beobachtung ist wichtig. In Gen 5,32 wird der Stammbaum von Adam bis Noah durch die Zeugung von drei Söhnen vollendet, die namentlich aufgeführt werden: Sem, Cham und Japheth. Die Geschlechterfolge von Adam bis Noah kennt sonst nur die Zeugung *eines* Sohnes mit Namen. Aber die priesterschriftlichen Redakteure fügten es so, daß die Zahlenwerte solcher Liste sich nur erschließen, wenn man die Kenntnis der gesamten Texte hinzuzieht. So muß gewußt und beachtet werden, daß nach Gen 9,18 f. der Noah-Sohn Cham und mit ihm sein Sohn Kanaan — und damit die Kanaaniter — verflucht werden. Das hat Auswirkungen auf unsere Liste: Cham muß „gestrichen“ werden; Japheth dagegen muß nach 9,27 in die Familie des Sem mithineingenommen werden. Wir betrachten nun die von Adam bis Mose uns vorliegenden Listen:

(Gen 5,1-32)	Adam bis Noah,
(Gen 11,10-26)	Noah-Sohn Sem bis Abraham und
(Gen 11,27 f. — Ex 6,14-30)	Abraham bis Israels „Häupter“ unter Mose.

Zunächst folgen wir damit dem „roten Faden“ der durch die Altersangaben hervorgehobenen Generationsreihe, die so — von Adam auf Mose zulaufend — deutlich herausgehoben wird aus den übrigen Menschheitsgeschlechtern. Dies also ist die Liste der Namen als Zahlensumme gelesen:

Adam	1-4-40 =	45
Seth	300-400 =	700
Enosch	1-50-6-300 =	357
Kenan	100-10-50-50 =	210
Mahalalel	40-5-30-30-1-30 =	136
Jared	10-200-4 =	214

Henoch	8-50-6-20 =	84
Metuselah	40-400-6-300-30-8 =	784
Lamech	30-40-20 =	90
Noah	50-8 =	58
Sem	300-40 =	340
Japheth	10-80-400 =	490
Arpachschad	1-200-80-20-300-4 =	605
Schelach	300-30-8 =	338
Heber	70-2-200 =	272
Peleg	80-30-3 =	113
Reu	200-70-6 =	276
Serug	300-200-6-3 =	509
Nachor	50-8-6-200 =	264
Terach	400-200-8 =	608
Abraham	1-2-200-5-40 =	248
Isaak	10-90-8-100 =	208
[Jakob/	10-70-100-2 =	182
Israel	10-300-200-1-30 =	541
Levi	30-6-10 =	46
Qehat	100-5-400 =	505
Amram	70-40-200-40 =	350
Mose	40-300-5 =	345
Summe:		8918

Die Bedeutung der Summe 8918 ist ein eindrucksvolles zahlensymbolisches Bild: Es ist 7 x 7 x 7 x 26. Das bedeutet: Die Geschichte Gottes mit den Menschen seiner Auserwählung von Adam bis Mose in den 26 (!) Generationen ist heiligstes Wirken (7^3) des Gottes Jahweh (26). 7^3 x 26 = 8918.

Ein Detailbild: Sem- und Semiten-Liste (Gen 11,10-32; 21,3; 32,29; Ex 6,14-30)

Die eigentliche Volks-Geschichte Israels beginnt mit Sem. Er ist nach Gen 10,21 „der Vater aller 'Söhne Hebers'“, also der „Hebräer“. Vergessen wir auch nicht, daß von Sem schon Gen 9,26 ausgesagt wurde: „Gepriesen sei Jahweh (!), der Gott Sems“. Hier wird — wie auch Gen 4,26 — bereits der Name „Jahweh“ als bekannt vorausgesetzt, der nach Ex 3,15 erst dem Mose geoffenbart wurde. Der Sinn ist hier wohl, daß in Sem, dem Stammvater der Semiten und des Volkes Israel, schon die geheimnisvolle Aussonderung und Auserwählung Israels beginnt. Es zeigt sich dann die Liste dieser auf das auserwählte Israel zulaufenden Namen:

Arpachschad	1-200-80-20-300-4 =	605
Schelach	300-30-8 =	338
Heber	70-2-200 =	272
Peleg	80-30-3 =	113
Reu	200-70-6 =	276
Serug	300-200-6-3 =	509
Nachor	50-8-6-200 =	264
Terach	400-200-8 =	608

Abraham	1-2-200-5-40 =	248
Isaak	10-90-8-100 =	208
[Jakob/	10-70-100-2 =	182
[Israel	10-300-200-1-30 =	541
Levi	30-6-10 =	46
Qehat	100-5-400 =	505
Amram	70-40-200-40 =	350
Mose	40-300-5 =	345
Summe:		5410

5410 ist: 10 x 541. Die Zahl 541 ist eine sehr bekannte Zahl. Sie ist der Zahlenwert des Wortes „Israel". Israel wird gelesen als Zahlenbild: 10-300-200-1-30= 541. In der Schöpfung hat Gott durch 10 „Schöpfungsworte" die Welt geschaffen, durch 10 „Schöpfungstaten" in Gen 2 das Paradies gebildet und durch die 10 Gebote — nach den 10 Rettungsplagen — sein Volk als Bundesvolk bereitet. So ist auch die geschichtliche Bereitung durch die Generationen eine Schöpfungstat im Zeichen der „Zehn", der Schöpfungszahl. Die Schöpfungstat Gottes (10) schafft sein Israel (541). 10 x 541 = 5410.

Ein noch kleineres Einzelbild

Es hatte sich bei den Altersangaben schon ein sinnvolles Detailbild der eigentlichen Stammväter des Volkes Israel seit seiner Aussonderung unter Abraham ergeben. Wer nun auch die Namenswerte der 7 „Patriarchen" Israels und die dazu gehörenden „Stamm-Mütter" betrachtet, der erhält folgende Listen:

Abraham	1-2-200-5-40 =	248	
Isaak	10-90-8-100 =	208	
[Jakob/	10-70-100-2 =	182	
[Israel	10-300-200-1-30 =	541	
Levi	30-6-10 =	46	
Qehat	100-5-400 =	505	
Amram	70-40-200-40 =	350	
Mose	40-300-5 =	345	
			2425
Sarah	300-200-5 =	505	
Rebekka	200-2-100-5 =	307	
Lea	30-1-5 =	36	
Rachel	200-8-30 =	238	
Silpha	7-30-80-5 =	122	
Bilha	2-30-5-5 =	42	
und die Mutter des Mose nach Ex 6,20:			
Jokebed	10-6-20-2-4 =	42	
dazu die Frau des Mose:			
Zipporah	90-80-200-5 =	375	
			1667
	Summe:		4092

Was bedeutet nun die Zahl 4092? Wir hatten schon darauf hingewiesen, daß 22 gemäß den 22 Buchstaben der hebräischen Sprache das Sinnbild für Sprache, Wort — ja auch göttliches Wort — ist. Die Zahl 186 ist recht einfach zu deuten: Es handelt sich um den potenzierten und damit machtvoll geschilderten, heiligen Namen „Jahweh". J H W H = 10+5+6+5: $10^2+5^2+6^2+5^2 = 186$. So ist die Aussage erkennbar: 4092 ist 22 x 186: Jahweh, der Machtvolle, schafft die Welt, aber auch sein Volk Israel, durch das Wort — hier durch das Wort seiner Berufungen in der Geschichte der Menschen.

Die gesamten Nachkommen Adams

Wir sind in der zahlensymbolischen Betrachtung der Namenslisten dem Leitfaden der Namen gefolgt, die von Adam bis Mose *durch ihre Altersangaben* hervorgehoben sind. Nun sind noch andere Namenslisten genannt. In Gen 4,17-24 und Gen 5,3 f. sind die Namen der Nachkommen Adams in der Liste der Nachkommen Kains und die Nachkommen Adams in der Seth-Liste aufgeführt. Die Seth-Liste reicht bis zur Sintflut.

1. Die Liste Kains (Gen 4,17-24)

1.	Kain	100-10-50 =	160	
2.	Henoch	8-50-6-20 =	84	
3.	Irad	70-10-200-4 =	284	
4.	Mechujael	40-8-6-10-1-30 =	95	
5.	Metuschael	40-400-6-300-1-30 =	777	
6.	Lamech	30-40-20 =	90	
7.	Ada	70-4-5 =	79	
8.	Silla	90-30-5 =	125	
9.	Jabal	10-2-30 =	42	
10.	Jubal	10-6-2-30 =	48	
11.	Tubalkain	400-6-2-30-100-10-50 =	598	
12.	Naama	50-70-40-5 =	165	
			———	2547

2. Die Seth-Liste (Gen 5,3 f.)

1.	Seth	300-400 =	700
2.	Enosch	1-50-6-300 =	357
3.	Kenan	100-10-50-50 =	210
4.	Mahalalel	40-5-30-30-1-30 =	136
5.	Jared	10-200-4 =	214
6.	Henoch	8-50-6-20 =	84
7.	Metuselah	40-400-6-300-30-8 =	784
8.	Lamech	30-40-20 =	90

9.	Noah	50-8 =	58	
10.	Sem	300-40 =	340	
11.	Cham	8-40 =	48	
12.	Japheth	10-80-400 =	490	
				3511
	Summe:			6058

Die zwei Listen der Zeugungen und Nachkommen Adams ergeben 6058, das ist 13 x 466. Der Wert 466 ist der Wert für „Alle Völker der Erde“ (Dtn 28,10), hebr. Kol emi ha-arez, = 20-30 70-40-10 5-1-200-90, zusammen 466. Die Bedeutung dieses Zahlenbildes ist: Für den Glauben Israels stehen alle Völker der Erde unter der Regierung des „Einzigen“, des von Israel als einzigen Schöpfer und Geschichtslenker gewußten Gottes. Sein Titel „Echad“, der Einzige, ist als Zahlenwert 13. Der Einzige Gott (13) regiert alle Völker der Erde (466): 6058 = 13 x 466.

Die ergänzte Liste der Menschheit vor der Flut

Der Bibelleser darf sich nicht mit der Liste allein begnügen. Er muß auch aus seiner Kenntnis der Heiligen Schrift die Liste richtig zu lesen versuchen. Zunächst ist in die Liste Gen 9,25 einzubringen: Cham (und mit ihm Kanaan) wird verflucht. Der Fluch gilt aber nur seiner Person, nicht dem Völkerzweig aus ihm (ausgenommen Kanaan). Wir haben also den Wert für Cham zu streichen. Weiterhin — entsprechend der Liste der Alterswerte — ist Elohim an die Spitze der Sethliste in Gen 5,1 zu stellen. Natürlich muß hier „Elohim" als Gottesname gelesen werden, da der Wortlaut des Textes dies vorschreibt. In der Liste der Alterswerte konnte, ja mußte der Name Jahweh eingesetzt werden, da sie ja von Mose aus zurückblickte. Ihm hatte Gott sich als Jahweh offenbart, der bisher unter Elohim verehrt worden war: „(Jahweh ...) dies (soll sein) mein Name für alle künftige Zeit." (Ex 3,15) Elohim ist 1-30-5-10-40 = 86. Schließlich muß natürlich auch noch der Zahlenwert für Adam und Eva die Listen vervollständigen. Adam ist 1-4-40 = 45, und Eva ist 8-6-5 = 19. Dann haben wir folgende Liste aus 26 (!) Gliedern:

1.	Elohim	=	86
2.	Adam	=	45
3.	Eva	=	19
4.	Kain	=	160
5.	Henoch	=	84
6.	Irad	=	284
7.	Mechujael	=	95
8.	Metuschael	=	777
9.	Lamech	=	90
10.	Ada	=	79
11.	Silla	=	125
12.	Jabal	=	42
13.	Jubal	=	48
14.	Tubalkain	=	598
15.	Naama	=	165
16.	Seth	=	700
17.	Enosch	=	357
18.	Kenan	=	210
19.	Mahalalel	=	136
20.	Jared	=	214
21.	Henoch	=	84
22.	Metuselah	=	784
23.	Lamech	=	90
24.	Noah	=	58
25.	Sem	=	340
26.	Japheth	=	490
	Summe:		6160

Wenn wir die Zahl 6160 auflösen, treffen wir auf die Zahlenwerte 112 und 55. Der Gottesname, den wir aus Gen 2 kennen, ist „Jahweh-Elohim": 26 und 86. Das ergibt 112. 55 ist der Wert für alle Zahlen von 1 bis 10, also die Fülle, die sich in der 10 befindet. Und 10 ist die Schöpfungszahl. 112 x 55 = 6160. Dann bedeutet das: Jahweh Elohim = 112 (26 + 86) wirkt in der Menschheitsgeschichte aus seiner Schöpfer-Fülle = 55.

Die Listen der Menschheitsgeschlechter nach der Flut:
Die Geschlechterfolge der Söhne Noahs, des Sem, Cham und Japheth (Gen 10,1)

Der Neubeginn der Menschheit nach der Flut knüpft an Noah und seine Söhne an. Da jedoch nach Gen 9,22 f. Cham (und mit ihm sein Nachkomme Kanaan) verflucht wird, wird man Cham (wie auch später Kanaan) hier streichen müssen. Natürlich ist es nur eine persönliche Verfluchung, nicht eine der ganzen Stammesfolge. Wohl aber wird Gen 9,27 der Stamm Chams dem Japhethstamm untergeordnet und eingefügt. Nach Westermann macht „die Erzählung den (C)Ham zum Träger des Fluches".[51] Man beachte auch Gen 9,26-27: „Nur bei Sem wird der Jahweh-Name gebraucht, weil er der Stammvater Israels ist. Für Jafet wird der allgemeine Gottesname Elohim verwendet, beim verfluchten Kanaan wird ein Gottesname überhaupt vermieden."[52] Es ergeben sich dann Noah, Sem und Japheth und von ihnen abstammend die 70 Völker, die die jüdische Tradition aus dem Genesiskapitel 10 entnommen hat.

B. Jacob sagt zum Ausdruck „70 Völker" oder „Siebzig Sprachen": „Daß er die Meinung der Tora wiedergibt, sagt sie selbst ausdrücklich in dem Liede Moses Dtn 32,7 f.: 'als der Höchste die Völker beteilte, als er schied die Bene Adam, setzte er fest die Gebieter der Nationen nach der Zahl der Bene Jsrael'. Die Zahl der Nachkommen Jakobs ist 70, desgleichen ihrer Geschlechter. Die Anspielung auf unser Kapitel ist offenbar ..."[53]

Es fällt natürlich auf, daß die aus der göttlichen Weisheit geschaffene Menschenwelt dann unter dem Zahlenwert 73 steht (70 Völker und Noah, Sem und Japheth). Das Wort „Chokmah" (Weisheit) hat ja 73 als Zahlenwert. Weiter fällt auf, daß die aus Gen 5,32 und 10,1 bekannte Reihenfolge der Söhne Noahs — „Sem, Cham und Japheth" — bei den nun folgenden Geschlechterlisten umgekehrt wird in die Reihenfolge „Japheth, Cham und Sem" (Gen 10,2.6.21). Das ist gewiß kein Zufall, sondern läßt die aufeinander gebauten Zahlenbilder leichter erkennen. Zudem lenkt diese Reihenfolge den Blick auf den Höhepunkt der Aufzählung, da die Sem-Liste bereits Vorfahren Abrahams nennt. Wir finden nun vor als erste Liste Gen 10,1-4:

Noah	50-8 =	58
Sem	300-40 =	340
Japheth	10-80-400 =	490
Gomer	3-40-200 =	243
Magog	40-3-6-3 =	52
Madai	40-4-10 =	54
Jawan	10-6-50 =	66
Tubal	400-2-30 =	432
Meschek	40-300-20 =	360
Tiras	400-10-200-60 =	670
Aschkenas	1-300-20-50-7 =	378
Riphat	200-10-80-400 =	690
Togarma	400-3-200-40-5 =	648
Elischa	1-30-10-300-5 =	346
Tarsis	400-200-300-10-300 =	1210
Kittim	20-400-10-40 =	470
Dodanim	4-4-50-10-40	108
Summe:		6615

Die Deutung der Zahl 6615: Jahweh (Kurzform „Jah" = 15) wirkt in Macht (3^2) und Heiligkeit (7^2): 15 x 3^2 x 7^2 = 6615.

Die Cham-Liste (Gen 10,6-18):

Schließen wir an diese Werte in der Reihenfolge des Textes die Geschlechterfolge Chams an. Dabei werden wir im Auge halten, daß wir (gemäß Gen 9,24) in dieser Aufzählung den Wert für Kanaan streichen müssen.

Die Cham-Liste (Gen 10,6-18)

	Kusch	20-6-300 =	326
	Mizraim	40-90-200-10-40 =	380
	Put	80-6-9 =	95
(-)	Kanaan	20-50-70-50 =	190
	Seba	60-2-1 =	63
	Hawilah	8-6-10-30-5 =	59
	Sabta	60-2-400-5 =	467
	Rama	200-70-40-5 =	315
	Sabteka	60-2-400-20-1 =	483
	Scheba	300-2-1 =	303
	Dedan	4-4-50 =	58
	Nimrod	50-40-200-4 =	294
	Ludim	30-6-4-10-40 =	90
	Anamin	70-50-40-10-40 =	210
	Lehabim	30-5-2-10-40 =	87
	Naphtuchim	50-80-400-8-10-40 =	588
	Patrusim	80-400-200-60-10-40 =	790
	Kasluchim	20-60-30-8-10-40 =	168
	Philistim	80-30-300-400-10-40 =	860

Kaphtorim	20-80-400-200-10-40 =	750
Sidon	90-10-4-50 =	154
Cheth	8-400 =	408
die Jebusiter	5-10-2-6-60-10 =	93
die Amoriter	5-1-40-200-10 =	256
die Girgaschiter	5-3-200-3-300-10 =	521
die Hiwiter	5-8-6-10 =	29
die Arkiter	5-70-200-100-10 =	385
die Siniter	5-60-10-50-10 =	135
die Arwaditer	5-1-200-6-4-10 =	226
die Semariter	5-90-40-200-10 =	345
die Hamatiter	5-8-40-400-10 =	463
Summe:		9401
Das ergibt zusammen mit der ersten Liste:		6615
Summe:		16016

Die Bedeutung der Zahl 16016 (aufgebaut auf den drei Primzahlen 7, 13, 11) ist wieder ein eindeutiger Hinweis auf den Gott „Jahweh“, der aus der Fülle seiner Heiligkeit durch sein „Wort“ erschafft.

28	= Der Heilige (7), der in Vier-Vielheit erschafft.
26	= Jahweh
22	= „Wort“ (22 hebr. Buchstaben)

26 x 28 x 22 = 16016.

Die Liste der Nachkommen Sems (Gen 10,21-29)

Die Liste Sems, aus der das Volk Israel, die Hebräer, als „Söhne Ebers“ hervorgeht, ist die vornehmste Aufzählung, denn Sem „ist der Vater aller Söhne Ebers“ (Gen 10,21). So ist es nicht verwunderlich, daß diese Abstammungskette auch aus 26 Gliedern besteht. Es liegt der Segen und das Walten Jahwehs (26) in besonderer Weise über ihr.

1.	Elam	70-10-30-40 =	150
2.	Assur	1-300-6-200 =	507
3.	Arpachschad	1-200-80-20-300-4 =	605
4.	Lud	30-6-4 =	40
5.	Aram	1-200-40 =	241
6.	Uz	70-6-90 =	166
7.	Hul	8-6-30 =	44
8.	Gether	3-400-200 =	603
9.	Masch	40-300 =	340
10.	Schelach	300-30-8 =	338
11.	Eber	70-2-200 =	272
12.	Peleg	80-30-3 =	113

13.	Joktan	10-100-9-50 =	169
14.	Almodad	1-30-40-6-4-4 =	85
15.	Scheleph	300-30-80 =	410
16.	Hazarmawet	8-90-200-40-6-400 =	744
17.	Jerach	10-200-8 =	218
18.	Hadoram	5-4-6-200-40 =	255
19.	Uzal	1-6-7-30 =	44
20.	Diklah	4-100-30-5 =	139
21.	Obal	70-6-2-30 =	108
22.	Abimael	1-2-10-40-1-30 =	84
23.	Scheba	300-2-1 =	303
24.	Ophir	1-6-80-200 =	287
25.	Hawilah	8-6-10-30-5 =	59
26.	Jobab	10-6-2-2 =	20
	Summe:		6344

Die Summe 6344 ist aus 26 x 244 zusammengesetzt. Diese Zahlen können so gedeutet werden: Die Zahl 244 ist ein Wert des wichtigen Begriffes „Kabod" 20-2-6-4 (Gottes „Herrlichkeit"), und zwar der Fülle-Wert im Reichtum der in den Bauelementen des Wortes „enthaltenen" Zahlen:

1 bis 20 =	210
1 bis 2 =	3
1 bis 6 =	21
1 bis 4 =	10
Summe:	244

Zur Bedeutung des Begriffes „Kabod" in der Priesterschrift (P) schreibt C. Westermann: „P hat sein Werk so konzipiert, daß er nicht mit dem Sinai, also der Begründung des Gottesdienstes Israels, einsetzt, sondern die alten Traditionen des J [Jahwist] aufnimmt und dadurch ebenfalls Sinai und Exodus miteinander verbindet. Während aber bei J beides in zwei Überlieferungsblöcken nebeneinander stehen bleibt, bindet P beides durch eine subtile begriffliche Klammer zusammen durch den Begriff Kabod, der sowohl Herrlichkeit des in der Theophanie erscheinenden Gottes wie auch die Herrlichkeit des sich als Retter seines Volkes erweisenden Gottes bezeichnet. ... P folgt J aber auch darin, daß er die Geschichte Israels ... in den weiteren Horizont der Väter- und Urgeschichte stellt."[54]

Von hier aus ist ersichtlich, daß der Begriff „Kabod" bei der Zahlensymbolik der priesterschriftlichen Verfasser eine nicht zu unterschätzende Rolle spielt. 6344 = 26 x 244 heißt dann: Jahweh, der Gott Israels, lenkte die Geschichte der Menschheit über Adam, Noah und Sem, aus dessen Stamm Eber, der Stammvater der Israeliten, entsproß.

Alle drei Listen

Es bleibt noch übrig, alle drei Listen zu addieren. Die Einzelsummen ergeben:

	888	= Noah, Sem und Japheth
	5727	= Nachkommen Japheths
	9401	= Nachkommen Chams
	6344	= Nachkommen Sems
Summe:	22360	

Das ist der Name Gottes in seinem Schöpferwirken, das sich in den 10 Schöpfungsworten von Gen 1 oder den Schöpfungstaten von Gen 2 oder in den das Volk Israel schaffenden 10 Worten des Dekalogs oder eben hier auch in der Völkergeschichte offenbart: Jahweh Elohim in seinem Erschaffen: 26 x 86 x 10 = 22360.

Die Erzväterlisten

Die Vorfahren Abrahams

Unmittelbar vor der Berufung Abrahams (Gen 12,1 f.) haben die Verfasser noch zwei Listen gesetzt. Es sind die Sem-Nachor-Liste (Gen 11,10-25) und die Terach-Liste (Gen 11,26-32). Die Sem-Nachor-Liste schließt mit Sem an die Adam-Noah-Liste an (Gen 5,1-32). „Nach der vorher dargestellten Abkehr vom wahren Gott läßt die biblische Erzählung diese ihre eigenen Wege gehen, um sich nunmehr dem Stammvater des Volkes zuzuwenden, in dem die Erkenntnis des wahren Gottes in der Menschheit erhalten werden sollte. Als Überleitung dazu dient der Stammbaum von Sem bis Terach, dem Vater Abrahams. Formal ist er ähnlich wie Kapitel 5 aufgebaut, dessen chronologisches Schema er fortführt."[55] „Die bis Noah reichende toledot Adams ... werden nunmehr von Sem bis Terach ... fortgeführt ..."[56]

Die drei zusammengehörenden Listen zeigen folgendes Bild:

Die Vorfahren: die Liste Adam-Noah (Gen 5,1-32)

Adam	1-4-40 =	45
Seth	300-400 =	700
Enosch	1-50-6-300 =	357
Kenan	100-10-50-50 =	210
Mahalalel	40-5-30-30-1-30 =	136
Jared	10-200-4 =	214
Henoch	8-50-6-20 =	84
Metuselah	40-40-6-300-30-8 =	784
Lamech	30-40-20 =	90
Noah	50-8 =	58
Summe:		2678

Die Vorfahren und die Familie: die Liste Sem-Nachor (Gen 11,10-25)

Sem	300-40 =	340
Arpachschad	1-200-80-20-300-4 =	605
Schelach	300-30-8 =	338
Heber	70-2-200 =	272
Peleg	80-30-3 =	113
Reu	200-70-6 =	276
Serug	300-200-6-3 =	509
Nachor I	50-8-6-200 =	264
Terach	400-200-8 =	608
Abram	1-2-200-40 =	243

Nachor II	50-8-6-200 =	264
Haran	5-200-50 =	255
Summe:		4087

Die Familie: die Liste des Terach (Gen 11,26-32)

Terach	400-200-8 =	608
Abram	1-2-200-40 =	243
Nachor II	50-8-6-200 =	264
Haran	5-200-50 =	255
Lot	30-6-9 =	45
Sarai	300-200-10 =	510
Milka	40-30-20-5 =	95
Jiska	10-60-20-5 =	95
Summe:		2115

(Natürlich gibt es Überschneidungen und — ähnlich wie zwischen der Semitenliste Gen 10,21-31 und der Semitenliste Gen 11,10-25 — Unstimmigkeiten. „Solche Unstimmigkeiten erklären sich aus der verschiedenen Herkunft der Listen; sie entstammen verschiedenen Traditionen, die weder P noch R zu harmonisieren suchten."[57])

Die Gesamtsumme dieser Listen ergibt 2678 + 4087 + 2115 = 8800. Was soll diese Zahl bedeuten? Eine sinnvolle Auflösung ergibt 4 x 22 x 10 x 10, wobei die Zahl 22 hinweist auf die Sprache und das Schöpferwort, durch das Gott wirksam die Geschichte lenkt. Daß diese Auflösung an dieser Stelle den Intentionen der Verfasser entspricht, belegt die anschließende Stelle aus Gen 13,14-15: „Da sprach Jahweh zu Abram ...: Schaue nach Norden und Süden, nach Osten und nach Westen. Denn dieses ganze Land ... werde ich dir geben und deiner Nachkommenschaft ...; und ich werde deine Nachkommenschaft zahlreich machen wie den Staub der Erde." Gott erschafft in Macht (10^2) durch sein schöpferisches Wort (22) sein Volk in Menge und Vielheit (4): 10^2 x 22 x 4 = 8800.

Zusatz: die 26 Namen

Diese drei Listen bis zur Ankunft Abrahams in Haran, dem Ort seiner Berufung, nennen 26 (!) Namen: Jahweh hat diese Geschichte gefügt. Wenn man nun auch hier die Namen der 26 Genannten in die vier Blöcke des Jahweh-Wertes 10-5-6-5 einteilt, dann ergibt sich:

10 Namen (1 bis 10):	Adam, Seth, Enosch, Kenan, Mahalalel, Jared, Henoch, Metuselah, Lamech, Noah = 2678, Quersumme = 23.
5 Namen (1 bis 5):	Sem, Arpachschad, Schelach, Heber, Peleg = 1668, Quersumme = 21.
6 Namen (16 bis 21):	Reu, Serug, Nachor I, Terach, Abram, Nachor II = 2164, Quersumme = 13.
5 Namen (22 bis 26):	Haran, Lot, Sarai, Milka, Jiska = 1000, Quersumme = 1.

Die Summe der Quersummen der vier nach dem Jahweh-Namen gestalteten Blöcke ist 23 + 21 + 13 + 1 = 58. Das ist der Wert für die „Herrlichkeit Jahwehs", hebr. Kebod Jahweh (20-2-6-4 10-5-6-5 = 58). Diese offenbart sich in der Geschichte der Menschheit von Adam bis Abraham für den Glaubenden.

Die 8 Söhne Abrahams (Gen 16,15; 21,3; 25,1)

Isaak	10-90-8-100 =	208
Ismael	10-300-40-70-1-30 =	451
Simran	7-40-200-50 =	297
Joqschan	10-100-300-50 =	460
Medan	40-4-50 =	94
Midian	40-4-10-50 =	104
Jischbaq	10-300-2-100 =	412
Schuach	300-6-8 =	314
Summe:		2340

An dieser Stelle ist besonders schön zu sehen, wie ein Zahlenwert eine biblische Aussage illustriert: In Gen 12,2 wird Abram ein „Segen" genannt. Die Segenszahl ist 60. In Num 6,22 ist der aaronitische Segen genannt. Er besteht aus 60 Buchstaben und 15 Wörtern, was ausdrückt, daß der heilige Name Jahweh (oder in der Kurzform Jah = 15) in die 4 Windrichtungen, in die ganze Welt hinausgerufen werden soll: 15 x 4 = 60. Hier ist nun angezeigt, daß Abraham sein Bekenntnis: „Jahweh echad", „Jahweh ein Einziger" (26 + 13 = 39) auch durch seine Söhne hindurch zum Segen werden läßt: 60 x 39 = 2340.

Die Söhne Jakobs (Gen 35,23)

Ruben	200-1-6-2-50 =	259
Simeon	300-40-70-6-50 =	466
Levi	30-6-10 =	46
Jehuda	10-5-6-4-5 =	30
Issachar	10-300-300-20-200 =	830
Zebulun	7-2-6-30-6-50 =	101
Josef	10-6-60-80 =	156
Benjamin	2-50-10-40-50 =	152

Dan	4-50 =	54
Naphtali	50-80-400-30-10 =	570
Gad	3-4 =	7
Aser	1-300-200 =	501
Summe:		3172

Es ist anzumerken, daß der Leser aus Gen 30,20 wissen müßte, daß Zebulun ursprünglich bei der feierlichen Namensnennung und -erklärung anläßlich seiner Geburt in der ausführlicheren Schreibweise „Zebulun" (7-2-6-30-6-50) niedergeschrieben wurde, während in dieser Liste die kürzere und damit sekundäre Schreibweise vorliegt (Zebuln: 7-2-6-30-50). Beide Lesarten kommen vor.[58] So kann nur der Bibelkenner, den die priesterschriftlichen Autoren voraussetzen oder erziehen, das Zahlengeheimnis dieser Liste, die ja geradezu das Herzstück aller Listen des Zwölf-Stämme-Volkes Israel darstellt, ergründen.

Der Gesamtwert 3172 ergibt aufgelöst: 244 x 13. Die hebräische Bezeichnung für „Söhne Jakobs" lautet: „Bene Jaakob". Das ist als Zahl gelesen:

B N I I A K B = 2-50-10 10-70-100-2 = 244.

Dann bedeutet das Zahlenbild: Die Söhne Jakobs stehen unter dem Schutz und Wirken des „Einzigen" (13). 3172 = 13 x 244.

Die drei „Säulen"

E. Zenger deutet die Aussage Gen 6,9-10: „Das ist die Geschichte Noachs. Noach stand als ein gerechter, untadeliger Mann unter seinen Zeitgenossen. Mit Gott wandelte Noach. Und Noach zeugte drei Söhne ..." Darin erkennt Zenger „eine Charakterisierung des Noach, die diesen durch Stichwortbezüge und Strukturentsprechung mit dem ersten 'vorflutlichen' Menschen Adam und dem ersten 'israelitischen' Menschen Abraham in einen theologisch-deutenden Zusammenhang bringen will: Adam, Noach und Abraham sind die urgeschichtlichen Säulen, auf die Israels 'Lebensgeschichte' im 'Lebenshaus' der Schöpfung vom Schöpfergott schaffend (Adam), rettend (Noach) und berufend (Abraham) gegründet wurde."[59] Und im einzelnen: „Durch die Wiederholung des letzten Satzes der Adam-Toledot Gen 5,1-32 in Gen 6,10 sowie durch die strukturanaloge Position der genealogischen Notizen Gen 5,3; 6,10 in Anschluß an die Toledot-Formel-Überschrift zu Beginn eines Abschnitts wird Noach mit Adam in Verbindung gebracht. Die Bezüge zu Abraham sind noch deutlicher: 'vollkommen war er' (6,9; vgl. Gen 17,1: 'sei vollkommen!'); 'mit Gott wandelte er' (6,9; vgl. 17,1: 'wandle vor mir!')." Wenn sich also die Geschichte der Menschheit von Adam über Noah und Abraham bis Israel erstreckt und auf drei Säulen ruht, dann erscheint es auch nicht zufällig, daß die drei „Säulen“ der von Jahweh gelenkten Geschichte sich im Zahlenbild folgender Art widerspiegeln:

Adam	1-4-40 =	45
Noah	50-8 =	58
Abraham	1-2-200-5-40 =	248
Summe:		351

Das ist die Füllezahl von 26, die Summe aller Zahlen von 1 bis 26, und 26 ist der Zahlenwert für „Jahweh“.

Namenslisten in den Chronikbüchern und in Samuel 2

Die um 300 entstandenen Chronik-Bücher kennen die Listen der Genesis.[60] In den Genealogien des Chronisten ist eine Fülle von Zahlen-Architektur enthalten. Es wird hier aber nur jeweils eine durchlaufende Linie betrachtet, deren Vorbilder wir in den Genesis-Genealogien finden, die dem Verfasser bekannt sein mußten. Die Zusammenstellung der Einzel-Listen findet sich im Anhang.

Es gibt die Gesamtlisten des Königtums, des Priestertums und des Gesetzgebers. Die Listen der Namens-Werte ergeben:

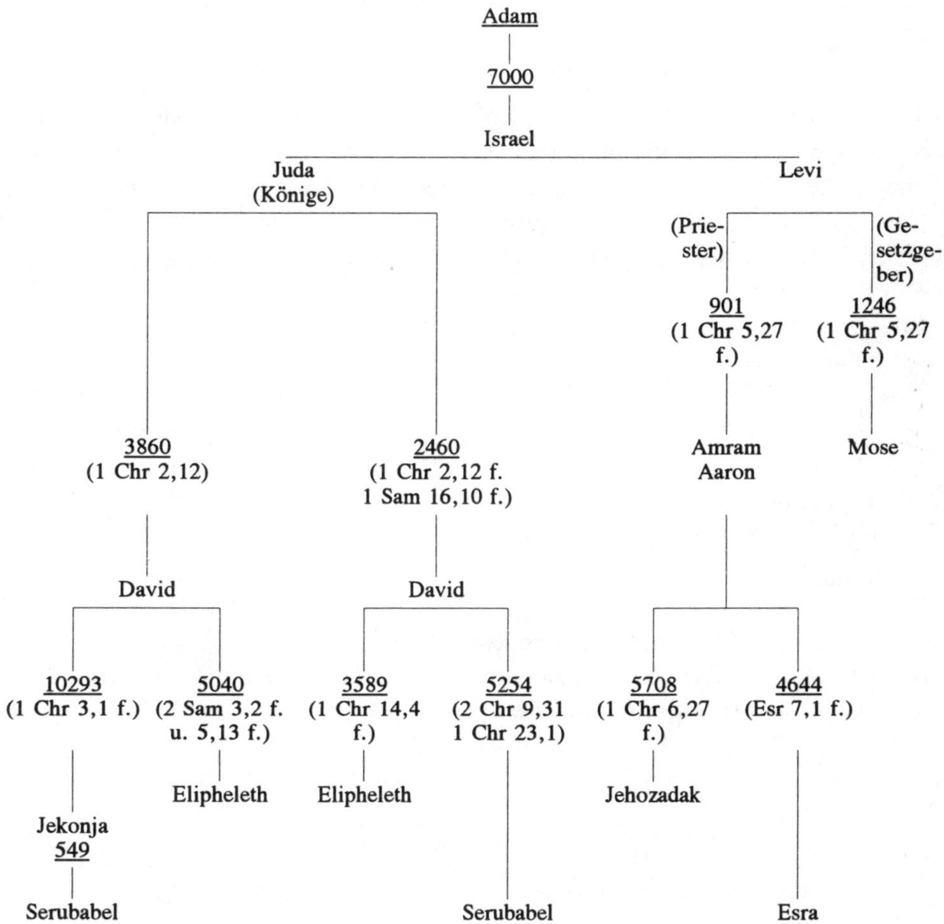

Die Deutung der Gesamtsumme:

	7000
	3860
	2460
	10293
	549
	5040
	3589
	5254
	901
	1246
	5708
	4644
Summe:	50544

50544 = 39 x 3^2 x 12^2! Das ist die angemessenste Auflösung und bedeutet: Jahweh, der Einzige (39), erschafft und erhält machtvoll (3^2) sein Zwölf-Stämme-Volk in seiner Fülle (12^2). Wenn nun die Zahlenwerte der Altersangaben von Adam bis Mose (s. oben) mit diesen Gesamtsummen der Königs-, Gesetzgeber- und Priesterlinien von Adam bis Esra-Serubabel zusammengesehen werden, dann ergibt sich:

Altersangaben:			
Adam bis Mose	Lebensalterssumme =	12600	
	Zeugungsalter =	2106	
	Zeugungsalter Jakobs =	84	(s. oben)
	Restjahrsumme =	10170	
Zahlenwert:			
der Namen Adam bis Esra-Serubabel =		50544	
Summe:		75504	

Auch das ist ein Wert mit „Jahweh echad“ (39). 75504 ist 39 x 4 x 22^2. Das bedeutet aufgelöst: Der „Einzige Jahweh“ (39) erschafft und erhält sein Volk durch die Aussendung (4) seines machtvollen Wortes (22^2).

Der Kalender als theologische Aussage

Besonders durch die Zeugungsalter, aber auch durch andere, oft wie zufällig eingestreut wirkende Angaben, sind wir in die Lage versetzt, eine Ordnung der Jahre von Adam bis zum Exodus zu erlangen. Darüber hinaus spannt sich der Bogen bis zur Tempeleinweihung unter Salomo und schließlich in einer eindrucksvollen theologischen Perspektive bis zur Wiederaufnahme des Opferkultes nach dem babylonischen Exil anläßlich des zweiten Tempelbaues. Zur Entstehung der priesterschriftlichen Endredaktion bemerkt H. A. Steck, „... daß die führenden Kreise in Juda eine die divergenten Strömungen verbindende Einheitsüberlieferung für den tragenden Bereich der leitenden Geschichtstradition schaffen. Dies geschieht offenbar durch Rezeption und Redaktion der bislang im dtr. Bereich tradierten Geschichtsüberlieferung Israels ... also den gesamten Komplex von Gen 2 bis 2 Kön 25 in der hebräischen Bibel." Und: „Was über das Ende der Priesterschrift hinaus dieses Geschichtswerk in Josua bis 2. Könige bot, wurde an kultisch wesentlichen Stellen im Sinne der Priesterschrift bearbeitet. Damit ist die gesamte Geschichtsüberlieferung Israels, die sich aus der älteren Zeit erhalten hat und schriftlich vorlag, von den herrschenden Tempelkreisen rezipiert, und zwar in dem Sinne, daß in der grundlegenden Frühzeit bis zum Tode Moses die Priesterschrift samt angegliederten sakralrechtlichen Bestimmungen dominiert und die folgende Geschichtsdarstellung von Josua bis zum Fall Jerusalems gleichfalls unter priesterlichem Akzent erscheint."[61]

Es ist dabei an das Wort Th. Bomanns zu erinnern: „Der Raum ist für uns wie ein großer Behälter, der alle Dinge aufbewahrt, ordnet und zusammenhält. Eine ähnliche Aufgabe spielt für die Hebräer die Zeit. Ihr Bewußtsein ist wie ein Behälter, in dem ihr ganzes Leben, von der frühesten Kindheit an, und die Tatsachen, die sie erlebt, oder von welchen sie gehört haben, aufbewahrt sind ... [Der Mensch] lebt in der Zeit; aber eben weil er in der Zeit wirklich lebt, spielen Zeitpunkte und Zeitabstände eine sehr untergeordnete Rolle ... es ist sachlich unstatthaft, diese Ganzheit durch eine Reihe von Abschnitten oder rasch aufeinander folgenden Zeitpunkten zu zertrennen oder zu bestimmen. ... In der Bibel hat man wohl eine bestimmte zeitliche Reihenfolge der Ereignisse von der Weltschöpfung ab, aber keine Chronologie."[62]

Im ersten Abschnitt der Lebenszeit-Angaben von Adam bis Noah bringt die Bibel folgende Angaben (Gen 5):

1.	Adam zeugt mit	130	Jahren, lebt noch 800 Jahre, zusammen 930 Jahre
2.	Seth "	105	
3.	Enosch "	90	
4.	Kenan "	70	
5.	Mahalalel "	65	
6.	Jared "	162	
7.	Henoch "	65	
8.	Metuselah "	187	
9.	Lamech "	182	Summe: 1056
10.	Noah "	500	

Wir haben also folgende Zeiten: Nach dem Tode Adams im Jahre 930 vergehen 126 Jahre bis zur Geburt Noahs, 1056. 1056 — 930 = 126. Noah war zu Beginn der Sintflut 600 Jahre alt (Gen 6,7). Dies war also im Jahr 1656. Der Neuanfang der Menschheit mit Noah und seinen Söhnen ist dann im Jahr 1657 (Gen 8,13).

Wir betrachten nun die zweite Geschlechterliste mit den Altersangaben in Gen 11,10-26. Diese Liste führt vom gerechten Noah-Sohn Sem[63] bis zur Zeugung Abrams, wobei die Lebenszeit Terachs, des Vaters Abrams, in Gen 11,32 nachgetragen wird. Geboren 1056, zeugte

Noah	mit	500	Jahren,
Sem	mit	100	Jahren,
Arpachschad	mit	35	Jahren,
Schelach	mit	30	Jahren,
Heber	mit	34	Jahren,
Peleg	mit	30	Jahren,
Reu	mit	32	Jahren,
Serug	mit	30	Jahren,
Nachor	mit	29	Jahren,
Terach	mit	70	Jahren den Abram.

Abram wurde also geboren: 1946.

Dann ist die Zeugung des Isaak durch

Abraham	nach	100	Jahren, die Jakobs durch
Isaak	nach	60	Jahren, der Beginn der Zeugung der zwölf Söhne durch
Jakob	nach	84	Jahren.

Das ist 2190. Da Jakob mit 130 Jahren (Gen 47,9), also im Jahre 2236, nach Ägypten übersiedelt und die Israeliten gemäß Ex 12,40 430 Jahre in Ägypten waren, ergibt sich als Datum des Exodus 2666.

Mose war beim Auszug 80 (Ex 7,7) und Aaron 83 Jahre alt. Die Geburt des Mose fällt also auf das Jahr 2586, die des Aaron auf 2583, denn Moses und Aaron sterben 2706 am Ende der 40jährigen Wüstenwanderung 120jährig (Dtn 34,7) und 123jährig (Num 33,39). Nach 1 Kön 6,1 begann Salomo den Tempelbau im Jahre 480 nach dem Auszug aus Ägypten und im 4. Jahre seiner Regierung über Israel.[64] Diese beginnt im Jahre 3142. Dann regierte David (1 Kön 2,11) von 3102 bis 3142, und ab 3109 in Jerusalem. Salomo regierte von 3142 bis 3182. Der Tempelbau begann 3146. Die Einweihung und der Opferbeginn war nach 20 Jahren (2 Chr 8,1; 1 Kön 9,10), also 3166.[65]

Nach der Katastrophe der Tempelzerstörung und des Exils beginnt — nach Angabe des Chronisten — 480 Jahre nach der Aufnahme des Opferdienstes unter Salomo mit der Aufrichtung des Altares die Wiederaufnahme der Opferdienstes auf dem Tempelplatz durch die aus Babylon Heimgekehrten.

Wie die erste heilsgeschichtliche Periode vom Exodus bis David und Salomo, so erfolgt eine zweite 480jährige Zeitspanne, die — wie die erste von Palästina ausgehend — über Exil und Unterdrückung auf den heiligen Tempelberg führt. Die 480 Jahre ergeben sich aus der Liste der judäischen Regierungsjahre nach den Königsbüchern. Dabei ist die Beobachtung von K. Koch über die „Qualität" einer jüdischen Herrschertätigkeit vorauszuschicken: „Nur dann, wenn die Regierungsdauer eines Königs nicht ein einziges Neujahrsfest erreicht hat, bleibt er unberücksichtigt, hat seine Kraft nicht für ein auch noch so kurzes 'Jahr' ausgereicht (Joahas, Jojachin)."[66]

1 Kön 6,1	Salomo, Tempelbaubeginn im 4. Jahr seiner Herrschaft und		
1 Kön 6,38,9,10	Tempelweihe nach 20 Jahren	20	Jahre
9,42	Rest seiner Herrschaft von 40 Jahren	16	
14,21	Rechabeam	17	
15,2	Abia	3	
15,10	Asa	41	
22,42	Josaphat	25	
2 Kön 8,17	Joram	8	
8,26	Ahasja	1	
11,4	Atalja	7	
12,2	Joas	40	
14,2	Amasja	29	
15,2	Asarja	52	
15,33	Jotham	16	
16,2	Ahas	16	
18,2	Hiskija	29	
21,1	Manasse	55	
21,19	Amon	2	
22,1	Josia (22,3 f: Bundeserneuerung i.J. 18)	31	
2 Kön 23,31	Joahas (3 Mon.)	-	
23,36	Jojakim	11	
24,8	Jojachin (3 Mon.)	-	
24,18	Zedekia	11	
Seit der Tempelweihe:		410	

Mit den 70 Jahren des Exils (2 Chr 36,21) ergibt sich die Zahl von 480. (Diese Einheit von 12 x 40 ergeben auch die Amtszeiten der jeweils 12 Hohenpriester, deren nichtgenannte Amtsdauer mit der für einen Hohenpriester idealen Amtszeit von 40 Jahren (Ex 7,7 und Num 33,39) zu errechnen ist.[67]) Vom Exodus bis Salomo und von Salomo bis zur Wiederaufnahme der offiziellen Opferdienste nach dem Exil sind es also jeweils 480 Jahre (1 Chr 5,27-41; Kön 4,2; Esr 3,2; Neh 12,10). Dem „entspricht" die Zahl der Führer Israels: Mose, Josua, die 14 Richter und 23 Könige: insgesamt also 39 (!) vom Sinai bis zur Wiedererrichtung des Tempels.[68] So fällt die Wiederaufrichtung des Altars und die Wiederaufnahme des Opferdienstes nach dem Babylonischen Exil in das Jahr 3646 der biblischen Heilsgeschichte.

Das Bild der Zahlen:

Adam zeugt Seth	130
Adams Tod	930
Noahs Geburt	1056
Sintflutbeginn	1656
Welt-Neuanfang	1657
Abrams Geburt	1946
Sarahs Geburt	1956
Noahs Tod	2006
Berufung Abrahams	2021
Geburt Isaaks	2046
Geburt Jakobs	2106
Zeugungsbeginn der 12 Söhne	2190
Jakob u. Familie nach Ägypten	2236
Jakobs Tod	2253
Josefs Tod	2307
Geburt Aarons	2583
Geburt Moses	2586
Exodus und Sinai	2666
Tod Aarons und Moses	2706
Geburt Davids	3072
David wird König	3102
David: König Jerusalems	3109
Tod Davids	3142
Tempelbaubeginn	3146
Tempelweihe	3166
Salomos Tod	3182
Gesetzauffindung, Neuverpflichtung	3541
Heimkehr aus Babylon, Opferneubeginn	3646

Die Deutung der Zahlen

Einige Zahlen tragen eine Aussage in sich, andere ergeben eine zahlensymbolische Aussage aus dem durch sie gebildeten Zeitraum. Beginnen wir mit den auf der Hand liegenden Aussagen:

1. Adam:
Adam zeugt mit 130 Jahren den Seth (den Stammvater der „guten“ Ahnenreihe). Adam stirbt mit 930 Jahren, 800 Jahre nach der Zeugung Seths. Die Zahl 130 verweist auf die Schöpfungszahl 10 und das Wirken des „Einzigen“ (= 13). Die Zahl 800 deutet hin auf die aus Adam kommende Fülle: 4 x 40. Die Gesamtzahlen für Adam sind: 130 + 800 + 930 (Gen 5,3-5) = 1860. Das ist die Schöpfungszahl 10 x 186, wobei die Zahl 186 für den Fülle-Namen von „Jahweh“ (10-5-6-5), 10^2-5^2-6^2-5^2 = 186, steht.

2. Noahs Geburt im Jahre 1056:
Noah ist der Mensch, der sich vorbildlich — wie noch zu zeigen ist — dem Worte (22 Buchstaben) Gottes anvertraut. Die Arche ist das Symbol des den Menschen bergenden, vollkommenen (12) und in die Welt ausgespendeten (x 4) Gotteswortes. 22 x 12 x 4 = 1056.

3. Der Beginn der Sintflut ist im Jahre 1656:
Das ist 72 x 23. Die theologische Aussage besteht im Hinweis auf das Wirken dessen, der im Worte den Menschen rettet. Zusammengefaßt lautet sein Wort: „Jahweh ist einzig“, hebr. Jahweh echad. Der angewachsene Wert von Jahweh ist 72 und von echad 23.

Jahweh = 10-5-6-5	echad = 1-8-4
10	1
10+5	1+8
10+5+6	1+8+4
10+5+6+5	
72	23

4. Die Geburt Abrahams 1946 und die Geburt Sarahs 1956:[69]
Rechnet man den Beginn der Heilsgeschichte vom Neubeginn der Menschheit nach der Sintflut, also von 1657 an, so ergibt sich die Geburt Abrahams nach 289 und die Sarahs nach 299. 289 ist 17 x 17, womit auf das Wirken Jahwehs hingewiesen wird. 17 ist der Wert für hebr. tob, „gut“, = 9-2-6. Dieses Wort spielt auch im Schöpfungsbericht Gen 1 eine Rolle. 299 ist 13 x 23, womit auf hebr. echad (13 ist echad, 23 ist der angewachsene Wert für echad), den Einen, hingewiesen wird. Ähnlich wie die schon erwähnten Zahlen der Abrahamsgeschichte ergibt die Summe von 289 + 299 = 588. Dies ist die Zahl des Zwölf-Stämme-Volkes Israel (= 12) und die Heiligkeitszahl in Fülle (7^2): 12 x 49 = 588. Die theologische Aussage ist also: Gott, der Eine Jahweh, wirkt bei der Geburt Abrahams und Sarahs in Heiligkeit und Vollkommenheit. Mit ihrer Geburt beginnen die Stämme des Volkes Israel schon im Heilsplan Gottes.

5. Die Berufung Abrams im Jahre 2021:
Vom Neubeginn der Menschheit nach der Flut (1657) bis zur Berufung Abrams vergehen 364 Jahre. Das ist 13 x 28. 13 ist hebr. echad (Einer), und 28 ist 7 x 4, eine Schöpfungszahl, die auch in Gen 1,1 eine Rolle spielt. Der Heilige (7) wirkt schöpferisch (x 4) in Welt und Geschichte.

6. Die Geburt Jakobs 2106:
Die Zahl 2106 ist 26 x 81. 26 ist „Jahweh", und 81 ist die 3^4. Das deutet auf die göttliche Allmacht (3^4) Jahwehs hin. Von Noahs Geburt bis zu Jakobs Geburt vergehen 1050 Jahre. Das ist 15 x 70. Nach Ex 1,5 sind mit eben diesem Jakob 70 Nachkommen als Volk Jahwehs in Ägypten. Jahweh (Jah = 15) baut mit Jakob sein Volk, zunächst die 70 in Ägypten, auf. 15 x 70 = 1050.

7. Zeugungsbeginn der 12 Söhne:
Im Jahre 2190 beginnt die Geburtsstunde des Volkes Israel. Es werden von diesem Jahre an die 12 Söhne Jakobs geboren. Jakob ist zu dieser Zeit des heiligen Beginns (7) 84 Jahre alt. 7 x 12 = 84. In 2190 steckt die Zahl der göttlichen Weisheit (Chokmah = 73), die Zahl der Schöpfungsworte (10) und die Zahl der Macht (3). Die göttliche Weisheit erschafft als Neue Schöpfung in Macht mit Jakob/Israel sein Volk: 73 x 10 x 3 = 2190. Dazu kommt noch, daß die Quersumme von 2190 = 12 (!) ist. Von der Zeugung Abrahams an sind es 244 Jahre; dies ist die als Zahl gelesene Bezeichnung „Söhne Jakobs", hebr. Bene Jakob, = 2-50-10 10-70-100-2 = 244. Schließlich sind es von der Berufung Abrahams ab, der ja Stammvater eben dieses Zwölf-Stämme-Volkes werden soll, 169 Jahre. Die Zahl 169 ist 13 x 13. Die theologische Aussage: Es ist immer wieder und allein der „Eine", der in Weisheit sein Volk entstehen läßt.

8. Jakob und Familie ziehen nach Ägypten:
Jakob und die 70 ziehen im Jahre 2236 nach Ägypten. Jahweh ist 26, und Elohim ist 86. 26 x 86 = 2236. Die theologische Aussage: Es bildet sich in Ägypten das kleine Volk, das — einzig in der Welt — an Jahweh Elohim glaubt.

9. Josefs Tod:
Im Jahre 2307 stirbt Josef. Bis zur Geburt eines neuen „Für-Sprechers" vergehen 276 Jahre. Aaron, der 3 Jahre vor Mose zur Welt kommt und von dem Mose geboten wird „ … er soll für dich der Mund sein" (Ex 4,16), wird 2583 geboren. 276 ist die arithmetische Summe von 1 bis 23, der Füllezahl von „Echad".

10. Die Geburt des Aaron ist im Jahre 2583:
Seit der Geburt Abrahams sind 637 Jahre vergangen. Dies deutet hin auf die Zahl 7^2 x 13. Das spricht für sich. Mose wird 2586 geboren. Schon die Ziffernfolge

25/86 spiegelt ein Bild des Amtes des Mose wider: den Willen und das Wort Gottes (86) *in den 5 Büchern der Heiligen Schrift* in ihrer Fülle (5^2) aufzuschreiben. Seit der Geburt des ersten „Volksführers" Israels, des Jakob, sind bis zur Geburt des zweiten „Volksführers", des Mose, 480 Jahre genannt. 480 ist eine vollkommene Zahl aus 12 x 40. Die theologische Aussage: Die Geburt des Aaron unter dem Zeichen der 7 x 13 und die Zahl des Mose, die seine Heilsfunktion erkennen läßt, erfüllt die Vollkommenheit (12) des göttlichen Wirkens in der Zeit (40).

11. 2666: Exodus und Bundesschluß:
Dieses Jahr ist das Jahr des Exodus und des Bundesschlusses. Im Buch Josua wird der allmächtige Gott mit dem Titel „El Elohim" benannt (Jos 22,22), was übersetzt „Gott der Götter" heißt. „El" hat als Zahlenwert 31 (1-30), Elohim 86. 31 x 86 = 2666. Seit der Geburt Abrahams sind 720 Jahre vergangen. Nach Num 6,22-27 befiehlt Gott dem Mose in diesem Jahr, im Segen „meinen Namen auf die Israeliten zu legen". Der Segen besteht — wie erwähnt — aus 60 Buchstaben. 12 x 60 = 720. So viele Jahre sind aufgezählt seit Abraham, der selbst ein Segen werden sollte für das Zwölf-Stämme-Volk. Seit der Geburt Jakobs/Israels sind 560 Jahre vergangen, bis „Jahweh Elohim", wie der Weltschöpfer in Gen 2 heißt, durch seine dem Mose am Sinai gegebene fünfrollige Thorah den Bund seines Volkes gründet. Jahweh Elohim ist 26 + 86 = 112. 112 x 5 ist 560. Seit der Ankunft in Ägypten sind nach Ex 12,40 430 Jahre vergangen. Der Wert der Worte Tohu wa-Bohu, die aus Gen 1,2 bekannt sind, liest sich 400-5-6 6-2-5-6 = 430. Nach Dtn 32,10 wurde Israel von Gott in der wüsten Wirrsal, hebr. tohu, gefunden und erschaffen — eine Parallele zur Weltschöpfung. Dazu kommt noch, daß die Erschaffung durch den Bund mit den 5 Büchern erfolgte, die Gott dem Volk verlieh. Elohim: 86 x 5 = 430. So ist die theologische Aussage des Jahresdatums 2666 innerhalb des Kalendersystems: Der Gott der Allmacht, der „Gott der Götter", vollendet den „Segen Abraham", erschafft Israel aus der Wüste und beschenkt es mit dem fünfrolligen Bundesbuch.

12. Geburt Davids im Jahre 3072:
David ist der große König, der das Zwölf-Stämme-Volk zu seiner größten Ausdehnung führt. 12 x 4^4 = 3072. Seit dem Sinai-Bundesschluß sind 406 Jahre vergangen. Die Herrlichkeit des Machtwirkens Jahwehs, die „Kebod Jahweh" (Kabod = 20-2-6-4: 32; Jahweh = 26. 32 + 26 =) ist 58. Gottes heiliges Wirken ist symbolisiert in 7. 7 x 58 = 406.

13. David wird König im Jahre 3102:
Seit der Berufung Abrahams sind 1081 Jahre vergangen. Die die Geschichte lenkende Weisheit Gottes heißt „Chokmah", im Zahlenbild 8-20-40-5. Die Fülle der Weisheit Gottes kann man durch die Summen in den Zahlen zeigen:

Alle Zahlen von	1 bis 8 (Ch = 8):	36
	1 bis 20 (K = 20):	210
	1 bis 40 (M = 40):	820
	1 bis 5 (H = 5):	15
Summe:		1081

Also ist die Geschichte Israels von der Berufung Abrahams an bis zur Königserhebung Davids ein Geschenk der göttlichen Weisheit.

14. Salomo und der Tempel:
Salomo beginnt den Tempelbau im Jahre 3146. Die Zahl ist interessant: In ihr steckt die berühmte 13, die Zahl des „Einzigen", und die Zahl 242. 13 x 242 = 3146. Aber was bedeutet 242? Das Allerheiligste im Tempel heißt „Debir": 4-2-10-200. Man kann den Tempelbau geradezu definieren als ein Gebilde, das um das Allerheiligste herum angewachsen ist. Lesen wir das Wort „Debir" angewachsen:

4	
4+2	
4+2+10	
4+2+10+200	= 242

Also bedeutet die Zahl 3146: Gott, der Einzige (13), erbaut sich durch Salomo sein Allerheiligstes mit den Tempelgebäuden (242): 13 x 242 = 3146. Der Tempelbau beginnt 480 Jahre nach dem Sinai und dem Bau des ersten Heiligtums, der Stiftshütte des Mose. 12 x 40: Das sind von Gottes Vollkommenheit bestimmte Zeitperioden. Seit der Geburt Jakob/Israels sind 1040 Jahre vergangen. Das sind von Jahweh geleitete Heilszeiten, denn 40 x 26 = 1040. Seit der Geburt Abrahams sind 1200 Jahre vergangen. Gott lenkt die Zeiten Israels in Vollkommenheit: 12 x 100.[70]

15. Die Tempeleinweihung und die Wohnungsnahme Gottes:
Im Jahre 3166 erfüllt Gott seine Verheißungen. Hierbei ist anzumerken: „Vermutlich hat man gleichzeitig am Tempel und am Palast gebaut." Und zu 1 Kön 7,1: „Die Beschreibung der Palastbauten schließt sich unmittelbar an die des Tempelbaues an. Erst darauf erfolgt der Bericht über die Innenausstattung des Tempels 7,13. Diese Anordnung bringt zum Ausdruck, daß Tempel und Palast eine Einheit bilden."[71]

Seit der Geburt Abrahams sind 1220 Jahre vergangen. Das ist 5 x 244. 244 ist der Zahlenwert der Fülle der göttlichen Herrlichkeit, hebr. Kabod, = 20-2-6-4. Seit dem Beginn der Zeugung der 12 Söhne Jakobs sind 976 Jahre vergangen. Das ist 4 x 244.

Alle Zahlen von	1 bis 20 (K = 20):	210
	1 bis 2 (B = 2):	3
	1 bis 6 (O = 6):	21
	1 bis 4 (D = 4):	10
Summe:		244

Hier geht in Erfüllung, was bei Abraham, der selbst in der Symbolik der Zahl 5 ein Segen ist, als Anfang der göttlichen Herrlichkeit aufscheint: Der Beginn der 12 Söhne Israels, die sich in der Symbolik der Vier-Vielheit zum Volke ausbreiten sollen, findet seine Vollendung beim Einwohnen Gottes inmitten dieses Volkes, im heiligen Tempel des Hauses Jakobs. So ist die Fülle der Herrlichkeit in 5 x 244 und 4 x 244 symbolisiert.

Die Geburt des ersten Erbauers eines Tempels, der Stiftshütte, liegt 580 Jahre zurück. Die Schöpfung Gottes (10) bereitet in Mose die „Kebod Jahweh“ (58) im Tempel vor. 10 x 58 = 580. Von der ersten Ankunft an gerechnet: Die Einwohnung Gottes im Tempel zu Jerusalem ist 500 Jahre nach der Ankunft Gottes am Sinai und im Stiftszelt. Da die 400 die letzte hebräische Buchstaben-Zahl ist, gehört die 500 nicht mehr zu den „irdischen“ Zahlen. Deswegen eignen — wie schon erwähnt — dem Tempelplatz 500 x 500 Ellen (Ez 42,20). So senkt sich der Himmel gleichsam mit der Einwohnung Jahwehs auf das kleine Stück Jerusalem herab — 500 Jahre nach dem Sinaiereignis.

16. Gesetzesneuverpflichtung unter Josia im Jahre 3541 (2 Kön 23,3):
Endgültig hat das Volk das Gesetz gerettet und nun unverlierbar angenommen. Seit der Zeugung Seths sind es 3411 Jahre. Seit diesem Vorläufer der Väter Israels, dem Jahr des Beginns der frommen Menschheitslinie, sind 3411 Jahre abgelaufen. In diesen Jahren wuchs und vollendete sich das Volk Jahwehs, das ein Volk des Gottesgesetzes ist. Volk Jahwehs heißt hebr. Am Jahweh und ist als Zahlenbild 70-40 10-5-6-5. Die Fülle seiner Begnadigung ist in der arithmetischen Summe seiner Buchstaben zu lesen:

Alle Zahlen von	1 bis 70 (A) =	2485
	1 bis 40 (M) =	820
	1 bis 10 (J) =	55
	1 bis 5 (H) =	15
	1 bis 6 (W) =	21
	1 bis 5 (H) =	15
Summe:		3411

Seit der Geburt eines anderen Stammvaters, des Noah, der auch der Vater aller Völker (70 Völker in der Genesis) ist, sind 2485 Jahre vergangen. Das ist die

Summe der Zahlen von 1 bis 70. Die Berufung Abrahams war vor 1520 Jahren. Seither hat sich der Glaube an den „Einen Jahweh“ ausgebreitet in seinen Nachkommen, und er wird jetzt von einem Volk in neuer Selbstverpflichtung übernommen. Der angewachsene Wert von Jahweh (72) und echad (23) zusammen ist 95. 4 x 4 x 95 = 1520. Eine Stufe zum Gesetz hin ist der Beginn der Zeugung der 12 Söhne des Jakob. Dies liegt 1351 Jahre zurück. Dieser Wert ist der Wert für „Gesetz des Mose“, hebr. Thorath Mosche, 400-6-200-400 40-300-5 = 1351. Darauf verpflichtet sich das Volk erneut, die Nachkommen der 12 Söhne. Die erste große Verpflichtung auf das Gesetz vollzog das Volk am Sinai. Das war vor 875 Jahren. Dort wußte man um die Fülle des Fünfrollenbuches (5^3) und um die Heiligkeit (7) des schenkenden Gottes: 5^3 x 7 = 875.

17. Die letzte Zahl: 3646
480 Jahre nach der Aufnahme des Opferdienstes unter Salomo wird von den Heimgekehrten der Opferdienst wieder aufgenommen. Gottes vollkommener Wille hatte die Zeitläufte gefügt: 480 = 12 x 40. Schon einmal hat Gott diese Zeiten gefügt, und zwar, wie bereits erwähnt, als 480 Jahre nach dem Exodus mit der Errichtung des Tempels begonnen wurde. 1456 Jahre sind vorbei, seit mit dem Beginn der Zeugung der 12 Söhne Jakobs Israel entstand, dem jetzt durch das Bekenntnis zum „Einen Jahweh Elohim“ ein Neuanfang bereitet ist. „Jahweh Elohim“ (26 + 86 = 112) und „echad“ (13): 112 x 13 = 1456. Seit der Berufung Abrahams erstreckt sich die Zeitführung Gottes bis hierher über 1625 Jahre. Es überrascht nicht mehr, daß dies eine Zahl des „Einen“ (13) und eine Füllezahl der 5 (5^3) ist: 13 x 5^3 = 1625.

Vor 1700 Jahren wurde Abraham geboren. Mit ihm und seiner Nachkommenschaft zeigte sich die Herrlichkeit Jahwehs überreich: Die Zahlenwerte von Kabod, 32, und Jahweh, 26, ergeben: $32^2 + 26^2 = 1024 + 676 = 1700$. Man kann noch ergänzen: 3646, die letzte Zahl des biblischen Kalenders, hat als Quersumme 19. Die Zahl 19 ist auch die Quersumme des Zahlenbildes für das Wort „Chokmah“ (8-20-40-5), die göttliche Weisheit.

18. Bei verschiedenen Heilsereignissen wurde das Handeln Gottes an seinem Volke und in der Schöpfung zu einer Einheit von 10 Taten oder Worten zusammengefaßt. Es lassen sich auch in der Heilsgeschichte 10 Zeitpunkte *besonderen* göttlichen Wirkens feststellen, und so ergeben sich 10 Zeitperioden von der Erschaffung an. So sind es seit diesem Anfang folgende 10 Zeiten:

		Quersumme:
Seths Geburt	130	4
Noahs Geburt	1056	12
Noah-Bund	1657	19
Abrams Geburt	1946	20
Abrams Berufung	2021	5

Isaaks Geburt	2046	12
Zeugung der 12	2190	12
Exodus, Sinai	2666	20
Tempelweihe	3166	16
Heimkehr	3646	19
Summe:	20524	139

Diese Zahl birgt eine Fülle in sich: Es ist das Handeln Gottes, der einmal als Herr der Menschheit und dann als Lenker Israels als eines auserwählten Volkes zu sehen ist. Zweimal (2) lenkt er in Heiligkeit (7). Es handelt in seiner unaussprechlichen Macht: Jahweh. J^3 H^3 W^3 H^3 = 10^3 5^3 6^3 5^3 = 1466 x 7 x 2 = 20524.

Aber noch ist die Quersumme aller Heilsdaten zu erklären, denn, wie schon erwähnt, bei großen Zahlenwerten wird gern die Quersumme, die den Israeliten bei fehlender Null geläufig war, beachtet. Die Zahlenreihe der Geschichte steuert ja auf die Aufnahme des Opferdienstes der Heimgekehrten in Jerusalem zu. Hier fließen Gottes überweltliches Geschichtswirken und seine irdische Nähe zusammen. Beides, überweltliche Herrschermajestät und innerweltliche Offenbarungsgegenwart, klingt an, wenn Jeremia die Anrede wagt: „O *Thron der Herrlichkeit,* hocherhaben von Anfang an, Stätte unseres Heiligtums, du Hoffnung Israels: *Jahweh*“ (17,12). Dieser Satz des Jeremia hat übrigens genau den Zahlenwert 2400.

„Thron der Herrlichkeit Jahwehs“: Das ist das Ziel der Geschichte Israels, in seinem Volk, auf seinem heiligen Berg. Die Quersummen aller 10 Heilsperioden ergeben 139. *Thron* der *Herrlichkeit: Jahweh*, hebr. Kise Kebod Jahweh, ist 20-60-1 20-2-6-4 10-5-6-5 = 139.

Der siebenarmige Leuchter

In Ex 25,31 f. heißt es: „In getriebener Arbeit sollst du den Leuchter, sein Fußgestell und seinen Schaft anfertigen ... Von seinen beiden Seiten sollen sechs Röhren ausgehen, drei Röhren des Leuchters auf der einen Seite und drei ... auf der anderen Seite. An jeder Röhre sollen sich drei mandelförmige Kelche — aus Knauf und Blüte — befinden. Am Leuchter selbst [Mittelschaft] sollen sich vier ... Kelche ... befinden; und zwar soll sich immer ein Knauf unter jedem Paar der von ihm ausgehenden Röhren befinden ... Fertige sieben Lampen an; man setze diese Lampen so darauf, daß sie den Raum vor ihm beleuchten."

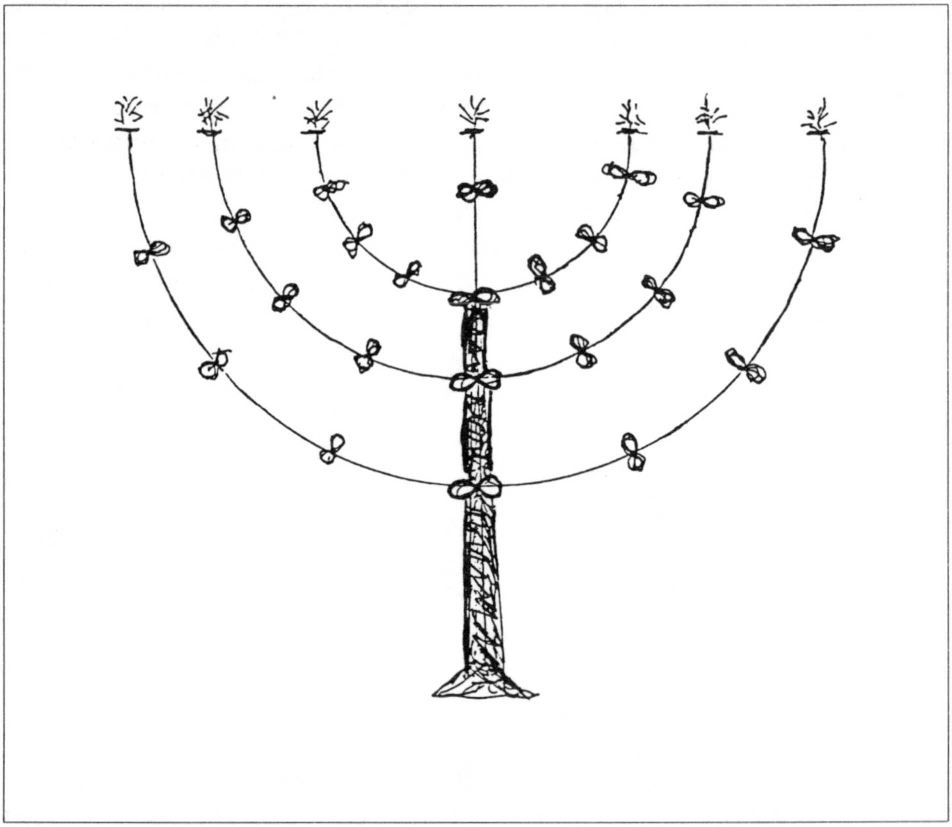

J. Scharbert bemerkt: „Dieser Leuchter scheint erst im nachexilischen Tempel gestanden zu sein."[72] Dies legt nahe, daß auch der *Text* von der Verfertigung des siebenarmigen Leuchters in Ex 37,17-24 aus der weisheitlichen Schule stammt. Es fällt auf, daß der Abschnitt aus 100 Wörtern und 418 Buchstaben besteht. Da ja 10 die Schöpfungszahl ist, erkennen wir in der 10^2 die Fülle des göttlichen Schöpferwirkens angedeutet. Dann müßte auch die Zahl 418 eine Aussage über die Schöpfung sein. In der Tat: Da ja die Schöpfung durch die Weisheit und das Wort Gottes geschah, das durch die Zahl 22 versinnbildlicht wird, finden wir einen Wert entsprechender Art, denn 418 ist 22 x 19. Wie schon erwähnt, ist Chokmah (Weisheit) 8-20-40-5 in der für die Bibel leicht zu erkennenden Quersumme — bei Fehlen der Null — gleich 19. So deutet also schon der *Text* von der Verfertigung des siebenarmigen Leuchters die Zehn-Worte-Schöpfung in 7 Tagen durch die Weisheit Gottes an.

Und nun zur Form des Leuchters selbst. Über die vorexilische Vorgeschichte sei nur so viel gesagt, daß es sich dabei — wahrscheinlich auf der Grundlage der Vorstellungen vom „Heiligen Baum" — um einen Stamm oder Schaft handelt, der in 7 Arme ausgezogen ist.[73] Der obere Teil des Schaftes muß also als Arm betrachtet werden. So auch die Schilderung von Flavius Josephus: „Dem Tische gegenüber ... stand ein Leuchter von purem Gold, 100 Minen schwer ... Er war aus kleinen Kugeln, Lilien, Granatäpfeln und Kelchen, im ganzen 70 an der Zahl, ... gearbeitet und teilte sich in so viel Arme, als Planeten sind einschließlich der Sonne. Er ging nämlich in sieben Spitzen aus, die in gleichen Abständen von einander sich befanden und in einer Reihe standen. Auf denselben leuchteten sieben Lampen."[74] Was hier Flavius Josephus für Heiden beschreibt, ist der siebenarmige Leuchter, den wir ja auch vom Titusbogen kennen. Auch da ist der senkrechte obere Arm deutlich als „Arm" erkennbar.

Interessant ist die Erwähnung der Gewichtszahl 100. Welche Zahlen tauchen nun bei der Beschreibung auf? Zunächst die 7: Sieben Lampen sind auf den 7 Armen. Setzen wir die mandelförmigen Schmuckkelche entsprechend ein, dann haben wir 22 Schmuckkelche. Betrachten wir die Zahl der durch die Schmuckkelche abgeteilten Armstücke, dann erhalten wir 26. Dann haben wir die Aussage: Jahweh (26) schuf in Heiligkeit (7) durch sein göttliches Wort (22). Dazu kommt noch die Aussage des *Textes* Ex 37,17-24 bzw. die Gewichtsangabe bei Flavius Josephus. Er schuf durch die Fülle der Zehnworte (10^2) und, dem Text nach, durch sein Wort in Weisheit (19). (Man kann noch auf die 70 verweisen, die Flavius Josephus kennt: Die 70 sind die 70 Völker der Welt, für die Israel seinen Glauben bekennen soll.)

Die Bundeslade

Die Herstellung des Heiligtums Israels, der Bundeslade, wird beschrieben in Ex 37,1-9. Dabei ist auffällig, daß ein Künstler mit dem Namen Bezalel die Lade anfertigt. Von ihm wird gesagt: „Mose sprach zu den Israeliten: Seht, Jahweh hat Bezalel mit Namen berufen ... und ihn mit göttlichem Geiste erfüllt in Weisheit, Einsicht und Erkenntnis." (Ex 35,30) Da wohl kaum eine historische Erinnerung vorliegt[75], ist zu vermuten, daß der Name dessen, über dem beim Planen und Bau der Bundeslade die Führung Gottes waltete, symbolträchtig ist. Und in der Tat: Der Name Bezalel liest sich als Zahl 2-90-30-1-30 = 153. Das ist wiederum die Summe aller Zahlen von 1 bis 17. Und 17 ist der Wert für hebr. tob (9-2-6), das heißt „gut" und ist als Bezeichnung der Schöpfungsgüte Gottes aus Gen 1 bekannt. Es fällt die Betonung des Akazienholzes auf. Akazienholz heißt hebr. Eze schithim = 70-90-10 300-9-10-40 = 529. Das ist 23^2, und 23 ist der angewachsene Füllewert von „Einzig" (echad = 1-8-4). Der Text, der die eigentliche Herstellung von der Bundeslade schildert, hat — ähnlich bei der Verfertigung des siebenarmigen Leuchters — eine abgezählte Zahlenstruktur, nämlich 113 Wörter. Das ist gewiß kein Zufall, denn der Begriff „Thron der Herrlichkeit", den wir bei Jeremias 14,21 und 17,12 finden und schon als Ergebnis der Kalenderliste kennen, trifft natürlich auf die Heilige Lade besonders zu. „Thron der Herrlichkeit", hebr. Kise Kabod, hat in Zahlen gelesen 20-60-1 20-2-6-4 = 113.

Die Maße der Bundeslade (Ex 37,1):

„Dann fertigte Bezalel die Lade an, aus Akazienholz. Zweieinhalb Ellen war ihre Länge, eineinhalb Ellen ihre Breite und eineinhalb Ellen ihre Höhe." Die Maße der Bundeslade müssen berechnet werden. Da aber die halben Ellenwerte keine ungebrochenen Werte ergeben, kann die Berechnung nicht in Ellen erfolgen, sondern in einem kleineren Maß. Der Text von Ex 37 gibt — wohl nicht zufällig — einen Wink: In Ex 37,12 wird das Maß der „Hand" erwähnt. Das Alte Testament kennt das Maß der Elle eingeteilt in 6 x „Hand".[76] Wenn dieses Maß genommen wird, dann erhält man für die 2 Seitenbretter, Ober- und Unterbrett und das Vorder- und Hinterbrett:

4 x (2,5 Ellen =) 15 Hd. x (1,5 Ellen =) 9 Hd. =	540	Hd.
2 x (1,5 Ellen =) 9 Hd. x (1,5 Ellen =) 9 Hd. =	162	Hd.
Summe:	702	

Das ist 26 x 27: Hier ist Jahweh (26) in seiner Allmacht (3 x 3 x 3) nahe.[77]

Der Tempel Salomos

Die Maße des Tempels sind beschrieben in 1 Kön 6,1-3 und in 2 Chr 3,1-8. Die Baufläche des Tempelraumes besteht aus der offenen Vorhalle, dem Tempelraum und dem darin befindlichen Allerheiligsten.

1. Die Maße der Vorhalle sind (alle Maße in Ellen):

Breite:	20	
Länge:	10	
Höhe:	120	
Die Baufläche also:		
Decke:	10 x 20 =	200
Boden:	10 x 20 =	200
2 Seitenwände:	2 x 10 x 120 =	2400
Summe:		2800

2. Die Maße des Tempelraumes:

Breite:	20	
Länge:	60	
Höhe:	30	
Die Baufläche also:		
Decke:	20 x 60 =	1200
Boden:	20 x 60 =	1200
2 Seitenwände:	2 x 30 x 60 =	3600
Vorderwand:	20 x 30 =	600
Hinterwand:	20 x 30 =	600
Summe:		7200

3. Das Allerheiligste und seine Maße:

Das Allerheiligste stand nach 1 Kön 6,19 „inmitten des Hauses", hebr. betok ha-bait. Das bedeutet, daß seine Bodenfläche nicht berücksichtigt wird. Es sind also 5 Wände des kubischen Raumes zum Tempel hinzuzuzählen. Die Maße sind:

Breite:	20	
Länge:	20	
Höhe:	20	
Die Baufläche also:		
4 Seitenwände und 1 Decke:	5 x 20 x 20 =	2000

Die Gesamtmaße des Tempels sind also:	2800
	+ 7200
	+ 2000
Summe:	12000

Das ist die 12000, die als Zahl der Vollkommenheit und der Fülle der 12 Stämme gilt. 12000 ist dann folgerichtig auch die Zahl des Himmlischen Jerusalems, das ja keinen Tempel mehr kennt, weil es selbst die Wohnstätte Gottes ist: „Einen Tempel sah ich nicht in ihr. Gott der Herr, der Allmächtige, und das Lamm ist ihr Tempel." (Offb 21,22) Der Engel maß die Stadt, und „es waren 12000 Stadien" (Offb 21,16).

Die Gesamtheit der heiligen Maße:

Wir haben die Maße der Bundeslade schon genannt. Diese wird in den Tempel hineingestellt. Wird die Maßzahl der Bundeslade, die 702 beträgt, zur Maßzahl des Tempels als zusätzlichem heiligem Raum hinzugerechnet, dann erhält man:

	12000
	+ 702
Summe:	12702

Das ist wieder eine Zahl der göttlichen Weisheit (Chokmah = 73): 12702 ist nämlich 73 x 174. Die Zahl 174 ist eine Zahl, die sich aus der Zahl 72 (Füllezahl: Jahweh) und 102 (Füllezahl für Herrlichkeit, Kabod) ergibt.

Kabod = 20-2-6-4		Jahweh = 10-5-6-5	
20		10	
20+2		10+5	
20+2+6		10+5+6	
20+2+6+4	= 102	10+5+6+5	= 72

Dann ist 73 x (72 + 102) = 12702: Die Weisheit Gottes (73) schuf die Stätte der Herrlichkeit Jahwehs in Fülle (72 + 102 = 174). 12702 = 73 x (102 + 72). Aber, so könnte man sich fragen, ist nicht auch hier ein sonst fast immer zu erwartender Hinweis auf den „Einzigen" (13) zu finden? In 2 Chr 3,15-17 heißt es: „Für die Vorderseite des Hauses machte er zwei Säulen von achtzehn Ellen Höhe. Das Kapitell auf ihnen maß 5 Ellen ... Die Säulen stellte er vor dem Tempel auf, die eine auf der rechten, die andere auf der linken Seite. Die rechte nannte er Jakin, die linke Boas." Die Säulenhöhe der (kündenden) Säulen ist 18 + 5 = 23.

Echad (1-8-4 = 13) „Einzig“ ist als Fülle-Wert:

1	
1+8	
1+8+4	= 23

Die für die Ausleger recht rätselhaften Namen des Säulenpaares Jakin (10-20-10-50 = 90) und Boas (2-70-7 = 79) ergeben zusammen 90 + 79 = 169. 169 ist 13^2, also noch einmal eine Andeutung des „Einzigen“.

Die Arche Noahs[78]

Es gibt keine Erzählung der Genesis, die gefüllter ist mit Zahlenangaben der Maße und Daten als die Erzählung über die Arche Noahs. Hier konnte die priesterschriftliche Kunst sich in großer Freiheit entfalten, da ja keine geschichtlich vorgegebenen Traditionen berücksichtigt werden mußten. Für die Endredaktion unseres Textes gilt der Hinweis von R. Smend: „Je ferner die Vergangenheit entrückt war, um so freier ließ sie sich von der Gegenwart aus vorstellen und gestalten wie eine tabula rasa; was die alte Tradition enthielt, leistete der eigenen Konzeption nur noch geringen Widerstand. Jetzt war es möglich, die Lebensjahre jedes der Ur- und Erzväter ..., die Maße der Arche Noach ... zu kennen. Was solchen Angaben außer der Phantasie zugrundeliegt, ist oft ganz dunkel; historischen Wert in unmittelbarem Sinn haben sie natürlich nicht."[79]

Die Maße der Arche:
Die Maße der Arche sind in Gen 6,15 f. angegeben: 300 Ellen die Länge, 50 Ellen ihre Breite und 29 Ellen ihre Höhe (30 Ellen minus eine: Vers 16). Dazu ist sie noch in drei Stockwerke eingeteilt.
Das ergibt eine in Maßen angegebene Material-Fläche von folgenden Ellenzahlen:

Vorder- und Hinterwand:	2 x 29 x 50 =	2900
Beide Seitenwände:	2 x 300 x 29 =	17400
Boden, Dach und zwei Zwischenböden:	4 x 300 x 50 =	60000
Summe:		80300

Das ist — entsprechend unseren Erfahrungen — 73 x 22 x 50. Es zeigt die Worte (22) der von Gott (50) kommenden göttlichen Weisheit (73). Also ist die Arche das Symbol des Wortes Gottes. Das Wissen um die Symbolik der Arche als Wort Gottes ist in der Liturgie der Synagoge bewahrt. Auch der Thoraschrein der Synagoge wird hebr. Thebah, „Arche", „Kasten", genannt.[80] „Die Arche soll also kein Schiff sein ... Sie hat weder Kiel noch Steuer, weder Borde noch Masten noch Segel, noch hat sie irgendwohin zu fahren. Sondern ein *Haus* soll es sein, das imstande ist, seine Bewohner während der Flut zu bergen ..."[81]

Die Lichtöffnung (Gen 6,16):
Die Lichtöffnung, die das Wort Gottes erleuchtet, ist mit dem Hapaxlegomenon „Zohar" bezeichnet. Zohar wird gelesen als Zahl 90-5-200 = 295. Das ist der

angewachsene Füllewert von Jahweh (72), Elohim (200) und echad (23) = 295 und bedeutet: Aus dem Licht dieses Bekenntnisses wird das Wort Gottes in Fülle durchleuchtet.

Das Material der Arche:
Nach Gen 6,14 soll die Arche aus Holz von Gopher sein. Dieser sehr dunkle Hinweis wird dann verständlich, wenn Gopher als Zahl gelesen wird: G ph r = 3-80-200 = 283. Das ist der Wert für das bekannte jüdische Behältnis der Heiligen Schriften, die heilige Lade im Heiligtum, hebr. Aron Jahweh, Lade Jahwehs = 1-200-6-50 10-5-6-5 = 283. Auch hier findet sich eine Verweisung auf die Symbolik Arche als Wort-Gottes-Behälter.

Daten und Maße zur Noah-Erzählung

Flutbeginn (Gen 7,11):	17.2.
Sinkbeginn:	1.9. (nach 190 Tagen)

Wie errechnet man dieses Datum?
Die Wasser steigen 40 Tage (Gen 7,17) und bleiben 150 Tage (Gen 7,24). Also ist der Sinkbeginn nach 190 Tagen. (Vom 17.2. bis zum 1.3. sind es 13 Tage. Die restlichen 177 Tage sind genau 6 Monate (Mondjahr-Monate zu 29,5 Tagen); 177 geteilt durch 29,5 = 6.)

13	Tage		für den Anfangsmonat
je 29,5	Tage =	177 Tage	für die Restmonate (3. — 8. Monat)

Bergkontakt der Arche: 17.9.:
Erklärung: Es heißt in 8,4: „Die Arche ließ sich nieder auf den Bergen von Ararat im 7. Monat, am 17. Tag des Monats." Damit kann natürlich nur der 7. Monat nach Flutbeginn gemeint sein. Der 7. Monat nach der Flut ist also der 9. Monat des Jahres. Dann ist der 17. dieses Monats der 17.9.

Sichtbarwerdung der Gipfel: 1.11.:
„Im 10. Monat (nach Flutbeginn), am 1. Tage, zeigten sich die Gipfel ..." (8,5). „Im 10. Monat" heißt: 9 Monate sind schon nach Flutbeginn vorbei. Der folgende 1. ist dann der 1.11. des Jahres.

Trockene Erde: 1.1.:
„Im Jahre 601, im 1. Monat, am 1. Tage des Monats waren die Wasser weggetrocknet ..." (8,13). Derselbe Sachverhalt der trockenen Erde wird im nächsten Vers

(8,14) mit einem scheinbar anderen Datum beschrieben: „Am 27. Tag des 2. Monats war die Erde trocken."

Schabert bemerkt dazu: „Demnach vergeht zwischen dem Einzug in die Arche und dem Auszug aus ihr genau ein Sonnenjahr von 365 Tagen — die 10 Tage Unterschied zwischen dem 17. und dem 27. Tag entsprechen dem Unterschied von Mond- und Sonnenjahr."

Der Wasserstand:
Die Arche war 30 Ellen hoch. Nach 7,20 bedeckten die Wasser 15 Ellen hoch die Berge. Nun werden aber 60 Tage nach Sinkbeginn (1.9. — 1.11.) die Berge (Bergspitzen) sichtbar. Dann ist die Sinkgeschwindigkeit: 15 Ellen in 60 Tagen oder 1 Elle in 4 Tagen. Da die Arche schon nach 16 Tagen (1.9. — 17.9.) Bergkontakt hatte, schwebte der Boden der Arche also 4 Ellen über den Bergspitzen. Der Wasserhöchststand war nach 7,20 15 Ellen über den Bergspitzen. Die Arche hatte also einen Tiefgang von 15 minus 4 Ellen = 11 Ellen. Sie ragte, da sie 30 Ellen Höhe hatte (6,15), also 19 Ellen über die Wasseroberfläche hinaus.

Die Berghöhe:
Die Höhe des (für den Orientalen) höchsten Berges Ararat beträgt nur 15 Ellen, denn das Wasser sinkt in vier Tagen eine Elle. Vom „Sichtbarwerden des Gipfels" am 1.11. bis zum Verlaufen des Wasser und Trockensein der Erde vergehen, da die Erde am 1.1. trocken ist, genau 60 Tage. Diese Aussage zeigt den nicht-geschichtlichen, ungeographischen Symbolgehalt in diesem Text. (Zu erwähnen ist noch, daß ja die Vorlage aus dem Erzählungsbereich des Gilgamesch-Epos des mesopotamischen Raumes stammt. Der Gott Adad, der dort erwähnt wird, trägt den Titel „Berg" im Sinne von „Herrscher über die vier Windrichtungen"; der Schöpfergott Enlil heißt übersetzt „großer Berg"; der in der Vorlage das Schiff festhaltende Berg Nisir wird äußerst aktiv im Erfassen und Nicht-Loslassen geschildert: Gründe genug, um zugleich alle Bergvergöttlichungs-Vorstellungen der mesopotamischen Vorlage zurückzuweisen. Vor Jahwe ist der höchste Berg ein Nichts.)

Die neue Zeit:
„Am Ersten des ersten Monats hatte sich das Wasser von der Erde verlaufen ..., und im zweiten Monat, am 27. des Monats, war die Erde trocken ... Da ging Noah hinaus." Es fällt noch eine scheinbare Unstimmigkeit auf. Zunächst: Die Neue Welt sieht Noah am 1.1. Mit der Rettung beginnt eine neue Zeit. (Ähnlich wird auch der Nisan, der Monat der Exodusrettung aus Ägypten, später der Beginn einer jüdischen Jahresrechnung). Sodann: Noah geht nicht am 17.2., sondern am 27.2. aus der Arche ins Neue Leben, also 10 Tage später als ein Jahr (= Mondjahr: 12 x 29,5 = 355 Tage). Das heißt, daß jetzt ein Sonnenjahr die Zeitrechnung bestimmt.

1. Der Höchststand der Flut

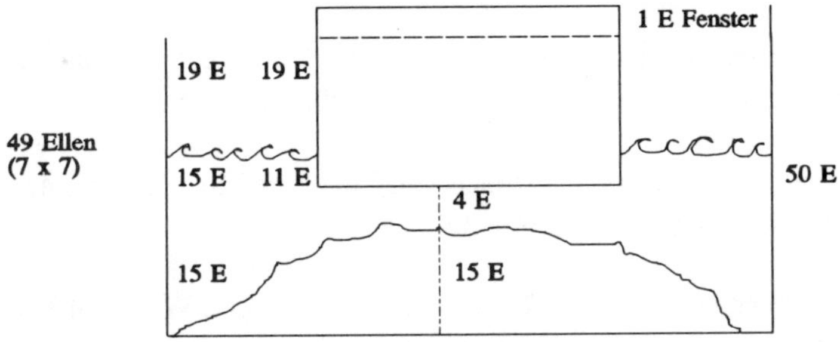

2. Die Bergberührung

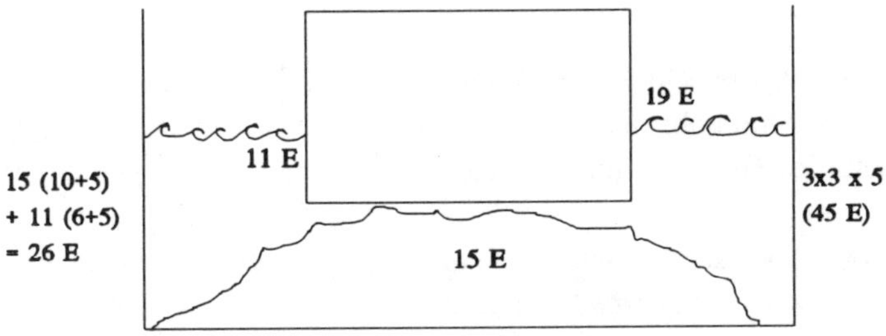

Die theologische Botschaft

1. Der Mensch rettet sich aus den Fluten der Zeit, wenn er sich dem Worte Gottes anvertraut. Die Arche symbolisiert die göttliche Weisheit (73), die in menschlicher Sprache (22) aus dem Jenseits Gottes (50) in diese Welt als Thorah kam (Maße der Arche: 50 x 22 x 73).

2. Über den Fluten der Zeit ragt die Thorah, die Weisheit Gottes (19), als Hort der Sicherheit.

3. Vor dem drohenden Unheil gibt Gott dem Menschen Zeit zur Besinnung: die 7 Tage, gipfelnd im Sabbat, der Besinnung auf Anfang und Ende.

4. Der Mensch soll nicht allein in die Geborgenheit des Wortes Gottes kommen, sondern in der Vier-Vielheit der Welt: Noah und 3 Söhne mit jeweils ihren Frauen.

Auch Mose ging mit 3 Begleitern als Vertretern der Menschheit vor das Angesicht Gottes im Sinai.

5. Der Rettungsvorgang ereignet sich nicht im Irrealen, sondern in dieser 7-Tage-Schöpfungswelt (49: 7 x 7 = höchste Höhe des Vorgangs).

6. Ähnlich wie Mose nach den 40 passiven Tagen des Empfangens auf dem Sinai, so wird auch Noah nach 40 Tagen aktiv.

7. Nach 345 Tagen berührt das Wort Gottes den Berg. Das Wort Gottes berührte den Sinai, und zwar in Mose. Der Name Mose hat den Zahlenwert 40-300-5 = 345.

8. Das Fenster an der Arche öffnet aus dieser Welt den Blick — aus dem Wort Gottes — in die Welt des göttlichen Bereiches, in die Welt der 49 + 1, der 50. Auch wird am 50. Tag (Pfingsten) das Herabkommen des Wortes Gottes auf den Sinai gefeiert.

9. Aus dem Worte Gottes kommend, beginnt hinter der unsicheren dunklen Nachtwelt (= Mondjahr) ein Leben in Helligkeit und Festigkeit (= Sonnenjahr). „Das Gesetz des Herrn ist makellos, erleuchtet die Augen“ (Ps 19).[82]

10. Wenn Gott in seiner Selbsterniedrigung mit seinem Worte die Erde (Sinai) berührt, dann wird die ganze Welt unsichtbar erfüllt vom Namen Jahweh (JHWH: 10-5-6-5 = 26). „Die ganze Welt ist erfüllt von seiner Herrlichkeit.“ (Jes 6,3) „Das Land ist erfüllt von der Erkenntnis Jahwehs, so wie das Meer mit Wasser gefüllt ist.“ (Jes 11,9) „Siehe der Heilige … überging alle Berge und Hügel und ließ seine Gegenwart auf dem Berge Sinai ruhen, und er überging alle schönen Bäume und ließ seine Gegenwart auf dem Dornbusch ruhen.“[83]

Die Arche als das Wort Gottes, weitere Hinweise

Das Wort „Arche“, hebr. Thebah, Kasten, kommt in der Noahgeschichte 24mal vor, ein Hinweis auf Vollkommenheit. Wenn wir diese Bezeichnung in ihrem Zahlenwert lesen, dann haben wir folgendes Ergebnis:

Gen	6,14:	„Arche von Gopher-Hölzern“ („Thebath-Eze-Gopher“): 400-2-400 70-90-10 3-80-200, (Verb. durch Stat. cstr.) =	1255
	6,14:	„die Arche“ („ha-Thebah“, ein Wort): 5-400-2-5 =	412
	6,15:	„die Arche“	412
	6,16:	„für die Arche“ („La-Thebah“, ein Wort) 30-400-2-5 =	437

6,16:	„die Arche“	412
6,18:	„die Arche“	412
6,19:	„die Arche“	412
7,1:	„die Arche“	412
7,7:	„die Arche“	412
7,9:	„die Arche“	412
7,13:	„die Arche“	412
7,15:	„die Arche“	412
7,17:	„die Arche“	412
7,18:	„die Arche“	412
7,23:	„in der Arche“ („Ba Thebah“, ein Wort:) 2-400-2-5 =	409
8,1:	„in der Arche“	409
8,4:	„die Arche“	412
8,6:	„die Arche“	412
8,9a:	„die Arche“	412
8,9b:	„die Arche“	412
8,10:	„die Arche“	412
8,13:	„die Arche“	412
8,15:	„die Arche“	412
8,19:	„die Arche“	412
Summe:		10750

Das ist 86 (Elohim) mal 5^3 (Thorah-Zahl). Auch dies ein Hinweis auf die Arche als das Symbol des Wortes Gottes.

Die Arche als Thorah

Es finden sich noch mehr Hinweise in der Sintflutgeschichte, daß die Arche das Sinnbild des Wortes Gottes ist.

1. Die 3 Reden Gottes, die den Bau der Arche vorbereiten und ihre Maße anordnen, ergeben folgende Zahlen:

Gen 6,3 =	13	Wörter und	48	Buchstaben
Gen 6,7 =	20	Wörter und	69	Buchstaben
Gen 6,12-21 =	133	Wörter und	496	Buchstaben
Summe:	166	Wörter und	613	Buchstaben

166 ist der Wert für den Gottesnamen „Höchster“, hebr. Eljon: 70-30-10-6-50 = 166. 613 sind die 613 Gebote und Verbote der Thorah. Da diese drei Reden mit der göttlichen Strafabsicht eingeleitet werden, bilden sie eine Einheit. Es ist angemessen, daß der hoheitsvolle Titel des Weltherrschers und Weltenrichters hier erscheint: „Eljon“, „Höchster“. Gegen die Gesetzlosigkeit „Schlechtigkeit“ (6,7) und „Gewalttat“ (6,13) ist dies die Erinnerung an die 613 Gebote und Verbote.

2. Die 2 Reden Gottes, die die Maße der Arche befehlen und das Gebot erteilen, in eben diese Arche (die Thorah) hineinzugehen, haben folgende Werte:

Gen 6,13-21 =	133	Wörter und	496	Buchstaben
Gen 7,1-4 =	65	Wörter und	239	Buchstaben
Summe:	198	Wörter und	735	Buchstaben

198 ist 3^2 x 22 und steht für die machtvolle Gottesrede. 735 ist 15 x 7^2. 15 entspricht der Jahweh-Kurzform (JH = 10-5), und 7 x 7 Gottes heiligem Wirken. Die Buchstabenwerte dieser beiden Reden — also alle Buchstaben als Zahlen gelesen — sind 55395. Das ist 3^2 x 5 x 1231. 1231 (Primzahl) ist ein für das Gesetz Gottes, besonders auch den Dekalog (s.d.) eine wichtige Zahl. Es ist der Titel der die Thorah zusammenfassenden 10 Gebote, hebr. Kether Thorah, Krone der Thorah: 20-400-200 + 400-6-200-5 = 1231. Zugleich ist 1231 auch der Buchstabenwert für eine andere Bezeichnung des Dekalogs, die hebr. assereth ha dabarim lautet, „Die Zehn Worte“: 70-300-200-400 5 4-2-200-10-40 = 1231. Dann bedeutet die Summe 55395 = 3^2 x 5 x 1231: Machtvolles göttliches Wirken (3^2) im Schenken der in 5 (5) Büchern erfolgten Thorah, die in den „Zehn Worten“ (1231) ihre Herzmitte im Namen Jahweh hat, der auch 26 heißt (1231).

Die Menschen in der Arche

Wenn die Arche das Symbol des Wortes Gottes ist, dann sind auch die Frommen in der Arche nicht willkürlich aufgezählt, sondern in ihrer Beziehung zum Inhalt der Thorah gesehen.

Noah

Er ist bei Beginn des Geschehens 600 Jahre alt; er bleibt 365 Tage in der Arche. Der Rettungsvorgang vollzieht sich im Jahre 601 (Gen 8,13). Dies ist auch die Zahl der Namen derer, die das Rettende Gesetz gaben, Mose und Aaron. Der Name Mose ist 40-300-5 = 345, der Name Aaron ist 1-5-200-50 = 256. 345 + 256 = 601. Auch die 365 Tage in der Arche sind 5 x 73 und damit ein Hinweis auf die Weisheit Gottes (Chokmah = 73) in der Thorah des Mose (5 Bücher): 73 x 5 = 365.

Ist es noch verwunderlich, daß auch der Name Noah etwas aussagt? In Gen 5,29 wird er als einer genannt, der das Gegenteil des Fluches anzeigt, den Jahweh in Gen 3,17 über Adams Erdboden und seine Arbeit hat kommen lassen. Er muß etwas mit Gnade zu tun haben. Nun ist Noah der erste Mensch, der nach dem Tode Adams gezeugt wurde. Adam stirbt im Jahre 930 (Gen 5,5), und Lamech zeugt 126 Jahre später (Gen 5,28) den Noah. Noah ist also der erste Mensch, für den der Fluch

Adams nicht mehr gilt. Ein Mensch der Gnade (Chen), der Gnade fand in den Augen Jahwehs (Gen 6,8). Noah hat als Zahlenwert 50-8, und Gnade (Chen) 8-50.

Noah und seine Familie

Aber auch die anderen 7 Personen sind zu beachten. Es sind, außer Noah und seiner Frau, seine Söhne Sem (300-40), Cham (8-40) und Japheth (10-80-400):

Noah =	58
Sem =	340
Cham =	48
Japheth =	490
Summe:	936

Da die Frauen eigens erwähnt werden, müssen wir die Zahlen verdoppeln und erhalten dann 1872. Das aber ist wiederum 4 x 12 x 39. Also: Die Aussage „Jahweh Einer", hebr. Jahweh echad = 39, die dem Zwölf-Stämme-Volk (12) Israel anvertraut ist und in die Viervielheit der Welt (4) hinaus zu bezeugen ist, das ist die Herzmitte des Wortes Gottes und sein Auftrag.

Die Tiere in der Arche

Die etwas umständliche und weit ausholende Aufzählung der Tiere in der Arche fällt auf und ist sicher nicht nur aus den zwei Quellen der Geschichte zu erklären. Es ist zu vermuten, daß sich eine symbolische Gesamtsummenzahl ergibt. Dieses Bild müßte dem Arche-Inhalt, dem Worte Gottes, entsprechen. Es sind die Sätze: Gen 6,19-20; 7,2-3; 7,8-9; 7,14-16; 8,17.19. Diese zehn Verse haben folgende Werte:

Wörter: 169 = 13^2 Bekenntnis des „Einen" (Echad = 13)

Buchstaben: 620 = Buchstaben-Anzahl der 10 Gebote, des Dekalogs (Ex 20,2-17)

Auch fällt die einmalige Nennung des Raben und die fünfmalige Nennung der Taube auf, und zwar jeweils mit Artikel:

1 x der Rabe	= ha Oreb: 5-70-200-2 =	277
5 x die Taube	= ha Jonah: 5-10-6-50-5 = (76 x 5) =	380
Summe:		657

Das ist der Wert für den machtvollen (3 x 3) Inhalt der Arche: die göttliche Weisheit (Chokmah = 73). 3^2 x 73 = 657. So sind auch die Tiere als Inhalte der Arche Bilder des eigentlichen Thorah-Inhaltes.

Der Schöpfungstext Gen 1,1-2,4a

Ehe die kunstvollen Baugesetze dieses Textes zur Sprache kommen, muß noch einmal an die Begrenztheit unserer Betrachtung erinnert werden. Für eine eigentliche Auslegung und theologische Entfaltung sind die großen Kommentare der wissenschaftlichen Exegese unumgänglich. Unser Blick auf die Textarchitektur und Einfassung der theologischen Tiefenaussagen kann nur eine ergänzende Funktion haben. Dieser Text der Genesis hat eine grundlegende Bedeutung, ob man ihn nun „Grundgesetz des Alten Testamentes“, „Präambel“ oder „Prolog“ nennt. Weit entfernt davon, eine naive Erzählung zu sein, ist er ein relativ spätes Ergebnis eines theologischen Denkprozesses. So ist von vornherein eine sorgfältig durchdachte Textkonstruktion zu erwarten, gefüllt mit Glaubenswissen und Glaubenspraxis von Jahrhunderten. J. Ratzinger schreibt: „Der biblische Schöpfungsbericht ist gekennzeichnet durch Zahlen, die nicht die mathematische Struktur der Welt wiedergeben, sondern gleichsam das innere Muster ihres Gewebes, die Idee, nach der sie gebaut ist.“[84]

Die Anzahl der Wörter im Schöpfungstext

Der Text von Gen 1,1-2,4a gliedert sich in die Überschrift, das Werk der 6 Tage und den 7. Tag als Einsetzung des Sabbats. Der Text besteht aus 474 Wörtern. Der die Schöpfung durch die göttliche Weisheit beschreibende Vers aus dem weisheitlichen Buch der Sprüche lautet (Spr 9,1): „Die Weisheit (Chokmoth) hat ihr Haus gebaut, ihre 7 Säulen behauen.“ Das neben „Chokmah“ gebrauchte andere Wort für Weisheit heißt „Chokmoth“ und hat den Zahlenwert 8-20-40-6-400. Das ist 474.

Die Zahl der Wörter in der Untergliederung des Schöpfungsberichtes

1. Der erste Satz:
Das Bekenntnis zum „Einzigen“, der die Vier-Vielheit der Welt erschuf, prägt den ersten Satz, der wie eine Überschrift ist: „Am Anfang schuf Gott den Himmel und die Erde“ — im Hebräischen 7 (!) Wörter zu 28 Buchstaben, also das Verhältnis 1:4.

2. Die Gliederung der Schöpfungstage:
Die Unterstrukturen zeigen das konkrete Werk der detaillierten, ausgestatteten Welt in den 6 einzelnen, genau abgegrenzten Schöpfungstagen. 1,2 bis 1,31 besteht aus 427 Wörtern. Sie gliedern sich in den Sinnabschnitt 1,2-1,25: die Erschaffung der für den Menschen bereiteten Welt in 310 Wörtern und die Erschaffung des Menschen

im Sinnabschnitt 1,26-31 in 117 Wörtern. Die Zahl 310 bringt den Hinweis auf Gott, den „El“ (1-30), der in seinen 10 Schöpfungsworten wirkt. Die Wörteranzahl 117 im Abschnitt über die Erschaffung des Menschen deutet hin auf das Werk nicht irgendeines Götterwesens, sondern auf den von Israel bezeugten „Jahweh einzig“ (39), der in Allmacht (3) den Menschen erschuf: 117 ist 39 x 3. Der Einzelsatz der Erschaffung „Und Gott schuf den Menschen ...“ (Gen 1,27) besteht — fast möchte man sagen: natürlich! — aus 13 Wörtern.

3. Der Schöpfungs-Sabbat:
Die Verse vom 7. Tag bestehen aus 40 Wörtern (Gen 2,1-2,4a). Das ist wohl ein Hinweis auf die Betrachtung der Vielfalt (4) der Schöpfung in 10 Sätzen (10) = 40.

4. Eine Gliederung von Gen 1,1-2,4a durch den fundamentalen Vers 1:
Vor dem Siebentagewerk liegt Vers 1 wie eine Überschrift. Vers 1 ist der fundamentalste Satz der Heiligen Schrift. In Zahlen geschrieben:

Am Anfang	(Bereschith) =	2-200-1-300-10-400
schuf	(bara) =	2-200-1
Gott	(Elohim) =	1-30-5-10-40
den Himmel	(et ha-schamaim) =	1-400 5-300-40-10-40
und	(we-et) =	6-1-400
die Erde.	(ha-arez) =	5-1-200-90

Dieser grundlegende aller Sätze besteht aus 7 Wörtern zu 28 Buchstaben. Das weist darauf hin, daß sich das Schöpfungswerk des heiligen Gottes in die Vielheit-Vierheit der Welt ergießt: 4 x 7 = 28. Der Gesamtzahlenwert des 1. Satzes beträgt 2701. Das ist die Fülle der Weisheit. „Weisheit“, hebr. Chokmah, hat den Zahlenwert 73. Die in der Weisheit steckende Fülle (die Summe aller Zahlen von 1 bis 73) ist 2701.

Das Erschaffen durch 10 Worte deutet die Quersumme 10 von 2701 an. Die Anfangsbuchstaben der 7 Wörter ergeben die Zahl 22. Das verkündet die Schöpfung durch das Wort, denn 22 symbolisiert das Wort, die Sprache (das hebräische Alphabet hat 22 Buchstaben). Man denke auch an die darauf hinweisende Symbolik des siebenarmigen Leuchters mit seinen 22 blütenförmigen Kelchen (Ex 25, 33, 34).

Ein Detail: Die Symbolik des ersten Wortes „Im Anfang“ (be-reschith):

Der jüdische Kommentator B. Jacob schreibt über das erste Wort „Be-reschith“, hebr. בראשית für Am Anfang: „Der göttliche Schöpfungsakt wird ... nirgends beschrieben, niemals näher beschrieben. Denn sein Wille ist unvorstellbar, also auch undarstellbar ... Er ist absolut einheitlich. Aus diesem Grunde ist er auch zeitlos. Er hat nicht nur keine auch noch so minimale Zeitdauer beansprucht, sondern steht außerhalb des Zeitbegriffes. Das will das erste Wort, Bereschith, sagen. In dieser Absolutheit, mit 'Be' ohne Artikel und ohne folgenden Genetiv kommt es nur an dieser Stelle vor, weil es darum ging, eine unvergleichbare, absolute Vorzeitlichkeit und die Vorbedingung für alles Geschehen in der Zeit auszudrücken."[85]

Es erscheint nicht abwegig, darauf hinzuweisen, daß dieses aus dem verborgenen Reichtum in die Fülle sich entfaltende Schöpfungsbild auch im ersten Wort der Bibel vorkommt, in jenem „Am Anfang", hebr. be reschith, = 2-200-1-300-10-400. Lassen wir dieses Wort einmal aus seinen Einzelbestandteilen zur Fülle wachsen:

2	
2+200	
2+200+1	
2+200+1+300	
2+200+1+300+10	
2+200+1+300+10+400	= 2336

2336 ist 32 x 73. 32 ist die Zahl für die „Herrlichkeit", hebr. Kabod, und 73 ist die Zahl der Weisheit. Zudem ist die Quersumme von be reschith: 2 + 2(-hundert) + 1 + 3(-hundert) + 1 (zehn) + 4(-hundert) = 13. Das heißt: Der „Einzige" (13) entfaltet seine Schöpferherrlichkeit (32) in Weisheit (73).

5. Die Tageseinteilung. Das Akrostichon der Schöpfungstage:
Wie in den Akrostichonpsalmen und den Sätzen des Dekalogs achten wir auf den Anfangsbuchstaben des einzelnen Tagwerkes. Das ergibt:

1.	2	4.	6	
2.	6	5.	6	
3.	6	6.	6	= 32

Auch hier ergibt sich die Aussage, daß das Schöpfungswerk Gottes seine Kabod, seine Herrlichkeit, ist.

Der Gottesname Elohim in Gen 1,1-2,4a

Der Name Gott (Elohim) kommt im Siebentagewerks-Kapitel 35mal vor. „Weisheit Jahwehs", hebr. Chokmat Jahweh, ist als Zahl 8-20-40-400 10-5-6-5; als Quersumme gelesen ist es 35. Hier finden wir also auch einen Hinweis auf die Schöpferweisheit Jahwehs, unter welchem Namen Israel den auch von anderen Völkern genannten Elohim kennt. Auch ein zweites Mal werden wir erinnert an Jahweh, der den Menschen schuf: Im 26. Vers (!) beginnt die Menschenschöpfung. Dort steht die 26. Nennung des Namens Gottes: Hinter der Benennung Elohim für den Schöpfergott erkennt Israel seinen Retter-Gott „Jahweh". Hier ist zu erwähnen, daß mit dem 32. Nennen des Namens „Gott" gesagt wird, daß alles „sehr gut" war. 32 ist der bekannte Wert für Gottes „Kabod", hebr. für Herrlichkeit. Es darf an dieser Stelle noch einmal daran erinnert werden, daß die Anzahl der Verse der Thorah nach jüdischer Zählung 5845 ist. Sie wird von jüdischen Augen als 35 x 167 (!) meditiert, wo auch der Gott des „Schma Israels" (167) seine Weisheit entfaltet (35).

Die 22 Werke in Gen 1,1-2,4a:

1.	Himmel	12.	Sonne
2.	Erde	13.	Mond
3.	Licht	14.	Sterne
4.	Finsternis	15.	Große Seetiere
5.	Firmament	16.	Sich regende Seetiere
6.	Wasser oben	17.	Vögel
7.	Wasser unten	18.	Vieh
8.	Trockenes Land	19.	Kriechtiere
9.	Wasseransammlung, Meer	20.	Getier der Erde
10.	Kraut	21.	Mann
11.	Fruchtbäume	22.	Frau

Die Zahl 22 ist das Symbol der Sprache, des Wortes (22 hebräische Buchstaben). Mit der Zahl der 22 Werke ist die Schöpfung durch das Wort wiederum betont.

Die Tätigkeitswörter in Gen 1:

Bei der bewußten Gestaltung eines solchen Textes verwundert es nicht, wenn auch die aufgezählten Tätigkeiten des Schöpfers sorgsam ausgedrückt sind. Es wird also im folgenden die Struktur der Schöpfungsverben (z. B. er schuf, er sprach, er machte) zu betrachten sein. Auch hier muß man das Schema der 7 Tage im Blick behalten. Es ergibt sich:

1.	1. Tag	bara	(schuf)	2-200-1 =	203
2.		merachefeth	(schwebte)	40-200-8-80-400 =	728
3.		wajomer	(und sprach)	6-10-1-40-200 =	257
4.		wajar	(und sah)	6-10-200-1 =	217
5.		wajabdel	(und schied)	6-10-2-4-30 =	52
6.		wajikra	(und nannte)	6-10-100-200-1 =	317
					1774
7.	2. Tag	wajomer	(und sprach)	6-10-1-40-200 =	257
8.		wajaass	(und machte)	6-10-70-300 =	386
9.		wajabdel	(und schied)	6-10-2-4-30 =	52
10.		wajikra	(und nannte)	6-10-100-200-1 =	317
					1012
11.	3. Tag	wajomer	(und sprach)	6-10-1-40-200 =	257

	12.		wajikra	(und nannte)	6-10-100-200-1 =	317
	13.		wajar	(und sah)	6-10-200-1 =	217
	14.		wajomer	(und sprach)	6-10-1-40-200 =	257
	15.		wajar	(und sah)	6-10-200-1 =	217
						1265
	16.	4. Tag	wajomer	(und sprach)	6-10-1-40-200 =	257
	17.		wajaass	(und machte)	6-10-70-300 =	386
	18.		wjitten	(und stellte)	6-10-400-50 =	466
	19.		wajar	(und sah)	6-10-200-1 =	217
						1326
	20.	5. Tag	wajomer	(und sprach)	6-10-1-40-200 =	257
	21.		wajibra	(und schuf)	6-10-2-200-1 =	219
	22.		wajar	(und sah)	6-10-200-1 =	217
	23.		wajebarek	(und segnete)	6-10-2-200-20 =	238
						931
	24.	6. Tag	wajomer	(und sprach)	6-10-1-40-200 =	257
	25.		wajaass	(und machte)	6-10-70-300 =	386
	26.	(!)	wajar	(und sah)	6-10-200-1 =	217
(1.)	27.		wajomer	(und sprach)	6-10-1-40-200 =	257
(2.)	28.		wajibra	(und schuf)	6-10-2-200-1 =	219
(3.)	29.		bara	(schuf)	2-200-1 =	203
(4.)	30.		bara	(schuf)	2-200-1 =	203
(5.)	31.		wajebarek	(und segnete)	6-10-2-200-20 =	238
(6.)	32.		wajomer	(und sprach)	6-10-1-40-200 =	257
(7.)	33.		wajomer	(und sprach)	6-10-1-40-200 =	257
(8.)	34.		wajar	(und sah)	6-10-200-1 =	217
						2711
(9.)	35.	7. Tag	wajekal	(und vollendete)	6-10-20-30 =	66
(10.)	36.		wajishboth	(und ruhte)	6-10-300-2-400 =	718
(11.)	37.		wajebarek	(und segnete)	6-10-2-200-20 =	238
(12.)	38.		wajekadesh	(und heiligte)	6-10-100-4-300 =	420
(13.)	39.		schabath	(ruhte)	300-2-400 =	702
						2144

Wir haben also als Ergebnis der Tätigkeitsverben der einzelnen Tage:

1.	1774	(Quersumme: 19)	4.	1326	(Quersumme: 12)
2.	1012	(Quersumme: 4)	5.	931	(Quersumme: 13)
3.	1265	(Quersumme: 14)	6.	2711	(Quersumme: 11)
			7.	2144	(Quersumme: 11)

Die Gesamtsumme lautet 11163 (Quersumme: 12). Dies ist 61^2 x 3. 61 ist hebr. Adon, „Herr“ (1-4-6-50), der in seiner Fülle (potenziert) kraftvoll (3) wirkt und sein Werk zur Vollendung bringt (Quersumme 12). Zählen wir die einzelnen Quersummen zusammen, dann erhalten wir die Zahl 84. Das ist 7 x 12, die Vollkommenheit der 7-Tage-Schöpfung.

Betrachten wir nun noch — wie oben als „Probe“ praktiziert — die Quersummen der 6 Erschaffungstage, dann erhalten wir wieder — fast erwartet — einen Hinweis auf die Weisheit Gottes. Es ergibt sich für die Tage 1 bis 6: 73. Das entspricht dem Zahlenwert von „Chokmah". Die Gesamtzahl der Tätigkeitsverben in Gen 1 beträgt: 26 + 13 = 39. Das ist natürlich ein Hinweis auf den Schöpfergott, der da ist der „Jahweh echad", Jahweh der Eine. Dabei ist die Zäsur zwischen 26 und 13 genau vor der Krönung der Schöpfung, dem vorüberlegenden Selbstgespräch vor der Erschaffung des Menschen.

Eine andere Ordnung in Gen 1:

Der vollendete Abschluß der einzelnen Erschaffungsakte wird mit dem Ausdruck „es ward so" bzw. „es wurde Licht" bezeichnet. Die Qualität des jeweiligen Geschaffenen wird uns durch die Mitteilung des Ergebnisses kundgetan, zu dem der prüfende Blick Gottes kommt.

Vers	3:	„Und es ward Licht" =	Wert:	238	Urteil:	„gut":	17
	7:	„Und es ward so" =	Wert:	101		„gut":	17
	9:	„Und es ward so" =	Wert:	101		„gut":	17
	11:	„Und es ward so" =	Wert:	101		„gut":	17
	15:	„Und es ward so" =	Wert:	101		„gut":	17
	24:	„Und es ward so" =	Wert:	101		„gut":	17
	30:	„Und es ward so" =	Wert:	101		„sehr gut":	62
				844			164

844 + 164 = 1008. Die Zahl 1008 ist 7 x 12^2: ein Hinweis auf die Vollkommenheit der Schöpfung durch den heiligen Gott.

Das Wort „schaffen":
Nehmen wir die Liste des bedeutsamen Wortes „schaffen" heraus, dann zeigt sich:

Vers	1:	„schuf" =	203	Quersumme:	5
Vers	21:	„und schuf" =	219	Quersumme:	12
Vers	28:	„und schuf" =	219	Quersumme:	12
Vers	29:	„schuf" =	203	Quersumme:	5
Vers	30:	„schuf" =	203	Quersumme:	5
Summe:					39

Die Reden Gottes im Schöpfungsbericht

Da die Erschaffung der Welt durch das Wort geschieht, gehören die Reden Gottes und ihre Einleitungen zu den besonders kunstvoll überlegten Strukturen. Wir finden nun 10 Schöpferworte in unserem Kapitel und — abgehoben davon — ein „himmlisches Gespräch der Vorüberlegung". Diesen 10 Schöpferworten entsprechen die 10 „volkschaffenden" Gebote am Sinai, die „volkrettenden" 10 Plagen, die 10 „Schöpfungstaten" in Gen 2; zudem ist anzumerken, daß die Formel „Und Gott sprach", hebr. für wajomer elohim, aus 10 Buchstaben besteht.[86]

Die 10 Sätze des direkten Sprechens Gottes sind (nach ihren Anfängen):

1. „Es werde Licht ..."
2. „Es werde ein Firmament ..."
3. „Es sammle sich das Wasser ..."
4. „Es lasse grünen die Erde ..."
5. „Es sollen Leuchten werden ..."
6. „Es sollen die Wasser wimmeln ..."
7. „Seid fruchtbar ..."
8. „Es bringe die Erde lebende Wesen hervor ..."
9. „Seid fruchtbar ..."
10. „Siehe ich gebe euch ..."

Die Einleitungen der 10 Schöpfungsworte Gottes in Gen 1

Die Wörter der Einleitungen sind nicht zufällig gesetzt. Wir sehen folgendes:

1.	„Und-sprach Gott" =	2	Wörter (Vers 3)
2.	„Und-sprach Gott" =	2	Wörter (Vers 6)
3.	„Und-sprach Gott" =	2	Wörter (Vers 9)
4.	„Und-sprach Gott" =	2	Wörter (Vers 11)
5.	„Und-sprach Gott" =	2	Wörter (Vers 14)
6.	„Und-sprach Gott" =	2	Wörter (Vers 20)
7.	„Und-segnete sie Gott und-sprach" =	4	Wörter (Vers 22)
8.	„Und-sprach Gott" =	2	Wörter (Vers 24)
9.	„Und-segnete sie Gott und-sprach zu-ihnen Gott" =	6	Wörter (Vers 28)
10.	„Und-sprach Gott" =	2	Wörter (Vers 29)
	Summe:	26	

Wir erhalten also als Ergebnis: Die von Gott gesprochenen Schöpfungsworte werden von dem als Jahweh gepriesenen Gott Israels gekennzeichnet, denn die 26 Wörter der Einleitung weisen hin auf Jahweh. Nehmen wir den „Sondersatz" des himmlischen Selbstgespräches vor der Erschaffung des Menschen hinzu, dann zeigt sich ein anderes Bild: Die Einleitung zum „himmlischen Reden" lautet in Vers 26 (!) vor der Erschaffung des größten Schöpfungswerkes, des Menschen, des Abbildes Gottes: „Und-sprach Gott". Das sind zwei Wörter und ergibt 28. Die Zahl 28 als 7 x 4 ist uns schon als Struktur des fundamentalen Satzes in Gen 1,1 begegnet, der in der Erschaffung des Menschen seine Vollendung findet.

Die Anzahl der Buchstaben

Wenn schon die Anzahl der Wörter in den Redeeinleitungen der Schöpfungsworte eine kunstvolle Aussage abbilden, dann muß sich eine solche auch aus der Zahl der Buchstaben erwarten lassen. Zählen wir die Buchstaben der 26 Einleitungswörter der 10 Schöpfungssätze, dann erhalten wir 123 Buchstaben. Das ist der Wert für „Herrlichkeit des Herrn Jahweh", hebr. Kebod (32) Adonai (65) Jahweh (26). Dies ist die Anzahl der Buchstaben in den 10 Einleitungen zur Schöpfungsrede:

Vers	3:	10
Vers	6:	10
Vers	9:	10
Vers	11:	10
Vers	14:	10
Vers	20:	10
Vers	22:	17
Vers	24:	10
Vers	28:	26
Vers	29:	10
Summe:		123

Die Werte der Buchstaben

Es überrascht nun nicht mehr, daß die Buchstabenwerte der kunstvollen Einleitungen der Schöpfersätze eine deutliche Aussage sein wollen. Um ein Bild zu gebrauchen: Die frommen Schriftsteller haben es geradezu darauf angelegt, daß der Wissende durch die Betrachtung der Einleitungen wie in einen eindrucksvollen Vorhof geführt werde, um in die Würde des dahinterliegenden Heiligtums des Wortes Gottes, der grundlegenden Schöpfungsworte, eingestimmt zu werden. Die Buchstabenwerte sehen so aus:

1.	(Vers 3):	343	=	7^3
2.	(Vers 6):	343	=	7^3
3.	(Vers 9):	343	=	7^3
4.	(Vers 11):	343	=	7^3
5.	(Vers 14):	343	=	7^3
6.	(Vers 20):	343	=	7^3
7.	(Vers 22, Segen):	1036	=	7 x 4 x 37
8.	(Vers 24):	343	=	7^3
9.	(Vers 28, Segen):	1183	=	7×13^2
10.	(Vers 29):	343	=	7^3
	Summe:	4963		

Diese Liste spricht für sich. Hinzuweisen ist noch auf die Form des Segens in Vers 22 und 28. In Vers 22 steht der Segen über die Tiere unter dem Bild der sich in die Vier-Vielheit ergehenden (7 x 4 = 28) göttlichen Weisheit (37). In Vers 28, dem Segen über die Menschen, ist es der Segen des Einen, hebr. Echad = 13, der sich in potenzierter Fülle zeigt.

Die drei Einleitungen zu den Benennungsreden

Bei der Betrachtung der Einleitungen zur göttlichen Rede darf man nicht das Benennen von Tag und Nacht, Himmel, Erde und Meer außer acht lassen, denn auch hier liegt ein Sprechen Gottes vor (Buber, Jacob, Westermann). Die entsprechenden Worte lauten (nach Buber):

Vers 5:	„Gott rief dem Licht: Tag! und der Finsternis rief er: Nacht!“
Vers 8:	„Dem Gewölb rief Gott: Himmel!“
Vers 10:	„Dem Trockenen rief Gott: Erde! und der Stauung der Wasser rief er: Meere!“

	Wörter:	Buchstaben:	Buchstabenwert:
Vers 5:	5	22	1305
Vers 8:	3	15	813
Vers 10:	6	28	1333
Summe:	14	65	3451

Die Einleitung zum Vers 26

Der nicht zu den 10 Schöpfungssätzen zählende Satz des göttlichen „Selbstgespräches“ hat als Einleitung die Werte:

	Wörter:	Buchstaben:	Buchstabenwert:
Vers 26:	2	10	343

Die Betrachtungen aller Einleitungen zur Gottesrede von Gen 1

Wenn unsere Auslegung richtig war, dann müssen auch die beiden Listen der Redeeinleitungen zusammen einen Sinn ergeben. Wir haben dann:

42 Wörter: Das Sechstagewerk des heiligen Gottes: 7 x 6.

198 Buchstaben: Das ist ein Hinweis auf die göttliche Macht (3 x 3) des Redens (22) Gottes: 3^2 x 22 = 198.

8757: Der Zahlenwert der Einleitungen zu den Schöpfungssätzen beträgt 4963, der Wert der Einleitungen der Benennungsreden 3451, und der Wert der Einleitung des „Selbstgespräches" = 343. Das ergibt zusammen 8757 und ist 7 x 1251. Das ist der Wert des Heiligen Titels Gottes aus Ex 3,14, der „Ich bin" in potenzierter Darstellung seiner Schöpfer-Allmacht. „Ich bin", hebr. Ehejeh, ist (1-5-10-5), potenziert 1^3-5^3-10^3-5^3 = 1251.

474: Das ist die Zahl aller Wortanfangsbuchstaben der Gottesreden-Einleitungen. Es ist die Zahl — und man konnte es fast erwarten — der göttlichen Weisheit. Neben „Chokmah" kennt die Bibel „Chokmoth" (8-20-40-6-400), = 474.

84: Das ist die Zahl der Satzanfänge (Akrostichon) aller Einleitungen. Es zeigt sich, daß die Vollkommenheit, das „Sehr Gute" der Schöpfung durch den heiligen Gott, hier aufscheint, denn 84 ist 7 x 12.

Das Kunstwerk des Textes Gen 1,1-2,4a

Wie eine Kathedrale mit ihren vielfältigen Harmonien, Gliederungen, Detailbildern und Maßwerken ist dieses Zahlenwerk aufgebaut. Es darf nicht vergessen werden, daß für die Verfasser und ihre angesprochenen Leser der Text zugleich eine Lesefläche voller Zahlen war. Da mit den Buchstaben gezählt wurde, kann man sogar formulieren, daß der Text in Zahlen gelesen wurde.

Die Architektur der Wörter

	die Anzahl:		(Quersumme der Wörter:)
1. 474	7	Überschrift (1,1)	7
2. 467	14	Urflut (1,2)	5
3. 448	31	1. Tag (1,3-5)	4
	38	2. Tag (1,6-8)	11
4. 344	69	3. Tag (1,9-13)	15
	69	4. Tag (1,14-19)	15
	57	5. Tag (1,20-23)	12
	32	6. Tag a) Tiere (1,24-25)	5
5. 3 x 39 =	117	b) Mensch (1,26-31)	9
	35	7. Tag (2,1-3)	8
	5	Schlußsatz (2,4a)	5

Die Deutung:

1.	474	=	Chokmoth: Weisheit. Die göttliche Weisheit.
2.	467		Das ist der Gottestitel aus Neh 1,14, aus der Epoche der Verfasser: hebr. Jahwe Elohe ha-schamaim, „Jahweh, Gott des Himmels“: 10-5-6-5 1-30-5-10 5-300-40-10-40 = 467.
3.	448	=	Der Heilige Gott (7) erschafft die Vier-Vielheit 4^3.
4.	344	=	86 x 4. Gott (Elohim: 86) ist der Schöpfer der Vielheit der Erde, die er erschafft und bereitet.
5.	117	=	3 x 39: Der machtvolle „Jahweh-Einzig“ (39) hat den Menschen geschaffen.

Die Architektur der Wörter: die Quersummen

		die Anzahl:	
1. 96		7	Überschrift
		5	Urflut
		4	1. Tag
		11	2. Tag
		15	3. Tag
		15	4. Tag
	2. 26	12	5. Tag
		5	6. Tag a) Tiere
		9	b) Mensch
	3. 13	8	7. Tag
		5	Schlußsatz

Die Deutung:

1. 96 = Die Schöpfung Gottes wird in Gen 2,2 sein „Werk" genannt. Werk heißt hebr. Melakah: 40-30-1-20-5.

2,3: 26 und 13 = Der Schöpfer des Lebens ist der „Jahweh-Echad", der „Gott Einzig".

Die Anzahl der Buchstaben

Das Schöpfungskapitel besteht aus 1840 Buchstaben. Das ist 23 x 8 x 10. Was bedeutet das?

23 ist der Fülle-Wert von „Echad", dem „Einen".

10 ist der Hinweis auf die 10 erschaffenden und segenspendenden Schöpfer-Reden.

8 erinnert an die 8 Schöpfungswerke in den 6 Tagen.

Dieselbe Verweisung auf den „Einen", hebr. Echad (1-8-4), sahen wir auch in der Zahl 1840, die in der Reihenfolge der Zahlen 1-8-4 und der Quersumme 13 auf den „Einen" hinweist. Es zeigt sich immer wieder, daß große Zahlen, die in die Tausender gehen, gerne ohne die Null gelesen wurden.

Wenn man nun — entsprechend der Anzahl der Wörter vorhin — auch diese Zahl aufgliedert, dann ergibt sich:

1.	Die Überschrift:	28	(7 x 4) Buchstaben	(Gen 1,1),
2.	die Erschaffung des 6. Tages:	549	Buchstaben	(Gen 1,27),
3.	die Erschaffung des Sabbats:	169	Buchstaben	(Gen 2,1-2,4a)

Das bedeutet:

1. Die Überschrift zeigt das in die Vier-Vielheit der Welt hinaus schaffende Wirken des Gottes der Heiligkeit: 7 x 4 = 28.

2. Das Schöpferwerk des 6. Tages als Höhepunkt zählt 549 Buchstaben. Das ist ein Hinweis auf den „Herrn“, hebr. Adon (1-4-6-50 = 61), der in Allmacht (3 x 3) schafft. 61 x 3^2 = 549.

3. Der Sabbat ist gewidmet dem Gedächtnis des „Einzigen“ (13) in seiner Allmacht: 13^2 = 169.

Die Anzahl der Buchstaben: Die Sinneinheiten graphisch dargestellt

			(Quersumme)
1. 1840	28	Überschrift	10
2. 1812			
4. 169 = 13^2	52	Urflut	7
	117	1. Tag	9
	148	2. Tag	13
3. 1326	259	3. Tag	16
	298	4. Tag	19
	220	5. Tag	4
	125	6. Tag a) Tiere	8
	424	b) Mensch	10
4. 169 = 13^2			
5. 12 x 12	144	7. Tag	9
	25	Schlußsatz	7

Die Deutung:

1.	1840	=	das ist 23 x 10 x 8: Der allmächtige „Echad“ in Fülle 1 1+8 1+8+4 = 23 wirkt durch seine Zehnworte der Schöpfung (10) in den 8 Schöpfungstaten.
2.	1812	=	12 x 151. Das Werk der Schöpfung ist ein Vollkommenheitswerk (12) dessen, dem der große Titel von Dtn 6 zukommt: Jahweh Elohim: Jahweh echad: Jahweh Gott: Jahweh ist einzig: 26 + 86 + 26 + 13 = 151.
3.	1326	=	13 26 ist die Zahl dessen, der das „Haus der Erde“ und seine Ausstattung schuf. Und zwar: machtvoll (3) aus seiner göttlichen Fülle. Alle Zahlen in der 13, die Fülle der 13, also die Summe aller Zahlen von 1 bis 13 ist 91; die Summe aller Zahlen von 1 bis 26 ist 351. 3 x 351 (= 1 bis 26) = 1053 und 3 x 91 (= 1 bis 13) = 273, zusammen 1326.
4.	169	=	Das Schöpfungswerk ist „eingerahmt“ und „umfangen“ vom allmächtigen „Einzig“ (132).
5.	144	=	Die „vollkommene (12) Schöpfung“ wird am Sabbat gepriesen: 12^2 = 144. (Die Buchstabenanzahl 28 im Einleitungssatz wurde schon erklärt.)

Die Anzahl der Buchstaben: Die Quersummen

1. 112				
	2. 26		10	Überschrift
			7	Urflut
			9	1. Tag
	3. 13		13	2. Tag
		4. 73	16	3. Tag
			19	4. Tag
			4	5. Tag
			8	6. Tag a) Tiere
			10	b) Mensch
			9	7. Tag
			7	Endsatz

Die Deutung:

1. 112	=	Das ist der Titel des Schöpfers, der nach Gen 1 besonders in Gen 2 genannt wird: „Jahweh Elohim", wenn sich im Verlaufe der Geschichte Israels der Gott der Welt als der Jahweh Israels erweist. 112 ist 26 + 86: Jahweh = 10-5-6-5, Elohim = 1-30-5-10-40.
2, 3: 26 und 13	=	Jahweh echad: 26 + 13 = „Jahweh Einzig".
4. 73	=	Die göttliche Schöpferweisheit Chokmah = 8-20-40-5 = 73.

Der Buchstabenwert (112349)

	Buchstaben:		(Quersumme:)
1. 2701	2701	Überschrift	10
2. 109648	3546	Urflut	18
	4730	1. Tag	14
	8466	2. Tag	24
	15984	3. Tag	27
	16752	4. Tag	21
	13689	5. Tag	27
3. 44652	7143	6. Tag a) Tiere	15
	27007	b) Mensch	16
	10502	7. Tag	8
	1829	Endsatz	20

Deutung:

1. 2701 = Das ist die Summe aller Zahlen, die in der Weisheitszahl 73 enthalten sind. Alle Zahlen von 1 bis 73 ergeben 2701: Die Schöpfung aus der Fülle der göttlichen Weisheit.

2. 109648 = Dies ist eine große Preisung der Allmacht Jahwehs, des Schöpfers. Denn die sinnvollste Auflösung ist: 7 x 4 x 3916. Die Zahl 3916 ist die machtvollste Füllezahl für Jahweh, in der dreifachen Potenz zeigt das Zahlenbild:

J H W H = 10-5-6-5					
J	= (10:)	1^3 bis	10^3	=	3025
H	= (5:)	1^3 bis	5^3	=	225
W	= (6:)	1^3 bis	6^3	=	441
H	= (5:)	1^3 bis	5^3	=	225
Summe:					3916

Wie in Gen 1,1 ist hier die in Heiligkeit (7) in die Schöpfungsvielfalt (4) sich ausströmende Tat des „Allmächtigen Jahweh" (3916) gedeutet (auch im Zahlenbild 39/16).

3. 44652 = Der Höhepunkt, der 6. und 7. Tag, hat die Zahl 44652. Das ist auch ein Hinweis auf die Macht Gottes, des „Herrn", hebr. Adon, = 1-4-6-50 = 61. Er schafft in Vollkommenheit, „sehr gut" (12) aus seiner Machtfülle: 61^2 x 12 = 44652.

Der Buchstabenwert: die Quersummen als graphisches Bild

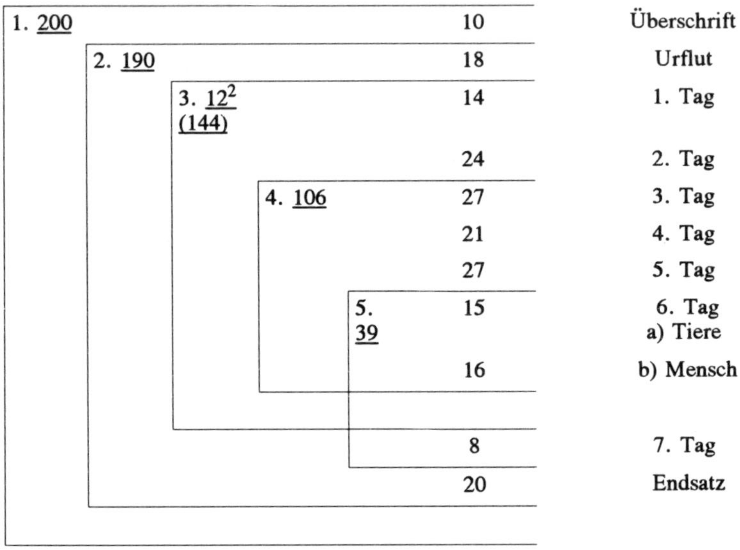

Die Deutung:

1.	200	=	Der Gesamtwert dieses Bildes ist 200. Das ist der Wert für die göttliche Fülle: der angewachsene Gottesname „Elohim" (1-30-5-10-40). 1 1+30 1+30+5 1+30+5+10 1+30+5+10+40 = 200
2.	190	=	In 10 Schöpfungsworten (10) erfolgt aus der Weisheit (19) das Werk Gottes.
3.	144	=	Das ist das Wirken in Vollkommenheit: 12 x 12.
4.	106	=	Die Erschaffung der Erde und ihre Ausstattung ist das Werk des allmächtigen „Jahweh": Die Fülle Jahwehs ist ausgedrückt in den in seinen Buchstaben enthaltenen Summen. Jahweh: 10-5-6-5: 1 bis 10 = 55, 1 bis 5 = 15, 1 bis 6 = 21, 1 bis 5 = 15.55 + 15 + 21 + 15 = 106.
5.	39	=	Der Höhepunkt der Schöpfung, der 6. und 7. Tag, ist unter dem Walten des „Jahweh einzig", der 39, erfolgt.

Die Wort-Anfangsbuchstaben (Wort-Akrostichon)

				(Quersumme:)
2. 1197	1. 22	22	Überschrift	4
		1175	Urflut	14
4. 10962	3. 9680	370	1. Tag	10
		1278	2. Tag	18
		2103	3. Tag	6
		1254	4. Tag	12
		1706	5. Tag	14
		960	6. Tag a) Tiere	15
		2009	b) Mensch	11
		868	7. Tag	22
		414	Endsatz	9

Die Deutung

1. 22 = Die Überschrift: Schöpfung durch das Wort (22).
2. 1197 = das ist 7 x 171. Der Heilige (7) erschafft „gut" in Fülle: Gut, hebr. tob, hat als Zahl 9-6-2, in der Fülle:

   9
   9 x 6
   9 x 6 x 2 = 171.

3. 9680 = Das Sechstagewerk der Schöpfung aus der Fülle der Zehnsätze (1 bis 10 = 55) und der 8 Schöpfungswerke durch das Wort (22) Gottes: 55 x 8 x 22 = 9680.
4. 10962 = In den 7 Tagen der Schöpfungserzählung erscheint die Allmacht (3^3) des Heiligen (7) in der „Herrlichkeit Jahwehs", hebr. Kebod Jahweh, = 20-2-6-4 10-5-6-5 = 58. 7 x 3^3 x 58 = 10962.

Die Wortanfangsbuchstaben: die Quersummen

1. 135		
2. 4	4	Überschrift
3. 100	14	Urflut
4. 86	10	1. Tag
	18	2. Tag
5. 32	6	3. Tag
	12	4. Tag
	14	5. Tag
6. 26	15	6. Tag a) Tiere
	11	b) Mensch
	22	7. Tag
	9	Endsatz

Deutung:

1. 135	=	„Jah“ (= Kurzform von Jahweh, 10-5) erschafft in Allmacht (3 x 3). 15 x 3 x 3 = 135.
2. 4	=	Gottes Schöpfergüte in die Vier-Vielheit.
3. 100	=	Die 10 Schöpfungssätze in ihrer Fülle 10^2.
4. 86	=	Der Schöpfer ist Elohim (1-30-5-10-40).
5, 6: 32 und 26	=	Die Erschaffung der Erde und ihre Ausstattung spiegelt die „Kebod Jahweh“, die „Herrlichkeit (32) Jahwehs (26)“.

Der krönende Schlußstein: der Höhepunkt der Architektur

Die vier Zahlenbilder der Schöpfungsdichtung können zusammengezählt werden. Ihre Abstraktion in den Quersummen ergibt:

1. Anzahl der Wörter =	96
2. Anzahl der Buchstaben =	112
3. Buchstabenwert =	200
4. Wort-Akrostichon-Wert =	135
Summe:	543

Dies ist die Vollendung. Hier erscheint Selbstoffenbarung des Schöpfers in Ex 3,14: „Ich bin der ich bin" oder besser mit Buber: „Ich werde dasein, als der ich dasein werde." Das heißt im Urtext: „Ehejeh ascher Ehejeh", in Zahlen 1-5-10-5 1-300-200 1-5-10-5 = 543.

Die Schöpfungslehre der Zahlen

a) „Überschrift" über das Ganze

Der ICH BIN DER ICH BIN (1) erschuf in göttlicher Weisheit (2) sein „Werk" (3) als allmächtig-einziger Gott in 10 Worten und 8 Taten (4), der auch heißt Jahweh Elohim (5) und ist ein machtvoller Jahweh (6) Elohim (7).

1) Die Akrosticha aller Quersummen
2) Wörter-Anzahl
3) Wörter-Quersumme
4) Buchstaben
5) Buchstaben-Quersumme
6) Akrosticha-Quersumme
7) Zahlenwert-Quersumme

b) Der erste und fundamentale Satz (Gen 1,1)

Der „Heilige" (1) begründete am Anfang Himmel und Erde im Ergießen seiner Schöpfermacht (2) aus der Fülle seiner Weisheit (3) durch sein göttliches Wort (4).

1) Wörter-Anzahl
2) Buchstaben-Anzahl
3) Zahlenwert
4) Akrosticha

c) Das Sechstagewerk

Es ist „sehr gut", vollkommen (1), geworden aus der Kraft der Schöpfersätze und 8 Taten seines Wortes (2), verkündend aller Welt den „Elohim" (3).

1) Zahlenwert-Quersumme
2) Akrosticha
3) Akrosticha-Quersumme

d) Das Lebenshaus der Erde und ihre Ausstattung

Es ist die ausströmende Schöpferkraft Elohims (1), den Israel als den allmächtigen „Jahweh echad“ bekennt (2), die es gut, ja sehr gut von Gott gemacht hat (3); es spiegelt die Herrlichkeit Jahwehs (4) wider.

1) Wörter-Anzahl
2) Buchstaben-Anzahl
3) Zahlenwert
4) Akrosticha-Quersumme

e) Der Höhepunkt: der 6. und 7. Tag

„Jahweh der Einzige“ ist es (1), der auch aller „Herr“ ist, der in Vollkommenheit schuf (2), den Israel mit „Jahweh echad“ dankend preist (3).

1) Wörter-Quersumme
2) Zahlenwert
3) Zahlenwert-Quersumme

f) Die Erschaffung des Menschen

Besonders diese Tat der Allmacht Jahwehs (1) wird am Sabbat gepriesen als sehr gute Schöpfung des „Einzigen“ (2), als Betrachtung auch der damit geschaffenen Thorah des Heiligen (3). Der da ist für Israel der Einzige (4), er verdient Dank für die Vollkommenheit seiner Schöpfung durch sein Wort (5).

1) Wörter-Anzahl
2) Wörter-Quersumme
3) Wörter-Anzahl
4) Wörter-Quersumme
5) Buchstaben-Anzahl
6) Akrosticha-Quersumme

Die besonderen Aussagen des 6. Tages: ein Einzelbild

1. Die Erschaffung des Menschen (26-30b):

Die Erschaffung geschieht in Wort und Segen (26), sie endet mit dem letzten gesprochenen Wort Gottes (30b). Folgende Werte finden sich:

100	Wörter,
368	Buchstaben
1730	Wortanfänge.

Die Deutung:

100: Das ist „die mit sich selbst vollendete 10 (10 x 10), somit der ganze Weg durch die 10 Schöpfungstaten."

368: 23 x 4 x 4: Das ist die sich verströmende (4) Schöpferliebe aus der Fülle des „Einzigen" (23).

1730: Das ist 10 (Schöpfung im Zehnwort) x 173. Und 173 ist die Fülle des „Jahweh echad" (10-5-6-5 1-8-4).

10
10+5
10+5+6
10+5+6+5
10+5+6+5+1
10+5+6+5+1+8
10+5+6+5+1+8+4 = 173

---

2. Der Satz Vers 27:

„Gott schuf also den Menschen als sein Abbild; als Abbild Gottes schuf er ihn. Als Mann und Frau schuf er sie."

Der Satz über die Schöpfung des Menschen hat als Zahlenwerte im Hebräischen:

13	Wörter,
50	Buchstaben,
2816	Zahlenwert,
37	Wortanfänge.

Die Deutung:

13: Der „Eine“ ist der Schöpfer.

50: Eine Zahl des göttlichen Bereiches, des Jenseits, das hinter der in 7 Tagen geschaffenen Welt in ihrer ganzen Entfaltung (7 x 7 = 49 + 1) liegt, zugleich ein Wert für hebr. Ha Adam, 5 1-4-4, „Der Mensch“.

2816: 22 x 128. Das ist der Titel „Jahweh unser Gott“ (26 und 1-30-5-10-50-6) Dtn 5,2, auch als eine Hälfte des „Schma“ (Dtn 6,4) bekannt. Dieser von Israel auch als Weltschöpfer verkündete Gott schuf durch sein Wort: 22.

37: In Weisheit schuf Gott. Bei einem so bedeutsamen Begriff kann man auch die einzelnen Buchstaben in der Reihenfolge des Alphabets betrachten. Dann ist Ch k m h: Ch der 8. Buchstabe, k der 11. Buchstabe, m der 13. Buchstabe und h der 5. Buchstabe. Dies ergibt: 8 + 11 + 13 + 5 = 37. Diese Primzahl ist auch eine gebräuchliche Zahl für Weisheit.

Wortanfänge je einzeln zum Quadrat:

167: Das ist der Wert des „Schma“, das sich dem lesenden Betrachter ob solchen Tuns Gottes auf die Lippen drängen soll.

Nun ist der Satz in seiner Struktur dreigeteilt:

1.	Und-schuf	Gott	den	Menschen	nach-seinem-Bilde,	
	219	86	401	50	168	= 924
(QS)	(12)	(14)	(5)	(5)	(15)	= (51)
2.	nach-dem-Bilde	Gottes	schuf-er	ihn,		
	162	86	203	407		= 858
	(9)	(14)	(5)	(11)		= (39)
3.	männlich	und-weiblich	schuf-er	sie.		
	227	163	203	441		= 1034
	(11)	(10)	(5)	(9)		= (35)
						2816
						(125)

Die Quersummen der Einzelwortwerte der drei Untersätzen sind zusammen:

	51	(Davon Quersumme =	6)
	+ 39	(Davon Quersumme =	12)
	+ 35	(Davon Quersumme =	8)
ergibt:	125	(ergibt:	26!)

Dann zeigt sich: „Jahweh Elohim echad“ (26 + 86 + 13 = 125). Und der krönende Abschluß, 26: „Jahweh“.

Wenn man die Gesamtwerte der 3 einzelnen Satzteile betrachtet, dann fällt auf: Alle Werte sind durch 22 teilbar.

924 = 22 x 42	
858 = 22 x 39	22 x 81
1034 = 22 x 47	22 x 86

Der mittlere Satz kündet also von der Erschaffung durch das Wort (22) des „Jahweh Einzig“ (39). Da die 39 als eines der wichtigsten Bauteile dieses Textes bekannt ist, steht zu vermuten, daß sie eine Zentralstellung in unserem Text hat. Der mittlere Satz wird von den beiden Sätzen eingerahmt. Wenn der obere Satz zum unteren gezogen wird, ergibt sich: 22 x 81 = 22 x 3^4. Das entspricht der Schöpfung in Macht in höchster Kraft (3^4) durch das Wort (22). Folgerichtig müßte dann auch der untere Satz, mit dem mittleren verbunden, eine entsprechende Aussage leisten. Es zeigt sich: 22 x 86. Es ist der den Menschen in der Welt bekannte „Elohim“ (86), der durch sein Wort (22) die Menschen schuf.

3. Die Bestimmung des Menschen, ein „Vor-Dekalog“ aus zwei Tafeln mit je 5 Bestimmungen:

Die Aufgaben des Menschen nennt Gen 1,26b. Er soll herrschen über:

	1.	„die Fische des Meeres“,
	2.	„die Vögel des Himmels“,
I.	3.	„das Vieh“,
	4.	„die ganze Erde“ und
	5.	„alles, was sich regt auf der Erde.“

Im Segensspruch Gen 1,28 soll der Mensch:

	6.	„fruchtbar sein“,
	7.	„sich mehren“,
II.	8.	„die Erde erfüllen“,
	9.	„sie untertan machen“ und
	10.	„herrschen.“

Der Satz Vers 1,31

Während der 1. Teil mit der Feststellung endet: „Gott sah, daß es gut war", wird die Vollendung der Schöpfung in Vers 1,31 mit dem Satz beschlossen: „siehe, es war sehr gut!" Der abschließende Satz 1,31 ist der letzte Satz des Schöpfungswerkes. Er hat besondere Würde.

Er besteht aus:

15 Worten:	=	ein Hinweis auf Jahweh (Jah: 10-5, Kurzform)
50 Buchstaben:	=	die Zahl der jenseitigen Welt hinter der 7-Tagesschöpfungswelt (7x7 + 1), wie am 50. Tag beim Sinaigeschehen.
3065 Zahlenwert:	=	das ist 5 x 613. Die 613 Gebote und Verbote der Thorah, die in den 5 Rollen des Mose besteht. Ein Hinweis auf die Vollendung der Weltschöpfung am Sinai, dem Zielpunkt der Schöpfungsgeschichte.

B. Jacob weist darauf hin, daß hier durch eine von den Bezeichnungen der 5 anderen Tage abweichende Einfügung des Artikels es nun „*der* sechste Tag" heißt, während es sonst „ein fünfter Tag", „ein vierter Tag" usw. heißt. Weiter schreibt er, daß „... daher die haggadischen Deutungen auf 'den' sechsten Tag, nämlich den Siwan, an dem die Gesetzgebung auf dem Sinai stattgefunden habe und auf die als ihren wahren Zweck hin die Schöpfung erfolgt sei."[87]

Abschluß und Sabbateinsetzung

Der Teil des Textes, der nach dem 6. Tag folgt, besteht aus dem Vers 2,1 und den Versen 2,2-2,4a. Der Vers 2,1 hat Überleitungscharakter und steht wie eine Überschrift über dem Folgenden.

Die Werte sind:

		Wörter:	Buchstaben:	Zahlen-Wert:	Wortanfänge:
a)	1. Vers 2,1:	5	22	958	113
b)	2. Vers 2,2:	14	61	4616	289
	3. Vers 2,3:	16	61	4928	466
	4. Vers 2,4:	5	25	1829	414
	Summe b):	35	147	11373	1169

Auswertung:

a) 2,1:
Die Überschrift zum Sabbat deutet mit den 5 Worten auf die (Bücher der) Thorah, auf das Gesetz, das besonders am Sabbat betrachtet werden soll.

b) 2,2-2,4a:

Wörter: 35	=	7 x 5: Das ist der Hinweis auf die in Heiligkeit (7) gegebenen Gebote (5 Bücher der Thorah) und auch die als „Einer" gelesenen Buchstaben von „Thorah Gottes", hebr. Thorat ha-Elohim: 4_{00}-6-2_{00}-4_{00} 5-1-3_0-5-1_0-4_0 = 35.
Buchstaben: 147	=	Das ist 7^2 x 3.
Zahlenwert: 11373	=	Das ist 223 x 3 x 17. „Elohim" hat als angewachsenen Füllewert 200, „echad" 23. 200 + 23 = 223. Der „Gott der Einzige" schuf in Macht (3) sein gutes (17) Werk.
Wortanfänge: 1169:	=	Das ist 167 x 7. 167 ist das „Schma Israel". Dieser Gott, den Israel täglich — und besonders am Sabbat — bekennt, erschuf in Heiligkeit (7).

Die 10 Schöpfungsworte in Gen 1: die direkte Rede

		Wörter:	Buchstaben:	Zahlenwert:	Wortanfänge:
1.	(1,3)	2 (2)	6 (6)	232 (7)	11 (2)
2.	(1,6)	9 (9)	34 (7)	1317 (12)	335 (11)
3.	(1,9)	9 (9)	36 (9)	2624 (14)	113 (5)
4.	(1,11)	16 (7)	53 (8)	4721 (14)	941 (14)
5.	(1,14-15)	21 (3)	97 (16)	5524 (16)	307 (10)
6.	(1,20)	13 (4)	47 (11)	3563 (17)	819 (18)
7.	(1,22)	9 (9)	35 (8)	1853 (17)	118 (10)
8.	(1,24)	10 (1)	40 (4)	2835 (18)	538 (16)
9.	(1,28)	16 (7)	62 (8)	4274 (17)	222 (6)
10.	(1,29)	44 (8)	136 (10)	10461 (12)	1207 (10)
Summe:		149 (59)	546 (87)	37404 (144)	4611 (102)

(In Klammern: Quersummen)

Der Sondersatz der göttlichen Selbstberatung:

	Wörter:	Buchstaben:	Zahlenwert:	Wortanfänge:
Vers 1,26:	17 (8)	74 (11)	4421 (11)	205 (7)

Was bedeuten diese Werte?

149: Die Wörterzahl ist der Wert der angewachsene Fülle von hebr. Adonai echad, Der Herr ist einzig: 1-4-50-10 1-8-4.

Adonai	echad:
1	1
1+4	1+8
1+4+50	1+8+4
1+4+50+10	
= 126	= 23

126 + 23 = 149.

546: Die Anzahl der Buchstaben: 546. Das ist 7 x 3 x 26. Dann weist dieser Wert hin auf das göttlich-heilige (7), machtvolle (3) Wirken des Gottes Jahweh (26).

37404: (Zahlenwert) Diese große Zahl ist nur sinnvoll teilbar durch die (Primzahl) 1039: 12 x 3 x 1039. Diese Zahl ist bekannt als Höhepunkt der Abrahamsgeschichte. Es ist der große Gottestitel aus Gen 14,18; 19.22: „Gott der Höchste, Schöpfer des Himmels und der Erde", hebr. El Eljon Koneh Schamaim wa-Arez, = 1039).

Daß dieser feierliche Titel bei der Gestaltung der Schöpfungssätze hier auftaucht, wobei die Vollkommenheit (12) und die Macht (3) des Schöpfers betrachtet wird, ist sehr angemessen und ehrfürchtig gesetzt.

Der Quersummenwert:

Wie schon erwähnt, wird bei sehr großen Zahlen, die in die Tausender gehen, gerne die Quersumme betrachtet — was später im Griechischen eine Fortsetzung findet. Die Quersummenzahl der Zahlenwerte des Textes ist 144. Das ist als 12 x 12 eine Preisung der vollkommenen Schöpfung, die „sehr gut" genannt wird.

Wenn wir die Anzahl der Wörter und die Anzahl der Buchstaben des göttlichen Selbstgespräches dazurechnen, dann zeigt sich:

17	Wörter,
74	Buchstaben.

Dann ergibt das Gesamtbild:

166	(Wörter) „Eljon" (Höchster)
620	(Buchstaben) „Kether": 20-400-200 (Krone, Krönung seiner Macht). So viele Buchstaben hat auch der Dekalog.

Die Abstraktion aus den Quersummen, der krönende Abschluß

1. Wenn man die Quersummen der 10 Schöpfungssätze der 8 Schöpfungstaten zusammenzählt, dann ergibt sich 392. Das ist nur sinnvoll erklärbar als Hinweis auf die 8 Schöpfungstaten aus der Schöpfer-Heiligkeit in Allmacht. Das zeigt das Zahlenbild 7^2 x 8 = 392.

2. Weil die göttliche „Selbstüberlegung“ als 11. Schöpfungssatz hinzugerechnet werden kann, lautet die entsprechende Endsumme aus allen Quersummen 429. Das ist 39 x 11. Auch hier das Bild vom „Jahweh echad“ zu finden, der in 10 + 1 Sätzen die Schöpfung bewirkt.

Die Verkündigung von Gen 2 und 3

Die Einteilung dieses Textes ist mit den entsprechenden Werten folgende:

	Wörter:	Buchstaben:	Zahlen-Werte:	Wortan-fänge:
1. Die Erschaffung des ersten Menschen (Gen 2,4b-7):				
	54 (9)	197 (17)	10112 (5)	1132 (7)
2. Das Paradies (2,8-17):				
	118 (10)	435 (12)	24679 (28)	4194 (18)
3. Die Erschaffung der Frau (2,18-25):				
	116 (8)	434 (11)	26309 (20)	3437 (17)
	288	1066	61100	8763
4. Der Sündenfall (3,1-7):				
	100 (1)	379 (19)	24264 (18)	4768 (25)
5. Gottes Gericht (3,8-19):				
	177 (15)	670 (13)	44618 (23)	7917 (24)
6. Der Mensch nach dem Fall (3,20-24):				
	70 (7)	258 (15)	15754 (22)	1421 (8)

Rechnen wir nun wie in Gen 1 alle Quersummen (Werte in Klammern) zusammen, dann ergibt sich auch hier als „Schlußstein" die Summe 352. Das spricht für sich: Es ist 4 x 4 x 22, die Fülle des göttlichen Schöpferredens.

Das Paradies

Die Erschaffung des Paradieses (2,4b-25) hat folgende Werte:

Wörter: 288	=	2 Menschen x 12^2 (Vollkommenheit).
Buchstaben: 1066	=	Das ist der ausgeschriebene Wert für Jerusalem, das ja das Paradies sein sollte.
		Jerusalem: J R W SCH L M

J: (jod) = 10-6-4 =	20
R: (resch) = 200-10-300 =	510
W: (waw) = 6-10-6 =	22
SCH: (schin) = 300-10-50 =	360
L: (lamed) = 30-40-4 =	74
M: (mem) = 40-40 =	80
Summe:	1066

Zahlenwert: 61100 = Thorah ist 400-6-200-5 = 611. Hundertfältige Thorahfrömmigkeit war das eine Gebot.

Wortanfänge: 8763 = 3 x 23 x 127. 23 ist die Fülle von echad, 127 die Fülle von hebr. ha-Kabod, die „(göttliche) Herrlichkeit". Machtvoll (3) hat die Fülle der Herrlichkeit (127) des allmächtigen „Einzigen" (23) das Paradies bereitet.

Es ist nützlich, sich noch einmal an die Symbolik von „Paradies" und „Israel" (Jerusalem, Tempel) zu erinnern. H. Gese schreibt: „Die Vorstellung eines heiligen Raumes, der nach Osten geöffnet ist, entspricht dem salomonischen Tempel." Der theologisch und mythologisch gelehrte Verfasser der Verse hat sich „das Paradies bewußt als Urbild des Tempels vorgestellt."

Die Reden Gottes in Gen 2 und 3

Die Sätze der göttlichen Reden haben folgende Werte in der Gliederung der Sinnabschnitte, die wir oben schon festgestellt haben:

	Wörter:	Buchstaben:	Zahlen-Wert:	Wortan-fänge:
Paradies (Gen 2,16.17):	18 (9)	60 (6)	3993 (24)	1515 (12)
Erschaffung der Frau (2,18):	9 (9)	31 (4)	1333 (10)	200 (2)
			Quersummenzahl: 76	
Gottes Gericht (3,9.11.13-19):	110 (2)	407 (11)	30050 (8)	6616 (19)
Der Mensch nach dem Fall (3,22):	19 (10)	65 (11)	2781 (18)	322 (7)
			Quersummenzahl: 86	

Die Gesamtsicht der direkten göttlichen Reden in Gen 1-3

In der Zusammenfassung der Quersummen als „krönende Schlußsteine“ ergibt sich:

1. Die Reden vor Erschaffung des Menschen (Gen 1,3.6.9.11.1415.20.22.24.26):

Wörter:	Buchstaben:	Zahlen-Wert:	Wortan-fänge:
52	80	126	93

Gesamtsumme: 351. Das ist die „Fülle Jahwehs“ (26), denn alle Zahlen von 1 bis 26 ergeben 351.

2. Die Reden zu den als Mann und Frau erschaffenen Menschen (Gen 1,28-30):

Wörter:	Buchstaben:	Zahlen-Wert:	Wortan-fänge:
15	18	29	16

Gesamtsumme: 78. Das ist — entsprechend der Erschaffung des Menschen als Mann und Frau, also als zwei —: 2 x 39. Jeder Mensch ist also geschaffen als Abbild Gottes, der da ist „Jahweh Einzig“, hebr. Jahweh echad: 26 + 13.

3. Die Reden bei der Erschaffung des Menschen in Gen 1 und 2 (Gen 1,28-30;2,2,16.18): 78 + 76 = 154. Das ist die heilige (7) Macht des göttlichen Wortes (22): 7 x 22 = 154.

4. Die Reden Gottes in Gen 2 und 3:
76 + 86 = 162. Die Stimme Gottes, die im Text genannte Stimme Jahwehs, heißt hebr. Kol Jahweh, in Zahlen: 100-6-30 26 = 162.

5. Der Gerichtsteil und die Vertreibung steht unter der Zahl 86. Es ist „Elohim“ (86), dessen gerechte Reden erklingen.

6. Alle Reden Gottes seit der Erschaffung des Menschen in Gen 1-3 ergeben: 78 + 76 + 86 = 240. Das ist der krönende Abschluß: Der machtvolle Schöpfergeist Jahwehs ist hebr. Ruach Jahweh, der „Geist Jahwehs“. Dies ist in Zahlen: Ruach = 200-6-8 = 214 und Jahweh = 26. 214 + 26 = 240.

Zahlensymbolische Ergänzungen zur Exegese von Gen 2 und 3

Für die Deutung der Erzählung von Gen 2 und 3 ist von der Bedeutung der versuchenden Schlange auszugehen. Hierzu drei Texte:

1. Scharbert schreibt: „Der Erzähler stellt ausdrücklich dar, daß der Verführer nicht eine überweltliche ... Macht, sondern selbst ein Geschöpf ist, die Schlange. Freilich benützt er die Schlange als eine Chiffre für ein der geschöpflichen Ordnung angehörendes Phänomen, nämlich der Welt der Religion, die sich erst der Mensch selbst geschaffen hat. J (Jahwist) weist der Schlange die Rolle des Verführers zu, nicht, weil er in ihr den ... Satan sieht ..., sondern weil er die Schlange als ein für Israel gefährliches Symbol heidnischer Religiosität kennen gelernt hat. Bei den Kanaanitern kommt die Schlange in Verbindung mit den Fruchtbarkeitsgöttern vor und ist ... Fruchtbarkeitszeichen und Lebenssymbol, aber auch ein Attribut von Heilergottheiten ... J nimmt ihm die göttliche Aura und degradiert es in 3,14 zu dem auf dem Boden kriechenden und Staub fressenden Reptil ... J kannte noch ein anderes Schlangensymbol, die an einem Pfahl aufgehängte kupferne Schlange im Salomonischen Tempel. Aber auch hier war die Schlange als Symbolfigur für kanaanäische Heilergottheiten abgewertet zu einem bloßen Erinnerungszeichen an eine überwundene Schlangenplage zur Zeit der Wüstenwanderung (Num 21,4 f.), das allerdings zur Zeit des Königs Hiskija (um 710) als Baalssymbol verehrt und darum von diesem Reformkönig zerstört wurde (2 Kön 18,4).“[88]

2. Ratzinger schreibt: „Das Bild der Schlange ist aus den orientalischen Fruchtbarkeitskulten genommen. Es steht so zunächst für diese Fruchtbarkeitsreligionen, die Jahrhunderte hindurch die eigentliche Versuchung Israels gewesen sind, die Gefahr, den Bund zu verlassen und einzutauchen in die allgemeine Religionsgeschichte von damals. Durch die Fruchtbarkeitskulte hindurch spricht die Schlange zum Menschen: Halte dich nicht an diesen fernen Gott, der dir nichts zu geben hat. Halte dich nicht an diesen Bund, der so weit weg ist und dir so viel Grenzen auferlegt. Tauche ein in den Strom des Lebens, in seinen Rausch und in seine Ekstase, so kannst du selbst an der Wirklichkeit des Lebens und an seiner Unsterblichkeit teilhaben. In der Zeit, in der der Paradiesesbericht seine endgültige literarische Gestalt fand, war die Gefährdung riesengroß, daß Israel das Nahe, Sinne und Geist Faszinierende jener Religionen übernehme und der so fern scheinende Gott der Verheißung und der Schöpfung darob verschwinde und vergessen werde.“[89]

3. Talmud, Sanhedrin 38b: „Adam war ein Min (= Jude, der zum Götzendienst abgefallen ist).“[90]

Die Versuchung Israels ist es, anstelle des Einzigen Gottes den Einflüsterungen der kanaanitischen Kulte zu folgen und sie für göttlich zu halten. Entsprechend hat die das Reden Gottes nachäffende Schlangenansprache 26 (!) Wörter. Außerdem hat die eigentliche Verführung in den Versen 4 und 5 folgende Werte:

Wörter: 21	= 7 x 3 (vorgetäuschte Heiligkeit und vorgetäuschte Macht)
Buchstaben: 84	= 7 x 12 (vorgetäuschte Vollkommenheit)
Zahlenwerte: 4284	= 7 x 612 (vorgetäuschter Bund, hebr. Berith = 2-200-10-400)

Der Baum des Lebens

Der „Baum des Lebens" ist die „Eine Thorah des Einzigen". In seiner „Jüdischen Theologie" schreibt F. Weber: „Im Talmud heißt die Thorah ... Baum des Lebens."[91] Auch in der Synagogen-Liturgie wird die Thorah-Rolle mit dem Ruf begrüßt: „Dies ist der Baum des Lebens."[92] Erinnert sei auch an das Buch der Sprüche (3,18): „Ein Lebensbaum ist sie (die in der Thorah aufbewahrte Weisheit) denen, die sie ergreifen."

Wenn der Baum des Lebens die Thorah ist, dann ist sein eigentlicher Inhalt und Kernsatz das Glaubensbekenntnis Israels, welches hebr. lautet Jahweh echad, „Jahweh einzig": 10-5-6-5 1-8-4. Die Fülle:

10^2		1^2	
10^2+5^2		1^2+8^2	
$10^2+5^2+6^2$		$1^2+{}^2+4^2$	
$10^2+5^2+6^2+5^2$			
572	+	147	= 719.

Entsprechend liest sich „Baum des Lebens inmitten des Gartens" (Gen 2,9):

Ez	ha	Chaijm	be t o k	ha	Ga n	
70-90	5	8-10-10-40	2-400-6-20	5	3-50	= 719.

Stimmt das, so muß auch die Gegenübersetzung der zwei Bäume den Unterschied zwischen der „Einen Thorah des Einzigen" und den Verlockungen der Selbstsetzungen der Menschen in den heidnischen Kulten ins Bild gebracht sein. Es zeigt sich entsprechend:

„Baum des Lebens“ = hebr. Ez ha Chaijm:

Ez	ha	Chaijm	
70-90	5	8-10-10-40	= 233

„Baum der Erkenntnis Gutes und Böses“ = hebr. Ez ha daet tob w ra:

Ez	ha	d ae t	tob	w	ra	
70-90	5	4-70-400	9-6-2	6	200-70	= 932

Das ist 233 zu 932 = 1:4. Die Versuchung Israels durch die kanaanitischen und andere heidnischen Kulte besteht also darin, daß die „Eine Thorah“ des Einzigen verlassen wird und daß in der Vier-Vielheit der Zerstreuung, in dem Verführen durch die Kulte und in der Selbstsetzung der menschlichen Skala von Gut und Böse der Abfall von Jahweh geschieht. Der Einzige wird verlassen und die Zerstreuung der Heidenvölker als böse Frucht gegessen.

Nun wird aber in unserer Erzählung der „Baum der Erkenntnis Gutes und Böses“ in derselben Formulierung zweimal erwähnt (Gen 2,9 und 2,16). Wenn man dem nachgeht, dann ergibt sich: 2 x 932 = 1864. Da wir es nun mit der Warnung vor dem Sichverlieren an die Heidenwelt zu tun haben, wird auch hier die Zahl 4 eine Rolle spielen. Wir teilen 1864 durch 4 und erhalten 466. 466 ist der Zahlenwert für „Alle Völker der Erde“, hebr. Kol Ame ha-Arez (20-30 70-40-10 5-1-200-90, = 466). Zugleich ist 466 auch der Wert für das gefährliche Symbol des Heidenkultes der Kanaanäer: die Schlange in gesteigerter Größe. „Schlange“, hebr. Nachasch: 50-8-300. Der Füllewert:

50
50+8
50+8+300 = 466

Es ist leicht zu erahnen, daß ein solcher Zentralbegriff wie „Baum des Lebens“ noch mehr in sich bergen muß. Wir betrachten die anderen möglichen Lesarten.

a) Zunächst als „Einer“:
Baum des Lebens, hebr. Ez ha-Chaijm = 7_0-9_0 5-8-1_0-1_0-1_0-4_0 = 35. 35 ist eine Zahl der Weisheit. Sie ist die als Einer gelesene „Weisheit Jahwehs“, hebr. Chokmath Jahweh: 8-2_0-4_0-4_{00} 1_0-5-6-5 = 35.

Salomo — er steht in besonderer Beziehung zur göttlichen Weisheit — schmückt — wie schon gezeigt — den Tempel mit 2 Säulen von je 35 Ellen (2 Chr 3,15). Er nennt sie (2 Chr 3,17) „Jakin“ und „Boas“, was nur einen Sinn ergibt, wenn man diese Namen zahlensymbolisch liest. Dann ergeben sie den Hinweis auf den Spender der Weisheit:

Jakin: 10-20-10-50 = 90
Boas: 2-70-7 = 79
90 + 79 = 169. Das ist 13^2.

b) „Baum des Lebens", nach dem „Stellenwert"[93] der Buchstaben gelesen:
Ez ha-Chajim: 16-18 5-8-10-10-13 = 80.
Wie oben die als „Einer" gelesenen Worte „Baum des Lebens" die als „Einer" gelesene Bedeutung von „Weisheit Jahwehs" (Chokmath Jahweh) zeigte, so ist es hier auf anderer Ebene: Chokmat Jahweh ist „nach Stellen" gelesen: 8-11-13-22 10-5-6-5 = 80. Also auch hier exakt derselbe Hinweis.

c) Alle drei Werte für „Baum des Lebens" (üblicher Buchstaben-Wert, „nach Stellen" und als „Einer" gelesen) ergeben:

	233
	35
	80
Summe:	348

Der Inhalt der Thorah, der eigentliche Kern ist im Inhalt des „Schma" gegeben. Der Satz „Jahweh unser Gott — Jahweh ist einer!" hat

	167	als Zahlenwert,
	113	„nach Stellen" und
	68	als „Einer".
Summe:	348	

Das Paradies und seine Symbolik

Wenn es in Gen 2,15 heißt: „Und es nahm Jahweh Elohim den Menschen und setzte ihn in den Garten ...", so ist dieses „nehmen" im Alten Testament oft gleich „erwählen" und der Ausdruck der Bundestheologie. Israel wurde als Volk in der Wüste geschaffen — am Sinai — und östlich in einen Garten versetzt, der von Milch und Honig floß. Mit dem Bewahren und Befolgen der Einen Thorah des Einzigen, dem Baum des Lebens inmitten des Paradieses, sollte ihm die Fülle des Lebens und der Weisheit zuteil werden.

1. Der Wasserreichtum: Die Flüsse

Wir haben einen Fluß und vier Weltströme. „Der Strom in dem Garten muß von den vier Weltströmen deutlich abgegrenzt sein." (Westermann)[94] Also den „Strom":

Nahar (= 50-5-200) =	255
Pischon (= 80-10-300-6-50) =	446
Gichon (= 3-10-8-6-50) =	77
Prat (= 80-200-400) =	680
Chidekel (= 8-4-100-30) =	142
Summe:	1600

Das ist 40^2, eine Zahl der Fülle.

Das Paradies und seine Wasser-Fülle als Sinnbild der Weisheit: Dafür seien die Verse 24,25 f. aus J. Sirach genannt:

> „Dies bietet die Weisheit in Fülle wie der Pischon,
> wie der Tigris in den Tagen der Erstlinge.
> Es läßt die Einsicht anwachsen, wie der Euphrat anschwillt,
> wie der Jordan in den Tagen der Ernte.
> Es strömt von Bildung über wie der Nil,
> wie der Gichon in den Tagen der Weinlese."

Oder: Der Segen Gottes über Jerusalem im Bild der Flußarme:

> „Des Stromes Arme erfreuen die Gottesstadt ..." (Ps 46,5)

Und: „Und im Reigentanz wird man singen: All meine Quellen, sie sind in dir (Jerusalem)!" (Ps 87,7)

Schließlich: Als wehmütigen Nachklang des Verlorenen schreibt die Michna (Baba b 71, Vb):

> „Vier Ströme umgeben Jsrael: Jordan, Jarmuk, Kirmjon und Figa."

2. Gold, Bedellion und Schohamstein

Die erwähnten Kostbarkeiten von Gold, das doppelt erwähnt wird, vom Bedellion-Stein (oder Harz) und vom Schoham-Stein müssen eine tiefere Bedeutung haben. In der bisherigen Exegese richten sie eine unlösbare Verlegenheit an. Wir betrachten die Zahlenwerte dieser Kostbarkeiten:

Gold (2,11) (sahab) 7-5-2 =	14
Gold, gutes (2,12) 7-5-2 9-6-2 =	31
Bedolach (2,12) 5-2-4-30-8 =	49
Schoham (2,12) 5-300-5-40 =	350
Summe:	444

444 ist es eine Vollkommenheitszahl: Es ist 12 (Vollkommenheit) x 37 (Weisheit).

Eine bestätigende Ergänzung:

Ein ähnliches Bild ergibt sich von den Edelsteinen vom Ephod und vom Brustschild des Hohenpriestergewandes. „Nimm die beiden Karneolsteine, und schneide die Namen der Söhne Israels ein." „Besetze sie mit gefaßten Edelsteinen in vier Reihen: die erste Reihe mit Rubin, Topas und Smaragd; die zweite Reihe mit Karfunkel, Saphir und Jaspis; die dritte Reihe mit Achat, Hyazinth und Amethyst; die vierte Reihe mit Chrysolith, Karneol und Onyx; sie sollen in Gold gefaßt und eingesetzt sein."

Ex 28,9:	
„Steine des Schoham", hebr. Abene Schoham:	
1-2-50-10 300-5-40 =	408
Ex 28,17-20:	
1. Reihe: Odem (1-4-40), Pitdah (80-9-4-5),	
Bareketh (2-200-100-400) =	845
2. Reihe: Nophek (50-80-20), Sapir (60-80-10-200),	
Jahalim (10-5-30-40) =	585
3. Reihe: Leschem (30-300-40), Schebo (300-2-6),	
Achalamah (1-8-30-40-5) =	762
4. Reihe: Tharschisch (400-200-300-10-300),	
Schoham (300-5-40), Jaschpheh (10-300-80-5) =	1950
Summe:	4550

Das ist die Zahl der Heiligkeit Gottes („Heilig dem Herrn" steht ja auf dem Kopfbund), nämlich 7 und die Zahl der jenseitigen Welt (50) und natürlich der Zahlenwert für den „Einzigen" (13): 7 x 50 x 13 = 4550.

3. Zusammenfassung von Flüssen und Edelsteinen als Symbol der kostbaren Weisheit
Wenn wir die Füllezahl der Flüsse, 1600, und die Vollkommenheitszahl der Kostbarkeiten, 444, zusammenrechnen, ergibt das 2044. Die Zahl 2044 ist wiederum ein Hinweis auf die Schöpfungsweisheit (73), die in der Vier-Vielheit (4) die heilige (7) Schöpfermacht ergießt. 7 x 4 x 73 ist: 2044.

4. Die wunderbaren Länder

Die Erwähnung der Länder in unserem Abschnitt von den Flüssen, bei denen man sich klarmachen soll, „daß der Verfasser hier keine anschauliche geographische Gegebenheit beschreiben will“, muß auch einen bildhaften Sinn haben.
Die Werte der Länder:

1. Land Hawilah	
(Erez ha-Hawilah): 1-200-90 5-8-6-10-30-5 =	355
2. Land Kusch	
(Erez Kusch): 1-200-90 20-6-300 =	617
3. Im Osten von Assur	
(Kidmath Aschur): 100-4-40-400 1-300-6-200 =	1051
Summe:	2023

Was bedeutet 2023? Es ist der Fülle-Wert von dem nach alttestamentlicher Auffassung höchsten Schöpfungswerk der göttlichen Weisheit: der Thorah. In ihrer Befolgung wird Israel zum Paradies. Thorah: 400-6-200-5

400	
400+6	
400+6+200	
400+6+200+5	= 2023

5. Der Garten Eden

Der Garten wird in der Erschaffung und Bereitung des Paradieses genau fünfmal erwähnt. Die Zahl 5 läßt an die 5 Bücher der Thorah denken. Zudem ist Garten, hebr. Gan, = 3-50: 53. Auch „Thorah“ ist, „nach Stellenwert“ der Buchstaben gelesen, im Zahlenwert: 22-6-20-5 = 53. Der Ausdruck für das Paradies „Garten Eden“, hebr. Gan Eden, (3,15) ist in Zahlen: 3-50 70-4-50 = 177. Das aber ist der Fülle-Wert von Chokmah: Weisheit.

6. Wir betrachten nun die dreimalige Bezeichnung „Eden“ als Ergänzung zum „Garten“ als Ortsbezeichnung, die natürlich symbolisch und nicht geographisch gemeint ist:

Ortsbezeichnungen:	
2,8: „in Eden im Osten“	
(be-Eden mi-kedem): 2-70-4-50 40-100-4-40 =	310
2,10: „von Eden“	
(me-Eden): 40-70-4-50 =	164
2,15 „in Eden“ (be-Eden): 2-70-4-50 =	126
Summe:	600

Was sagt die Zahl 600? Sie ist 12 x 50, die Vollkommenheit (12) dessen, was vom Jenseits kommt (50 als Zahl dessen, was nach der 7^2, nach der 49 als Symbol der Siebentageschöpfungswelt kommt, wie auch die Zahl 8). So bezahlte David nach 1 Chr 21,25 für den Tempelplatz 12 x 50 Schekel, für den Platz also, der als einzige Stelle der Welt ein Bereich des göttlichen Jenseits auf dieser Erde ist.

7. Zusammenfassung der Werte in der Paradieserzählung

a) Zählen wir die 3 Werte der 12 (!) Einzelbezeichnungen (5 Flüsse, 4 Kostbarkeiten, 3 Länder) zusammen, dann ergibt sich:

Flüsse:	1600
Kostbarkeiten:	444
Länder:	2023
Summe:	4067

b) Wenn wir nun die 5 x 53, die Zahl für „Garten" (und Thorah), zu den Werten oben hinzuzählen, dann erhalten wir:

		Quersumme:
	1600	7
	444	12
	2023	7
+ 5 x 53 =	265	13
Summe:	4332	39

Die Zahl 4332 ist: 12 x 19^2. Die vollkommene (12) Weisheit (19). Zugleich ist 19^2 (361) auch die Wortzahl der beiden Dekaloge (Ex 20 und Dtn 5). Die Quersumme 39 braucht hier nicht mehr erklärt zu werden.

c) Wenn wir nun als letztes die „Ortsangaben" zu den „Ausstattungen" oder „Ausmalungen" des durch das Halten der Thorah ermöglichten paradiesischen Zustandes hinzurechnen, dann ergibt sich:

		Quersumme:
Flüsse:	1600	7
Edelsteine und Gold:	444	12
Länder:	2023	7
5 x 53 (Garten):	265	13
Ortsbezeichnungen:	600	6
	4932	45

Und 4932 ist ein besonderer Wert: Es ist die höchste Fülle und Steigerung des Namens Jahweh. J H W H = 10-5-6-5.

$$10^3$$
$$10^3+5^3$$
$$10^3+5^3+6^3$$
$$10^3+5^3+6^3+5^3 \qquad = 4932$$

Die Quersumme aller Zahlen von 1 bis 9 ist 45, also die Fülle der göttlichen Allmacht (3 x 3).

Die Erschaffung der Frau als Vollendung des Paradieses

1. Die Erzählung Gen 2,18-25 hat 116 Wörter zu 434 Buchstaben.

116 ist:	2 x „Kebod Jahweh", hebr. Herrlichkeit Jahwehs, 32 + 26 = 58. Wie in Gen 1,26 sind auch hier Mann und Frau gleicherweise Abbild der Herrlichkeit der Schöpfermacht Gottes.
434 ist:	„Toled", hebr. Entstehung, = 400-30-4. (So ist auch die Anzahl der Wörter in Gen 1,1-2,4a.)

2. Der eigentliche Erschaffungsbericht 2,21-22 hat 26 Wörter und 102 Buchstaben.

26 =	Auch die Frau ist Abbild Jahwehs.
102 =	Das ist der angewachsene Fülle-Wert von Kabod. Die Frau ist Abglanz von der Fülle der Herrlichkeit Gottes: Herrlichkeit, hebr. Kabod, ist 20-2-6-4.

$$20$$
$$20+2$$
$$20+2+6$$
$$20+2+6+4 \qquad = 102$$

3. Der Ausruf Adams (Vers 23-24, direkte Rede)

Die Werte sind:

Wörter: 26	= Jahweh
Buchstaben: 91	= Echad („Einer"): Die Summe aller Zahlen von 1 bis 13: = 91.

Zahlenwerte: 6937 = „Jahweh echad" als „ausgeschriebener Wert" x 7.

J	=	Jod	=	10-4	:	14
H	=	He	=	5-1	:	6
W	=	Waw	=	6-6	:	12
H	=	He	=	5-1	:	6
				Summe:		38
E	=	Aleph	=	1-30-80	:	111
Ch	=	Cheth	=	8-400	:	408
D	=	Daleth	=	4-30-400	:	434
				Summe:		953

Und: 38 + 953 = 991, und 7 x 991 = 6937.

Wortanfänge: 461 = „Adam" (1-4-40)
= „Eva" (8-6-5), davon:

1		8	
1x4		8x6	
1x4x40		8x6x5	
165	+	296	= 461.

Dann bedeutet das: Der Mensch, der vom „Jahweh echad" als Mann und Frau nach dem Bilde Jahwehs geschaffen wurde, ist abkünftig aus der in Adam und Eva geschaffenen Lebensfülle.

Der Satz des Sündenfalles (Vers 3,6) — das falsche Handeln!

Der Satz besteht aus:

Wörter: 21	=	7 x 3 (scheinbar heiliges, machtvolles Tun)
Buchstaben: 84	=	7 x 12 (scheinbar heiliges, vollkommenes Handeln)
Zahlenwert: 5323	=	aufzugliedern in das Tun der Frau (5256) und das des Mannes (67) 5256 ist 3 x 24 x 73 (scheinbar vollkommene Weisheit), 67 ist der Wert für den Parallelbegriff „Binah“ (Einsicht: 2-10-50-5).
Wortanfänge: 167	=	Der Schma-Wert! „Höre Israel: Jahweh unser Gott Jahweh ist einzig!“ (Er erscheint hier gerade als der gegenteilige Wert zum Tun.)

Ein Einzelbild: die Schurze aus Blättern des Feigenbaumes

In einer berühmten Verheißung (Dtn 8,8) werden die Früchte aufgezählt, die Israel im verheißenen Land erhalten soll:
„Jahweh bringt dich in ein Land mit Weizen, Gerste, Weinstöcken, Feigen, Granatbäumen, in ein Land mit Ölbäumen und Honig.“

Darin ist die Feige die 4. Frucht. Wenn nun die Sünde im Abfall zu den Kulten der Völker besteht, dann ist es nicht verwunderlich, wenn der Mensch seine „Nacktheit“ als Schande vor Gott mit eben den Reichtümern und Verlockungen der Vier-Vielheit der Heidenvölker verdecken will.

Auch hat der Satz „Und sie machten sich Schurze“ 3 Wörter zu 12 Buchstaben. Auch das ist 1 zu 4. So ist auch ersichtlich, daß die eigentliche Sündentat (Gen 3,6) aus 21 Wörtern zu 84 Buchstaben besteht: 1 zu 4. Aus diesem Grunde ging der Hohepriester am Versöhnungstage viermal in das Allerheiligste. Damit wurde die Umkehr, die Heimkehr von der sündigen Vielheit zum einen Gott Israels dargestellt.

Aber noch mehr: „Feigenbaum“ heißt hebr. Thenah, = 400-1-50-5: 456. Das ist 4 x 114. Und 114 ist der Wert für „Alle Völker“: „Kol ha-Gojim“ = 20-30 5-3-6-10-40: 114. Auch hier der Verweis auf die Sünde und der Versuch ihrer Verdeckung: die Verlockung Israels durch Kult und Reichtümer der Heidenvölker in ihrer Vier-Vielheit.

Die Sätze des Trostes: Gen 3,20-21

Es ergibt sich:

Wörter: 19	=	Weisheit des Schöpfers.
Buchstaben: 70	=	Das ist der Name des ersten Paares: „Adam und Eva“, hebr. Adamwe-Chawah, = 1-4-40 6-8-6-5: 70.
Zahlenwert: 4860	=	3^4 x 60. Die Segenszahl 60: Der machtvolle (3^4) Gott segnet auch den sündigen Menschen.
Akrosticha: 528	=	Die Summe aller Zahlen von 1 bis 32. Auch hier waltet die Fülle der barmherzigen Herrlichkeit, der „Kabod“ (20-2-6-4).

Die Quersumme aller 4 Werte ergibt die Zahl 50, die Sinai-Zahl. Am 50. Tag, herkünftig aus der himmlischen Welt, wird Israel mit Würde bekleidet als Bundesvolk.

Die Ehrenkleidung von Gottes Hand: Gen 3,21

Der jüdische Exeget B. Jacob schreibt in seinem Genesis-Kommentar zum Vers 3,21: „Der Vers ist, richtig verstanden, geradezu der *Schlüssel* zur ganzen Paradiesgeschichte. Die Bekleidung ist mehr als Schutz gegen Kälte oder eine Zier ... Rang und Würden werden durch Unterschiede in und an der Kleidung kenntlich gemacht ... Die höchste menschliche Würde ist die des Hohenpriesters, wenn er am Versöhnungstage in das Allerheiligste tritt ... Gott kleidete sie ein, vollzog ihre 'Investierung' als Gatten und erstes Paar der künftigen gesitteten menschlichen Gesellschaft, wie z. B. Mose die Priester in ihr Amt einführt, in dem er sie einkleidet, wobei sie zuerst mit dem 'Katon' angetan werden.“[95]

Diese Würdegewänder, diese „Kleider für die Haut“ (B. Jacob) heißen hebr. Katenot Or. Ihr Wert (20-400-50-6-400 70-6-200) = 1152 muß etwas mit Würde als Abglanz der göttlichen Herrlichkeit, der „Kabod“ (32), zu tun haben. In der Tat: 1152 ist 3 x 12 x 32: Gottes Macht (3) bekleidet den Menschen mit Vollkommenheit (12) des Abglanzes der Kabod Gottes (32) (s. auch Ps 8,6). Der Satz hat:

Wörter: 8	=	Ähnlich wie die 50 nach der 7^2, so ist die 8 als Zahl nach der 7 die Zahl der jenseitigen Welt. Am achten Tag opferte der in seine Würdegewänder gehüllte Aaron zum ersten Mal als Hoherpriester (Lev 9,1 f.).
Buchstaben: 37	=	Weisheit Gottes

Zahlenwert: 2856 = 7 x 4 (Schöpfungszahl) und 102: das ist der Füllewert von Kabod (20-2-6-4)

20
20+2
20+2+6
20+2+6+4 = 102.

Akrosticha: 149 = Das ist die Fülle von hebr. Adonai echad, Gott ist einzig. Adonai = 1-4-50-10:

1
1+4
1+4+50
1+4+50+10 = 126

Und 126 + 23 = 149.

Die „Flamme des kreisenden Schwertes“

Die Bewachung durch die Cherubim oder die „Flamme des kreisenden Schwertes“ (Gen 3,24) ist nach B. Jacob wohl so zu deuten, daß die Cherubim selbst die verkörperte Hoheit und Unnahbarkeit des flammenden Schwertes sind, die — wie auf dem Vorhang vor dem Allerheiligsten im Tempel abgebildet (nach Flavius Josephus) — den Zugang zum Heiligen Gott bewachen. Die nach Osten hin gerichtete Bewachung und Versperrung des Paradieses für den Menschen und die Verhinderung des Zugangs und des Zugriffs auf den Baum des Lebens (der göttlichen Thorah also) erhält ihre tiefe Sinndeutung auf dem Hintergrundbild des nach Osten geöffneten Allerheiligsten im Tempel, das durch den cherubgeschmückten Vorhang verschlossen war. Das sündige, in die Weltlichkeit des Heidentums der Völker gefallene Israel darf nicht ungereinigt und ungesühnt in die Heiligkeit Gottes und seiner dort waltenden Thorah eindringen. „Diese Vorstellung eines heiligen Raumes, der nach Osten geöffnet ist, entspricht dem salomonischen Tempel ... Der theologisch und mythologisch gelehrte Verfasser der Verse hat sich das Paradies bewußt als Urbild des Tempels vorgestellt.“[96] Dem entspricht auch die Aussage, daß der Hohepriester am Versöhnungstage nach bestimmten Reinigungsriten die Sünden des Volkes sühnt, indem er viermal (!) das Allerheiligste betritt.[97] „Flammen des Schwertes des kreisenden“, hebr. Lahat ha-Chereb ha-mithapeketh, hat als Wert 30-5-9 5-8-200-2 5-40-400-5-80-20-400: 1209. Das ist 31 (El) x 39 (Jahweh echad), also die Unnahbarkeit Gottes selbst, der der „Jahweh echad“ ist.[98]

Kain und Abel (Gen 4,1-16)

Folgende Zahlen finden sich:

Wörter: 201 = Das ist der Wert für „Stimme Adonais“, hebr. Kol Adonai (100-6-30 1-4-50-10). Sie steht — ähnlich wie in Gen 3 — über dem Brudermord: warnend und richtend.

Buchstaben: 722 = Großer Fülle-Wert von dem „Einen“ (Jahweh): „Einer“ = „Echad“ = 1-8-4, in doppelt gesteigerten arithmetischen Summen (AS):

1	8	4
AS: 1	AS 1-8 = 36	AS 1-4 = 10
AS: der AS: 1	AS: 1-36 = 666	AS: 1-10 = 55

1 + 666 + 55 = 722.

Zahlenwert: 41635 = 55 x 757: Machtvolles Schöpferwort (55) der Machtfülle Jahwehs (757). 757 ist ein Fülle-Wert für Jahweh: Jahweh = 10-5-6-5:

		Alle Zahlen von:	
10	= 10.	1 bis 10	= 55
10-5	= 15.	1 bis 15	= 120
10-5-6	= 21.	1 bis 21	= 231
10-5-6-5	= 26.	1 bis 26	= 351
			757

Man sollte — bei aller Diskussion über die Herkunft der Namen Abel und Kain — nicht versäumen, auf die weisheitlichen Beziehungen hinzudeuten: Denn Abel („Hebel“) hat den Zahlenwert 5-2-30 = 37, und Kain hat den Zahlenwert 100-10-50 = 160. Es ist naheliegend, die Sünde des Brudermordes als Folge des Abfalls vom „Baum des Lebens“ — von der Weisheit der Thorah — zu begreifen. Dann ergibt sich, daß auch hier die Überwältigung und Auslöschung der Weisheit, die sich in der Weisheitszahl 37 zeigt, durch die Vier-Vielheit der Völker-Gesetzlosigkeit angedeutet wird, denn 160 ist eine Zahl der Vier-Vielheit: 4 x 40.

Die Kapitel Gen 1-4 als Einheit

1. Wenn wir von Gen 1-4 alle Wörter zusammenzählen, ergibt sich die Zahl 1460. Das ist der Hinweis auf die Schöpferweisheit Gottes in den 2 Texten (Schöpfung der Welt, Gen 1; Erschaffung und Führung des Menschen, Gen 2-4):
10 ist die Schöpfungszahl, 73 entspricht Chokmah.
2 x 10 x 73 = 1460.

2. Betrachten wir nun die Anzahl der Buchstaben. Es sind 6021. Das ist ein Hinweis auf die Macht (3) des „Einen Gottes". „Elohim echad" in seinem angewachsenen Fülle-Wert ist 200 + 23.

Elohim: 1-30-5-10-40		echad: 1-8-4	
1		1	
1+30		1+8	
1+30+5		1+8+4	
1+30+5+10			
1+30+5+10+40			
200	+	23	= 223

Und: 3^2 x 223 = 6021.

Der Turmbau zu Babel (Gen 11,1-9)

Die Nähe der priesterschriftlichen Schule zu Babylon ließ diese Erzählung von Gottes Allmacht über die Hybris besonders aktuell werden. Unabhängig von festen Traditionen bot sich reiche zahlensymbolische Gestaltungsmöglichkeit.

Wörter:

a) Handeln Gottes: 52 = Der „Einzige (13) zerstreut (4): 14 x 4 = 52.

b) Rahmenerzählung: 69 = Machtvolles (3) Eingreifen aus der Fülle des „Einzigen“ (23): 23 x 3 = 69.

Buchstaben:

a) Handeln Gottes: 182 = 26 x 7: Jahweh (26) gebietet in Kraft seiner Heiligkeit (7).

b) Rahmenerzählung: 253 = Alle Zahlen von 1 bis 22 ergeben 253: Gottes Wort (22) in Fülle hat dies vollbracht.

Akrosticha der Wörter:

Vers 1	=	339:	QS	15	
2	=	664:	QS	16	
3	=	471:	QS	12	
4	=	816:	QS	15	
5	=	73:	QS	10	Handeln
6	=	317:	QS	11	Gottes
7	=	1203:	QS	6	(QS: 39)
8	=	273:	QS	12	
9	=	1345:	QS	13	
		Summe:		110	

Das bedeutet: Gottes Wort (22) ist die Weisung (5) der Geschichte: 5 x 22 = 110.

Das Handeln Gottes:
a) Vorüberlegung = 73 (Weisheit)
b) Gottes Sprechen = 1520: Der Allmächtige „Jahweh Echad“ in Fülle (72 + 23) zerstreut (4^2): 4 x 4 x (72 + 23) = 1520.
c) Gottes Tun: 273 = 39 x 7: Es wirkte Jahweh Einzig in mächtiger Heiligkeit (7).

Akrosticha der Versanfänge: 117 = 39 x 3.

Zahlenwerte:

a) Gottes Sprechen: 8424 = Jahwehs (26) machtvoller Wille (3^4) zerstreut (4) Hochmütige: 26 x 3^4 x 4: 8424.

b) Gesamtwert: 28355 = Die strafende Weisung (5) aus der unerschöflichen göttlichen Fülle (5671):

J	= 10:	Alle Zahlen von	1 bis	10	= 55
H	= 5:		„	5	= 15
W	= 6:		„	6	= 21
H	= 5:		„	5	= 15
	Summe:				106

Und: Alle Zahlen von 1 bis 106 sind 5671. 5 x 5671 = 28355. (5671 ist sonst nur das Produkt der Primzahlen 53 x 79.)

Das Wirken Gottes in der Geschichte

Die Ausbreitung der Menschheit vor (Gen 5,1-32) und nach der Flut bis zum Anfang des Volkes Israel in der Berufung und Segnung Abrahams (Gen 10,1-12,9)

1. Die Menschheit vor der Flut (Gen 5,1-32)
Die Zahl der Wörter: 365. Auch wenn das Sonnenjahr sich als Bilderklärung anbietet, so muß man doch die Zahl der göttlichen Weisheit (73) und die Zahl 5 als Zahl der Thorah (in 5 Büchern) hier erkennen, die in der Verehrung des „Namens Jahwehs" (Gen 4,26) von den frommen Urvätern dem Geiste nach befolgt wird. Als deren frömmstes Beispiel erscheint der Mose ähnliche Henoch. Er wird als „Vorläufer" des Mose von Gott hinweggenommen (Gen 5,24). Die Lebensjahre des Henoch sind entsprechend auch 5 x 73 = 365.
Die Anzahl der Buchstaben: 1397. Dies ist wieder ein Hinweis auf den „Einen" (echad = 1-8-4). Seine Fülle ist folgendermaßen ausgedrückt:

1	8	4	
1^3 bis 1^3 = 1	1^3 bis 8^3 = 1296	1^3 bis 4^3 = 100	= 1397

2. Gen 1,1-11,26 als Einheit
Die gesamte „Urgeschichte" von Gen 1,1 bis Gen 11,26 (Vers, in dem von der Erzeugung Abrams berichtet wird)

Die Anzahl der Wörter: 3713
Man beachte auch das wohl nicht zufällige Wortbild mit dem Hinweis auf die Weisheit (37) des „Einen" (13), das ist also 37/13.) Die Zahl 3713 ist der Hinweis auf einen großen Titel Gottes, hebr. El Elohim Jahweh, „Gott der Götter Jahweh" (Jos 22,22; Ps 50,1). Das ist potenziert: 1^2-30^2 1^2-30^2-5^2-10^2-40^2 10^2-5^2-6^2-5^2 = 3713.

Die Buchstabenzahl: 14430
Das ist ein Hinweis auf den „Einen Jahweh" (39), der in Weisheit (37) erschafft (10). 39 x 37 x 10 = 14430.

Alle Gottesnamen in den Einleitungen der göttlichen Reden in Gen 1-11

Da die Rede-Einleitungen eher als tradierte Texte eine Gestaltungsmöglichkeit bieten, ist auf die Anordnung der dort genannten Gottesnamen zu achten. Wir finden dann in der „Urgeschichte" bis zur Berufung Abrahams folgende Ordnung vor:

Gen 1,3		Elohim
1,5		Elohim
1,6		Elohim
1,8		Elohim
1,9		Elohim
1,10		Elohim
1,11		Elohim
1,14		Elohim
1,20		Elohim
1,24		Elohim
1,26		Elohim
1,28		Elohim
1,29		Elohim
2,16	Jahweh	Elohim
2,18	Jahweh	Elohim
3,1		Elohim
3,3		Elohim
3,9	Jahweh	Elohim
3,13	Jahweh	Elohim
3,14	Jahweh	Elohim
3,22	Jahweh	Elohim
4,6	Jahweh	
4,9	Jahweh	
6,3	Jahweh	
6,7	Jahweh	
6,13		Elohim
7,1	Jahweh	
8,15		Elohim
8,21	Jahweh	
9,8		Elohim
9,12		Elohim
9,17		Elohim
11,6	Jahweh	
	13	26

Wir haben also wieder den Hinweis, daß der dort wirkende Elohim der „Jahweh" Israels ist (26), der als der „Eine" (13) bekannt wird.

Der Abschluß der Urgeschichte (Gen 11,32)

Bevor die Vätergeschichten mit der Berufung Abrams beginnen, rundet sich die Vorgeschichte mit dem Satz 11,32 ab. Diese 10 Wörter, mit denen die „Urgeschichte" schließt, haben als Zahlenwert 3650. Das ist der Hinweis auf die vom Himmel (50) wirkende Weisheit (73) Gottes in der Urgeschichte: 50 x 73 = 3650. Das letzte Wort der Urgeschichte hat als Zahlenwert 260: Die Schöpfung (10) des Gottes Jahweh (26): 10 x 26 = 260.

Abraham

Abrams Berufung: Gen 12,1 f.

Die Berufung Abrams ist der Beginn der eigentlichen Heilsgeschichte.

> Abrahams Auserwählung. 1. Der Herr sprach zu Abram: „Zieh hinweg aus deiner Heimat, aus deiner Verwandtschaft und aus deinem Vaterhause in ein Land, das ich dir zeigen werde! 2. Ich will dich zu einem großen Volke machen und dich segnen und deinen Ruhm erhöhen; sei du ein Segen! 3. Segnen will ich, die dich segnen, und wer dich verflucht, dem will auch ich fluchen. In dir sollen alle Geschlechter der Erde gesegnet sein!" 4. Abram brach auf, wie der Herr ihm geboten hatte, und Lot zog mit ihm. Abram stand damals im Alter von 75 Jahren, als er von Charan auszog.

Die Werte von Gen 12,1-4 sind:

Wörter: 48	=	3×4^2: Gott der Mächtige (3) wird ihn zur Fülle (4×4) eines großen Volkes machen.
Buchstaben: 196	=	$7^2 \times 4$: Der Heilige (7) bringt ihn zur Fülle (4).
Zahlenwert: 10944	=	$12^2 \times 76$: Gott handelt in Vollkommenheit an seinem „Knecht". In Gen 26,24 nennt Gott Abraham seinen „Knecht", hebr. Ebed, = 70-2-4: 76.

Der fünfmalige Segen der Verheißung

„Die besondere Bedeutung dieses Abrahamssegens wird sichtbar an seiner viermaligen Wiederholung in 18,18 f ..." P. Lapide schreibt dazu: „Der fünfmalige Doppelsegen ist sowohl auf leibliche Nachkommenschaft bezogen als auch auf die universale Segenskraft, die von ihm aus auf seine ganze Umwelt ausgehen soll." Das Bild des fünffachen Segens durch Abraham hat sich ja schon in den Jahresangaben der Abrahamsgeschichte erwiesen; hier soll die Textgestaltung unser Thema sein. Wenn wir nun die 5 Segenssprüche betrachten, dann ergibt sich als direkte Gottesrede:

Gen 12,1-3.7 (direkte Rede):

> 1. Der Herr sprach zu Abram: „Zieh hinweg aus deiner Heimat, aus deiner Verwandtschaft und aus deinem Vaterhause in ein Land, das ich dir zeigen werde!
> 2. Ich will dich zu einem großen Volke machen und dich segnen und deinen Ruhm erhöhen; sei du ein Segen!
> 3. Segnen will ich, die dich segnen, und wer dich verflucht, dem will auch ich fluchen. In dir sollen alle Geschlechter der Erde gesegnet sein!"
> 7. Der Herr erschien dem Abram und sprach: „Deinen Nachkommen will ich dieses Land geben." Jener baute dort einen Altar für den Herrn, der ihm erschienen war.
> (55 Wörter, 134 Buchstaben)

Gen 18,17-19

17. Der Herr aber erwog: „Soll ich vor Abraham verbergen, was ich tun will?
18. Abraham soll doch zu einem großen und starken Volke werden; gesegnet werden sollen durch ihn alle Völker der Erde.
19. Ihn habe ich ja auserkoren, daß er seinen Söhnen und seiner Nachkommenschaft gebiete, sie sollen den Weg des Herrn beobachten durch Übung von Recht und Gerechtigkeit, damit der Herr über Abraham das bringen kann, was er ihm verheißen hat."

(42 Wörter, 161 Buchstaben)

Gen 22,16-18:

16. „Ich schwöre bei mir selbst, so ist des Herrn Ausspruch, weil du dies getan hast und deinen einzigen Sohn mir nicht vorenthalten hast,
17. will ich dich segnen mit reichem Segen und will deine Nachkommen überaus zahlreich machen wie die Himmelssterne und wie den Sand am Ufer des Meeres, und deine Nachkommen sollen die Tore ihrer Feinde in Besitz nehmen!
18. Und durch deine Nachkommenschaft sollen gesegnet werden alle Völker der Erde, weil du meinem Rufe gehorchtest."

(43 Wörter, 154 Buchstaben)

Gen 26,2-5:

2. Der Herr erschien ihm und sprach. „Ziehe nicht nach Ägypten hinab; bleibe in dem Lande wohnen, daß ich dir nennen werde!
3. Weile als Fremdling in diesem Lande, so will ich mit dir sein und dich segnen; denn dir und deinen Nachkommen will ich all diese Länder geben. Ich will den Eid, den ich deinem Vater Abraham geschworen habe, halten.
4. Deinen Samen will ich so zahlreich machen wie die Sterne des Himmels; deinen Nachkommen will ich all diese Länder geben, und in deiner Nachkommenschaft sollen sich alle Völker der Erde gesegnet fühlen.
5. Dies zum Lohne dafür, daß Abraham meinem Rufe gehorcht und meine Anordnung, meine Befehle, meine Satzungen und meine Weisungen beobachtet hat."

(55 Wörter, 223 Buchstaben)

Gen 28,13-15:

13. Oben stand der Herr und sprach: „Ich bin der Herr, der Gott deines Vaters Abraham und der Gott Isaaks; das Land, auf dem du schläfst, will ich dir und deinen Nachkommen schenken.
14. Deine Nachkommen werden zahlreich sein wie der Staub der Erde. Du wirst dich ausbreiten nach Westen, Osten, Norden und Süden. In dir sollen gesegnet sein alle Geschlechter der Erde, und in deinen Nachkommen!
15. Siehe, ich bin mit dir; ich werde dich behüten überall, wohin du gehst. Ich werde dich heimkehren lassen in dieses Land, ich will dich nicht verlassen, bis ich getan habe, was ich dir gesagt."

(52 Wörter, 202 Buchstaben)

Gesamt: 224 Wörter und 874 Buchstaben.

Das bedeutet: 224 ist 7 x 32 = im Segen des „Heiligen" (7) offenbart er seine „Herrlichkeit" (Kabod: 20-2-6-4 = 32). Der feierlichste Gottestitel im Munde des Mose (Dtn 10,17b) heißt: „Gott der Götter und Herr der Herren. Gott der Große, der Gewaltige, der Furchterregende". Dieser Titel lautet hebr. Elohe ha-Elohim we-Adonai ha-Adonim ha-El ha-Gadol ha-Gibor we ha-Nora, in Zahlen: 1-30-5-10 (46) 5-1-30-5-10-40 (91) 6-1-4-50-10 (71) 5-1-4-50-10-40 (110) 5-1-30 (36) 5-3-4-30 (42) 5-3-2-200 (210) 6-5-50-6-200-1 (268) = 874.

Gottes Bund mit Abraham (Gen 17,1-8)

Ein sehr deutliches Zahlenbild bietet der Text des Bundes Gottes mit Abraham. Gott stellt sich vor als der „mächtige Gott", als hebr. El Schadaj, der Abraham zum Stammvater von Völkern im verheißenen Land bestimmt.

Die Erscheinung Gottes und die Redeeinleitung ergibt

Wörter: 13 =	Der „Einzige".
Buchstaben: 49 =	7 x 7. Es ist der Allerheiligste.

Die Verheißung zeigt folgende Werte

Wörter: 86 =	Es ist Elohim, der sich nennt:
Buchstaben: 345 =	„El Schadaj" (30-1 300-4-10 = 345)

Der gesamte Text zeigt an

Akrosticha: 3562 =	Es spricht Jahweh (26), der „Gott der Götter": „Elohe ha-Elohim" (1-30-5-10 5-1-30-5-10-40 = 137). 26 x 137 = 3562.

Mose

Gottes Erscheinen im Dornbusch (Ex 2,23-3,15)

1. Der Text

a) der einleitende Teil 2,23-3,6 zeigt:

Wörter: 138	Das ist der allmächtige (3) Jahweh (ausgeschrieben: JHWH = Jod: 10-4; He: 5-5; Waw: 6-6; He: 5-5 = 46). 3 x 46 = 138.
Buchstaben: 529	Das ist die Fülle des „Echad“: 23 x 23.

b) Gott beauftragt (3,7-12):

Wörter: 105	Weisung (5) dessen, der sich als der „Ich bin“, „Ehejeh“ (1-5-10-5 = 21) offenbart. 5 x 21 = 105.
Buchstaben: 406	Das ist die Offenbarung der Heiligen (7) „Kebod Jahweh“, der Herrlichkeit Gottes: 32 + 26 = 58. 7 x 58 = 406.

c) Jahweh offenbart seinen Namen (3,13-15):

Wörter: 66	Die Sprache (22) der Allmacht (3).
Buchstaben: 252	Das ist das vollkommene (12) Offenbaren des „Ich bin“ (21). 12 x 21 = 252.

2. Die Reden Gottes

Gott offenbart sich und seinen Namen in zwei Abschnitten: Ex 3,4-6 und 14-15. Dazwischen erfolgt die Beauftragung des Mose: Ex 3,7-12.

Im ersten Abschnitt der Offenbarung redet Gott

Wörter: 27	Das ist der Ausdrück göttlicher Allmacht (3 x 3 x 3).
Buchstaben: 107	Das ist — wie auch im Dekalog — die göttliche Selbstvorstellung: „Ich bin Jahweh“, hebr. Anoki Jahweh, 1-50-20-10 10-5-6-5: 107.

In beiden Abschnitten zusammen

Wörter: 60	Die Ausbreitung (4) des Namens „Jah“ (15) beginnt hiermit und setzt sich im Segen fort.
Buchstaben: 234	Es zeigt sich der allmächtigste (3^2) Jahweh (26): 9 x 26 = 234.

Der zwischen den Selbstoffenbarungen Gottes erteilte Auftrag an Mose (3,7-12) hat:

Wörter: 86	Elohim redet zum Menschen.
Buchstaben: 335	5 x 67. Das andere Wort für Weisheit, Einsicht ist „Binah" (2-10-50-5 = 67). Deren Weisung (5) erfolgt.

c) Die eigentliche Offenbarungsrede seines Namens (3,14-15b)

Wörter: 26	!
Buchstaben: 106	Alle Zahlen von 1 bis 10 (J) = 55, von 1 bis 5 ((H) = 15, von 1 bis 6 (W) = 21 und von 1 bis 5 (H) = 15. Summe: 106
Akrosticha: 1540	Wortoffenbarung (22) für alle Völker (70). 22 x 70 = 1540.
Zahlenwerte: 5488	Jahweh Elohim (26 + 86 = 112) offenbart seinen Namen der Heiligkeit (7^2). 7 x 7 x 112 = 5488.

d) Das ewige Gebot (Ex 3,15c)

Wörter: 7	Gebot des Heiligen (7).
Buchstaben: 21	Es gebietet der „Ehejeh" (1-5-10-5), der „Ich bin".
Akrosticha: 384	Er offenbart damit seine vollkommene (12) Herrlichkeit (Kabod: 20-2-6-4 = 32). 12 x 32 = 384.
Zahlenwert: 1225	Diese Weisung (5^2) stammt vom Allerheiligsten (7^2): 7 x 7 x 5 x 5 = 1225.

Die zehn Plagen (Ex 7-11)

Zur 9. Plage (Finsternis) schreibt J. Scharbert: (Verse) „20-23 ist ein später Einschub, vielleicht von R [Priesterschriftlicher Redaktor], der die Zahl der Plagenwunder auf zehn aufrunden wollte. Dieser Ergänzer hat ... bisher zusammen neun Wunder gezählt; nun sollte ein zehntes konstruiert werden. Dazu erfindet er die Finsternis. Diese richtet aber keinen Schaden an, sondern ist ein bloßes Schauwunder ...“[99] N. Lohfink bemerkt hinsichtlich der Plagenerzählung, daß „man dort nicht nur die alten Pentateuchquellen, sondern bereits auch die Priesterschrift voraussetzen kann.“[100]

Es wird deutlich, daß die Zehnzahl der Plagen bewußt als negatives Gegenstück zu den 10 Schöpfungs- und Geboten-Sätzen gestaltet ist. Es ergibt sich:

1.	„Blut“ =	„Dam“:	= 4-40=	44
2.	„Frösche“ =	„Zaphardea“:	= 90-80-200-4-70=	444
3.	„Stechmücken“ =	„Kinim“:	= 20-40-50=	110
4.	„Ungeziefer“ =	„Arob“:	= 70-200-2=	272
5.	„Viehseuche“ =	„Deber“:	= 4-2-200=	206
6.	„Geschwüre“ =	„Schechin“:	= 300-8-10-50=	368
7.	„Hagel“ =	„Barad“:	= 2-200-4=	206
8.	„Heuschrecken“ =	„Arbeh“:	= 1-200-2-5=	208
9.	„Finsternis“ =	„Choschek“:	= 8-300-20=	328
10.	„Alle Erstgeburt“ =	„Kal Bekor“:	= 20-30 2-20-6-200 =	278
	Summe:			2464

Das ist: 7 x 4^2 x 22: Gottes heiliges (7), vielfältiges (4) Handeln für sein Volk durch sein Wort (22).

Die Rettung am Schilfmeer (Ex 14,1-15,22)

Nicht nur als Festvorlesung der Pessach-Feier ist der Text von der Rettung der Mose-Schar bedeutsam. Es geht hier auch um die Grundlage des Glaubens Israels. Denn der Gott, der die Freiheit hatte, eine damals deklassierte Menschengruppe zu retten, erwies sich als der ganz andere Gott. Er war nicht zu vergleichen mit den Staatsgöttern der Heidenvölker. Er offenbarte sich als der unerwartet andere, der souveräne, der einzigartige Gott, ja als der unvergleichlich „Einzige“. Zudem ist für den Glauben Israels das befreiende Handeln Gottes beim Exodus nicht ein punktueller Zufall, sondern der bleibende Anfang eines Dauer-Wunders: Israel wird von Gott gehalten und geschützt, auch wenn sich die Gefahren der Geschichte und die Feindschaft der Völker wie drohende Mauern auftürmen zu seiner Seite. Die

Rettung am Schilfmeer wird erzählt in Ex 14,15-31. Sie gliedert sich in drei Teile: die Rede Gottes (Ex 14,15-18), die Rettung der Israeliten ((Ex 19-22) und der Sieg über die Verfolger (Ex 23-31). Es folgt noch der hymnische Lobgesang des Mose und der Jubelruf Mirjams (Ex 15,1-21).

a) Die Erzählung von der Rettung (Ex 14,15-31)

Wörter: 260 = Das ist der Hinweis auf Jahweh (26), der hier durch die rettende Schöpfungstat (10) sein Volk erschafft.

Buchstaben: 1027 = Das ist 13 x 79. Die Rettung geschieht durch Gottes „Erhobene Hand" (14,8), mit seiner „Rechten" (15,6; 15,9; 15,12), durch die Macht seines „Armes" (15,16). Es vollbrachte sie seine „Hand der Größe" (14,31).
Die „Hand des Herrn" ist hebr. Jad Adonai, = 10-4 1-4-50-10: 79. Als der Einzige (13) schuf Gott Rettung durch die „Hand des Herrn": 13 x 79 = 1027.

Akrosticha: 5691 = Das ist 3 x 1897. Die rettende, liebende Fürsorge des Allmächtigen für Israel wird, gerade auch mit dem Hinweis auf die Rettung aus Ägypten, im Dekalog „eifersüchtig" genannt. Die „Eifersucht Jahwehs der Heerscharen" wird nach Jes 9,7 „Befreiung von Joch .. und Fronvogt" bringen; nach Jes 37,32 und 2 Kön 19,31 Hilfe den „Entronnenen", wenn der Engel Jahwehs die Assyrer unter dem neuen „Pharao" vernichten wird. Auch in Joel 2,18 wird die „Eifersucht Jahwehs" Israel retten, wenn Gott die Feinde nach Osten und Westen vertreibt. So ist es nicht verwunderlich, wenn auch hier über dem Rettungsvorgang das Bild von der rettenden „Eifersucht Jahwehs der Heerscharen" steht. „Eifersucht Jahwehs der Heerscharen", hebr. Kineath Jahweh Zebaoth, hat das Zahlenbild 100-50-1-400 10-5-6-5 90-2-1-6-400. Davon ist das Bild der mächtigen Fülle:

100	10	90
100+50	10+5	90+2
100+50+1	10+5+6	90+2+1
100+50+1+400	10+5+6+5	90+2+1+6
		90+2+1+6+400
952	72	873

Summe: 1897

Deutung: Die „Eifersucht Jahwehs der Heerscharen“ (1897) rettet sein Eigentumsvolk Israel in Macht (3).

Die Zahlenwerte: Wie oft bei großen Zahlenwerten, so liegt auch hier eine Unterteilung in die 3 Teile der Rettungserzählung vor.

1. Die einleitende Rede Gottes (Ex 14,15-31)

Der Zahlenwert beträgt 10410. Anschließend an die Rettungserzählung steigert sich das „Siegeslied des Mose“ in das jubelnde Finale: „Jahweh ist König für immer und ewig!“ (Ex 15,18). Das Königtum Jahwehs erscheint hier als Königtum über Israel. Der den Endredakteuren zeitlich wie theologisch nahestehende Jesaja preist den rettenden Gott: „Herr, Israels König, sein Erlöser, der Herr der Heere“ (Jes 44,6). So ist mit dem Titel „König“ hier natürlich Gott als besonders mächtiger „König Jsraels“ gemeint. „König Jsraels“ heißt „Melek Jsrael“: 40-30-20 10-300-200-1-30. Dessen Füllebild ist:

40	10
40+30	10+300
40+30+20	10+300+200
	10+300+200+1
	10+300+200+1+30
= 200	= 1882

Summe: 2082

Dieser allmächtige „König Israels“ (2082) gibt seine rettende Weisungs-Thorah (5), übrigens in 5 Sätzen: 2082 x 5 = 10410.

2. Die Rettung der Israeliten (Ex 14,19-22)

Der Zahlenwert dieses Abschnitts ist 11449. In der Einleitung zum Dekalog (Ex 20,2) kündet sich Gott mit der machtvollen Vorstellung an: „Ich bin Jahweh“, hebr. Anochi Jahweh. Und dies geschieht mit der ausdrücklichen Begründung seines Hoheitshandelns in der Geschichte Israels: „Ich bin Jahweh, der dich aus Ägypten geführt hat, aus dem Sklavenhaus.“ „Anochi Jahweh“ = 1-50-20-10 10-5-6-5 : 107. Die machtvolle Potenzierung ist 107^2. Das ist 11449.

3. Der Sieg über die Verfolger (Ex 14,23-31)

Hier zeigt sich der Zahlenwert 34375.
34375 ist die durch das mächtigste Befehlswort an Mose (Weisung = 5^4) erfolgte machtvollste Rettungstat, der Schöpfung vergleichbar, wenn auch — wie die 10 (!) Plagen — durch den Sieg über die Feinde Israels. Alle Zahlen von 1 bis 10: 55. 5^4 x 55 = 34375. (Alle anderen Auflösungen ergeben keine Deutung.)

4. Ein Teilbild: Der Satz Ex 14,26 als der entscheidende Befehl Gottes

Der Satz der göttlichen Weisung „Strecke deine Hand über das Meer aus, damit die Wasser auf die Ägypter, auf ihre Wagen und Reiter zurückfluten!" — ist der entscheidende Befehl Gottes, ohne dessen Befolgung es kein Israel und keine Erkenntnis des rettenden Jahweh gäbe. Auf Grund dieser Weisung offenbarte sich der „Stammesgott Jahweh" als der ganz andere, ja als der „Einzige".

Die Werte sind:

Wörter: 13	=	Die Weisung des „Einzigen"
Buchstaben: 43	=	Das ist für das hebräische Rechnen die 13. Primzahl.[101]
Akrosticha: 613	=	Der Gottestitel „Jahweh, der Gott Israels" ist hier zutiefst angemessen. „Jahweh Elohe Israel": 10-5-6-5 1-30-5-10 10-300-200-1-30 = 613.
Zahlenwert: 2583	=	Das ist 7 x 3^2 x 41. Die 41 ist ein Füllewert von „Echad" (1-8-4):

1	
1x8	
1x8x4	= 41

Dann zeigt dieses Bild: Heilig (7) und in göttlicher Allmacht (3^2) rettet die göttliche Fülle des „Einzigen" (41).

Wenn man die Quersummen der einzelnen Werte betrachtet, dann ergibt sich:

	13	=	4
	43	=	7
	613	=	10
	2583	=	18
Summe:			39

Das ist der rettende „Jahweh echad".

5. Der Abschluß der Rettungserzählung: das Lied des Mose (Ex 15,1-18)

Das Preislied über die Rettung zeigt folgende Werte:

Wörter: 168	=	Das deutet hin auf die wiederholt genannte, rettende und machtvolle „Hand Gottes". „Hand" heißt hebr. Jad und liest sich als Zahlenbild 10-4. Die Hand Gottes (14) wird in ihrem vollkommenen (12) Wirken besungen: 14 x 12 = 168.
Buchstaben: 660	=	Das ist 12 x 55. Die 55 ist schon oft als Schöpfungszahl in Fülle genannt worden; als Summe aller Zahlen von 1 bis 10. Gott rettet und erschafft sich (10) so sein Volk in vollkommenem (12) Handeln.

Dazu ist zu erwähnen, daß im Mose-Lied Gott 13mal genannt wird: „Jahweh" 10mal, „Elohim" 2mal und „Adonai" 1mal. Es ist Gott, der Rettende, der „Einzig" (13) ist.

6. Die Zahl der Gottesnamen im gesamten Rettungsbericht (Ex 13,17-15,21)

Von der Vorbereitung der Rettung bis zum Ende der Lobpreis wird Gott genannt:

	31	mal Jahweh
	7	mal Elohim
	1	mal Adonai
Summe:	39	

„Jahweh echad" (39) ist zu preisen als der rettende, erschaffende, helfende Gott Israels.

Die Zahl derer, die aus Ägypten ausziehen

„Ohne Zweifel steckt in dieser Zahl ein symbolischer Wert", bemerkt ein moderner Kommentar zur Zahl von 603550 wehrfähigen Israeliten in Num 1,46.[102]

Nun gibt es aber mehrere, verschiedene Zahlenangaben, deren Quersummen hier in Klammern angegeben werden:

Ex 12,37	600000	(6)
Ex 38,26	603550	(19)

Num 1,46	603550	(19)
Num 11,21	600000	(6)
Num 2,32	603550	(19)
Num 26,51	601730	(17)
Summe:		86

Das heißt also: Elohim (86) selbst führt das Volk Israel.

Man kann auch eine ähnliche Symbolik bei der berühmten Volkszählung Davids feststellen. Wir finden zwei verschiedene Ergebnisse vor, die den Kommentaren ein „Rätsel" sind.[103]

2 Sam 24,9	800000 Israeliten	(8)
	500000 Judäer	(5)
1 Chr 21,1	100000 Israeliten	(2)
	470000 Judäer	(11)
Summe:		26

Deutung: Jahweh (26) hat das Volk groß gemacht.

Die Zählung der Stämme

In Num 1,20-4 werden die Wehrfähigen der Stämme aufgezählt. Dazu sind noch die Leviten (Num 3,39) zu rechnen. Dann zeigt sich:

Ruben:	46500	(15)
Simeon:	59300	(17)
Gad:	45650	(20)
Juda:	74600	(17)
Issachar:	54400	(13)
Zebulun:	57400	(16)
Ephraim:	40500	(9)
Manasse:	32200	(7)
Benjamin:	35400	(12)
Dan:	62700	(15)
Aser:	41500	(10)
Naphtali:	53400	(12)
Levi:	22000	(4)
Summe:		167

Das ist der Wert für: „Jahweh unser Gott: Jahweh einzig", das „Schma Israel". Dieser „Einzige" führt die Stämme in das Land der Verheißung.

Die zwei Erzählungen vom Wasser aus dem Felsen (Ex 17,1-7 und Num 20,1-13)

Nach Ex 17,6 geschieht das Ereignis am Berg Horeb, der nach Dtn 4,10 f. mit dem Berg des Gesetzgebung, dem Sinai, identisch ist. Die ältere Exodusgeschichte, die in auffälliger Verstärkung (17,3) viermal von Wasser redet, hat sicher schon das Wasser als Fülle (= Vier-Vielheit) des Wortes Gottes am Sinai gedeutet. In der späteren Erzählung (Num 20,1-13) aus der „Priesterschriftlichen Schule" wird diese Symbolik noch bewußter gestaltet. Der Felsen, der ja der Sinai ist, wird 5mal genannt; dazu merkwürdigerweise die Bemerkung, daß Mose 2mal mit dem Stab gegen den Felsen schlug. Ein Hinweis auf die Zehn Gebote (2 x 5 Gebote, 2 Tafeln mit 5 Geboten) ist unübersehbar. Auffallend ist auch, daß die spätere Deutung ein anderes Wort für „Fels" im Urtext verwendet. Steht in der ersten Erzählung „Zur", so in der späteren „Sela" für „Fels". Das ist kein Zufall. Die hebräischen Buchstaben für „Sela" haben als Zahlenwert 60, 30 und 70. Also ist das Wort für „Fels", hebr. Sela, hebräisch zu lesen: 60-30-70 = 160. Da dies Wort, wie oben gesagt, 5mal 2 gebraucht wird, so haben wir als Wert der angedeuteten Symbolik: 10 x 160 = 1600. Das ist 40 x 40: ein Hinweis auf die von Gott geschenkte Fülle der Zehn Gebote.

Wir haben eine Parallele dazu: die Fülle des Wassers aus dem Paradies (Gen 2,10 f.). Da das Paradies Israel bedeutet, wenn es sich am „Baum des Lebens", der Thorah, hält, dann wird auch aus und in ihm (als Zeichen des von Gott gegebenen Lebens) „Wasser" fließen, wie es auch von Jerusalem verheißen ist: „Und im Reigentanz wird man singen: All meine Quellen, sie sind in dir!" (Ps 87,7) Zur Erinnerung: Der sich teilende Fluß und seine vier Arme heißen: Fluß, hebr. Nahar, = 50-5-200 = 255, Pischon = 80-10-300-6-50 = 446, Gichon = 3-10-8-6-50 = 7, Prat = 80-200-400 = 680 und Chidekel = 8-4-100-30 = 142. 255 + 446 + 77 + 680 + 142 = 1600.

In der späteren Ausgestaltung (Num 20,1 f.) ist zudem das Wasser 7mal erwähnt. Die priesterschriftliche Schule hat das „Wasser", das aus der Fülle des Sinai quillt, als heilige Weisungen Gottes ausdrücken wollen. „Heiligkeit" ist einer ihrer theologischen Schlüsselbegriffe, und 7 ist die Symbolzahl der Heiligkeit. In der späteren Numeri-Erzählung findet eine Personalisierung des Felsens statt: „Redet vor ihren Augen den Felsen an!" Da eine personhafte Naturdeutung eher ein Zeichen für ein archaisches Weltbild ist, fällt sie in der jüngeren besonders auf und muß anders gedeutet werden. Der Lebenswasser spendende „Fels" ist die göttliche Gegenwart, die in den Worten der Sinaigebote für Israel in Fülle anwesend bleibt.

J. Plasteras schreibt in seinem Exoduskommentar: „In seiner Schau des neuen Jerusalems sieht Ezechiel Wasser aus dem neuen Tempel hervorfließen, das der ganzen Erde, sogar der Wüste, Leben spendet (Ez 47,1.8) ... Die alttestamentliche Überlieferung stellte sich das 'Wasser aus dem Felsen' nie nur als natürliches Wasser vor. Es war Zeichen des Lebens, das Gott über sein Volk ausgießen würde ..." Nach einer rabbinischen Legende begleitete der Felsen des lebendigen Wassers (Jahweh) Israel durch die Wüste. Auf diese Überlieferung beruft sich Paulus 1 Kor 10,4 ..." („Sie tranken nämlich aus einem geistigen Felsen, der sie begleitete, der Felsen aber war Christus.") „Das ist die Grundlage für das lebendige Wasser, das im Johannesevangelium so bedeutsam ist."[104] So ist also die Erzählung als Variante und Deutung des Sinaigeschehens und der Sinaibotschaft zu verstehen.

Der Dekalog in der Fassung des Exodusbuches (Ex 20,1 f.)

In sehr vielen Synagogenfenstern und -schmucktafeln, aber auch auf Grabsteinen und Buchornamenten sehen wir die zwei Tafeln der Zehn Gebote. Oft sind nur die Anfangsbuchstaben der einzelnen Sätze angegeben. Wenn wir sie nun als Zahlenwerte lesen, dann ergibt sich:

„Nicht	(Lo: 30)	sei dir ein anderer Gott ..."
„Nicht	(Lo: 30)	mißbrauche den Namen ..."
„Gedenke	(Sakor: 7)	des Sabbattages ..."
„Ehre	(Kabed: 20)	deinen Vater ..."
„Nicht	(Lo: 30)	morde ..."
„Nicht	(Lo: 30)	ehebreche ..."
„Nicht	(Lo: 30)	stehle ..."
„Nicht	(Lo: 30)	aussage gegen ..."
„Nicht	(Lo: 30)	begehre ..."
„Nicht	(Lo: 30)	begehre ..."
Summe:	267	

Wir haben also als Zahlenwert aus der Reihe der jeweiligen Anfangsbuchstaben der einzelnen Gebote (Akrostichon): 267. Was bedeutet diese Zahl? Das ist ein Lobpreis des eigentlichen Inhaltes, der die Praxis des Glaubens an den Gott Israels, den „Jahweh Einer", in der Befolgung seiner Gebote folgen soll.

„Jahweh	echad"	
10-5-6-5	1-8-4	in seiner gesteigerten Form:
10^2-5^2-6^2-5^2	1^2-8^2-4^2	= 267

Die Anfangsworte der Zehn Gebote

Wenn wir die Zahlenwerte der oben schon genannten Anfangsworte nehmen, dann ergibt sich:

„Nicht“:	Lo =	30-1 =	31
„Nicht“:	Lo =	30-1 =	31
„Gedenke“:	Sakor =	7-20-6-200 =	233
„Ehre“:	Kabed =	20-2-4 =	26
„Nicht“:	Lo =	30-1 =	31
„Nicht“:	Lo =	30-1 =	31
„Nicht“:	Lo =	30-1 =	31
„Nicht“:	Lo =	30-1 =	31
„Nicht“:	Lo =	30-1 =	31
„Nicht“:	Lo =	30-1 =	31
Summe:			507

Das ist 13^2 x 3: „Jahweh“, der große „Einzig-Eine“ (13^2), spricht in Macht (3).

Die Zahlenwerte des Textes der Zehn Gebote (Ex 20,2-17)

Wir zählen:

Wörter:	172
Buchstaben:	620
Zahlenwerte:	48455
Wortanfänge:	10704

1. Anzahl der Wörter: 172
Das ist 2 x 86 = zweimal „Elohim“ (1-30-5-10-40).
Die Zweizahl, die in der biblischen Zahlensymbolik selten ist, ist hier als Hinweis auf die zwei Tafeln zu sehen (Ex 31,18), auf denen als eigentlicher Inhalt („Gottes Finger“) Gott erscheint.

2. Anzahl der Buchstaben: 620
Das ist der Wert für „Krone“, hebr. כתר, Kether, = 20-400-200. Entsprechend werden auch in der Synagogenkunst die Dekalogtafeln mit einer Krone verziert dargestellt. Die Tafeln des Dekalogs werden damit als Krönung der Thorah gedeutet.

3. Der Zahlenwert der Buchstaben: 48455
Daß auch diese Zahl als Ergebnis der einzigen „vom Finger Gottes“ geschriebenen

Schrift (Ex 31,18) sehr sorgsam betrachtet werden will, dürfte selbstverständlich sein. Allerdings werden die priesterschriftlichen Tradenten auch in besonderer Weise auf die genaue Weitergabe der ihnen überkommenen Texte geachtet haben müssen. Wenn irgendwo, dann war sie hier eng an die überlieferten Formulierungen gebunden. Ihr Spielraum einer eigenständigen Wortgestaltung war sehr gering.

Aber dennoch: Es fällt zunächst auf, daß die Zahl 48455 als Quersumme die Zahl des heiligen Namens Jahweh, nämlich 26, zeigt. Dazu noch folgendes: Es wird besonders betont, daß die Gebote des Dekalogs auf zwei Tafeln geschrieben waren (Ex 31,18). Wird nun eine Teilung der Gebote vorgenommen, dann zeigt sich, daß die Summe der Zahlenwerte der ersten Hälfte (bis zum 5. Gebot) 40301 beträgt. Die Summe der Zahlenwerte der zweiten Hälfte (6. bis 10. Gebot) ergibt 8154. Die Quersumme von 40301 ist 8, die von 8154 ist 18. 8 plus 18 ergibt ebenfalls 26.

Die Einleitung zum Dekalog

Die Redeeinleitung (Ex 20,1) besteht aus:

Wörter:	7
Buchstaben:	28
Zahlenwert:	1332

Ähnlich und wie in bewußter Parallele zur Weltschöpfung (Gen 1,1) ist der Einleitungssatz in 7 Wörtern als Symbol des heiligen Schöpferwirkens (7) und 28 Buchstaben als Ausströmen des Schöpferwirkens in die Vielheit der Welt (4 x 7 = 28) zu sehen. In Dtn 32,10 wird ja auch gesagt, daß Gott Israel im „Tohu" („Tohu wa bohu", Gen 1,2), hebr. für „wüste Öde", geschaffen hat.
Was bedeutet nun 1332? Das ist die Weisheitszahl 37 („Chokmah" nach dem Stellenwert der Buchstaben gelesen) x 3 x 12. Dann ist das ein Verweis auf die Vollkommenheit (12) der machtvollen (3) göttlichen Weisheit (37), die sich hier für Israel zeigt: 12 x 3 x 37 ist 1332.

Der Dekalog aus Deuteronomium

Es gibt noch eine zweite Fassung der Zehn Gebote: Dtn 5,6 f. Wenn wir die Wörter und Buchstaben dieser Liste zählen, dann ergibt sich: 189 Wörter. Das ist das Ergebnis von 7 x 3^3. Es bedeutet das machtvolle (3^3) Wirken des Heiligen (7).

Die Zahl der Buchstaben ist 708. Das ist 4 x 177. 177 ist ein Wert des berühmten Wortes „Chokmah“ (Weisheit), und zwar in seiner angewachsenen Fülle (Chokmah = 8-20-40-5):

8	
8+20	
8+20+40	
8+20+40+5	= 177

Dann bedeutet das: Die Fülle der göttlichen Weisheit (177) wird durch die Gottesworte des Dekalogs in die Welt (4) hinausgerufen.

Der Zahlenwert des Deuteronomium-Dekalogs hat den Buchstaben-Summenwert: 50947. Das ist 13 x 3919. Das Wort für die göttlichen „Gebote“ heißt hebr. Mitzwoth, 40-90-6-6-400 = 542. Nun ist aber in der hebräischen Zählung der Primzahlenreihe die Zahl 3919 die 542. Primzahl. Wenn man bedenkt, daß die Endredakteure gerade dieses Textes die vorgegebene Texttradition aufs sorgfältigste behüten mußten, dann erscheint eine solche Zahlensymbolik nicht so gekünstelt, wie man zunächst annehmen möchte. Dann ist aber auch das Bild deutlich. Die „Gebote“ (542. Primzahl) des Einen Gottes (13) sind hier zu lesen. 13 x 3919 = 50947.

Verhältnis des Exodusdekalogs zum Deuteronomiumdekalog

Die zwei Fassungen sind von den Endredakteuren vorgefunden und zueinander in Beziehung gesetzt worden. Die zweite Fassung kann eigentlich nur als Ergänzung der ersten Exodusfassung verstanden werden. Eine pure Summierung beider Texte verbietet sich; das Wort Gottes zu verdoppeln oder es zweifach zu verkünden entspricht nicht biblischer Gepflogenheit. Also muß man die Ergänzung so sehen, daß sie eine zusätzliche Formulierung ist. Die Sätze der beiden Dekaloge, die völlig gleichlautend sind, sind stets als einer zu zählen. Es ergibt sich dann folgende Liste, wobei die Übereinstimmungen nur einmal zu nehmen sind. Sie sind in der Deuteronomiumliste einzuklammern.

Aufgegliedert wird nach Wörtern, Buchstaben, Zahlenwerten und Zahlenwerten des Anfangbuchstabens jedes Wortes.

Ex	Wörter	Buchstaben	Zahlen wert	Akrosticha	Dtn	Wörter	Buchstaben	Zahlenwert	Akrosticha
20,2	9	41	2495	208	5,6	(9)	(41)	(2495)	(208)
20,3	7	23	696	222	5,7	(7)	(23)	(696)	(222)
20,4	16	59	6072	1115	5,8	16	58	6066	1129
20,5	21	74	4677	1828	5,9	21	76	4689	1764
20,6	6	29	1824	120	5,10	6	29	1820	120
20,7	17	51	4451	1185	5,11	(17)	(51)	(4451)	(1185)
20,8	5	18	1837	53	5,12	9	34	2879	467
20,9	6	24	2923	776	5,13	(6)	(24)	(2923)	(776)
20,10	18	75	5515	936	5,14	26	109	7290	1022
20,11	26	86	7028	599	5,15	23	87	5285	503
20,12	15	53	2783	246	5,16	22	80	3793	413
20,13	2	6	729	430	5,17	(2)	(6)	(729)	(430)
20,14	2	6	562	430	5,18	2	7	568	406
20,15	2	6	486	430	5,19	2	7	492	406
20,16	5	15	1522	802	5,20	5	16	1235	778
20,17	15	54	4855	132	5,21a	4	13	1480	607
					5,21b	12	47	4056	1263

Ergebnis:

1. Wir erhalten also vom „Gesamt-Dekalog“ 320 Wörter.
Das bedeutet: Die Zehn Gebote (10) sind Wirkung der Herrlichkeit (Kabod: 20-2-6-4 = 32) Gottes: 10 x 32 = 320.

2. Die entsprechende Anzahl der Buchstaben lautet 1183.
Das ist die Zahlensymbolik: 13^2 x 7 und weist hin auf den machtvoll Einzigen (13^2), der in seiner göttlichen Heiligkeit die Gebote erläßt.

3. Wenn man nun die Anfangsbuchstaben der Wörter aller — um die Deuteronomiumsätze „ergänzten“ — zehn Gebote anschaut, dann ergibt sich der Wert 18390. Das ist 10 x 3 x 613. Die Zahl 613 ist die im Judentum bekannte Zahl aller Gebote und Verbote der Thorah (Eine unverwechselbare Primzahl übrigens.). Die Zahl der Gebote also ist hier verborgen anwesend in nuce — eben im Dekalog, der zusammenfassenden „Krone der Thorah“. Dann heißt das: In den Zehnworten (10) gab der machtvolle Gott (3) die Zusammenfassung aller Gebote und Verbote der Thorah (613): 10 x 3 x 613 = 18390.

4. Die letzte große Summe
Der Zahlenwert aller Buchstaben dieses Gesamtdekalogs ergibt mit dem feierlichen Einleitungssatz Ex 20,1 89440. Diese Zahl ist auflösbar als: 26 x 86 x 10 x 4. Dies zeigt: Jahweh (26) Elohim (86) gab sein „Zehner-Wort“ (10) für alle Welt (4).

Ein Bild der „Herrlichkeit Gottes"

In Ex 24,9 steigen „Mose und Aaron, Nadab und Abihu und die siebzig von den Ältesten Israels hinauf". Dann schauen sie den Gott Israels und zu seinen Füßen wie ein Werk aus Platten von Saphir. Der eindrucksvolle Abschnitt Ex 24,9-11 kündet von der göttlichen Herrlichkeit, der „Kabod" des Gottes Jahweh.

Dieser Abschnitt hat nun genau
Wörter: 32 = Kabod (Kbwd): 20-2-6-4 = 32,
Buchstaben: 139 = Thron der Herrlichkeit Jahwehs, hebr. Kise Kebod Jahweh: 20-60-1 20-2-6-4 10-5-6-5 = 139.

Die eigentliche Vision ist Vers 10. Es zeigen sich folgende Werte:
Wörter: 12 = Göttliche Vollkommenheit.
Buchstaben: 53 = „Jahweh" in ausgeschriebener Größe (Jod: 10-6-4 = 20; He: 5-5 = 10; Waw: 6-1-6 = 13; He: 5-5 = 10, insgesamt 53).
Akrosticha: 320 = 32 x 10: Herrlichkeit des Gottes der Schöpfung (10).

Aber auch die Personen der Begegnung mit Jahweh wollen beachtet sein: Mose, Aaron, Nadab und Abihu und siebzig Ältesten. Da Mose und Aaron als Einheit zu fassen sind (Ex 7,1), haben wir hier wieder einen Hinweis auf die 73, die Zahl der von Gott kommenden Weisheit (Chokmah: 8-20-40-5). Die Herrlichkeit Jahwehs, die in Saphir (s.a. Ez 1,26), in strahlendem Blau glüht, sollte nicht vergessen werden: Saphir = Spjr = 60-80-10-200 = 350. Ein Fülle-Wert von „Kabod Jahweh", hebr. Kbwd Jhwh, = 20-2-6-4 10-5-6-5 ist 350.

Alle Zahlen von

1	bis	20	=	210
1	bis	2	=	3
1	bis	6	=	21
1	bis	4	=	10
1	bis	10	=	55
1	bis	5	=	15
1	bis	6	=	21
1	bis	5	=	15
Summe:				350

Das „Herz der Thorah“ (Dtn 6,5)

Nach der Verkündigung „Höre Israel: Jahweh, unser Gott, ist ein Jahweh Einzig“ (Dtn 6,4) soll die Antwort Israels sein: „Und du sollst den Herrn, deinen Gott, lieben mit ganzem Herzen, mit ganzer Seele und mit ganzer Kraft.“

Dieses Herzstück aller Gebote besteht aus:

Wörter: 10	=	Das ist der verborgene Dekalog, die eigentliche Zehnworte-Tafel.
Buchstaben: 39	=	Es gibt die dankbare Antwort auf die Offenbarung des Jahweh (26) echad (13).
Zahlenwert: 1644	=	In Dtn 10,17 wird der genannt, dem die Liebe gelten soll. Es ist der „Gott der Götter“. Hebr. Elohe ha-Elohim ist: 1-30-5-10 5-1-30-5-10-40, = 137. Diesem „Gott der Götter“ (137) in seiner Vollkommenheit (12) soll die dankbare Liebe erwiesen werden: 137 x 12 = 1644.

In einer höchst kunstvollen Weise wird auch gezeigt, auf welche Weise Israel seine Liebe zu Gott aus ganzem Herzen erweisen soll. In Gen 26,5 wird das vorbildliche Handeln Abrahams genannt. Gott lobt ihn, weil er „meine Beobachtungen, meine Gebote, meine Satzungen und meine Weisungen genau befolgt hat.“

„Beobachtungen“, hebr. Mischmereth (kommt nur im Plural vor)	40-300-40-200-400 =	980
„Gebot“, hebr. Mizwah	40-90-6-5 =	141
„Satzung“, hebr. Chukah	8-100-5 =	113
„Weisung“, hebr. Thorah	400-6-200-5 =	611
Summe:		1845

Wenn man im Satz Dtn 6,5 zu den Werten der Wörter, der Buchstabenanzahl und dem Zahlenwert den Wert der Akrosticha (152) hinzuzählt, dann ergibt sich: 10 + 39 + 1644 + 152 = 1845. Die Liebe zum einzigen Gott, dem vollkommenen Gott der Götter, besteht darin, daß Israel — wie Abraham — seine Beobachtungen, Gebote, Satzungen und Weisungen treu erfüllt.

Die feierliche Einleitung zum Testament des Mose (Dtn 1,1-3)

Es bedarf hier keiner langen Erörterung über die Bedeutung des Buches Deuteronomium. „Inhaltlich wie stilistisch ... kulminieren die 'Bücher Mose' in ihrem letzten, dem Deuteronomium, wie in einem gewaltigen Finale." Dieses Buch wird „wesentlich durch weisheitliche Ideenwelt und Sprache geprägt." Es „bildet traditionsgeschichtlich und theologisch die 'Mitte des Alten Testamentes'."[105] Das Buch, das als Vermächtnis des Mose auch zugleich „die Grundgestalt eines Gesetzeskodex"[106] hat, wird feierlich eingeleitet:

Das sind die Worte, die Mose vor ganz Israel gesprochen hat. Er sprach sie jenseits des Jordan, in der Wüste, in der Araba, östlich von Suf, zwischen Paran und Tofel, Laban, Hazeot und Di-Sahab. Elf Tage sind es vom Horeb auf dem Weg zum Gebirge Seir bis nach Kadesch-Barnea. Es war im vierzigsten Jahr, im elften Monat, am ersten Tag des Monats. Mose sagte den Israeliten genau das, was ihm der Herr für sie aufgetragen hatte.

Die Ortsangaben „können nur teilweise näher bestimmt werden."[107]

„In der Araba" (be-Araba):	2-70-200-2-5 =	279
„Suf":	60-6-80 =	146
„Paran":	80-1-200-50 =	331
„Tofel":	400-80-30 =	510
„Laban":	30-2-50 =	82
„Hazeroth":	8-90-200-400 =	698
„Di-Sahab":	4-10 7-5-2 =	28
„11 Tagesreisen"[108]	=	11
„Horeb"	8-200-2 =	210
„Gebirge Seir" (Har Seir):	5-200 300-70-10-200 =	785
„Kadesch Barnea"	100-4-300 2-200-50-70 =	726
Summe		3806

Das ist 173 x 22. 173 ist die Fülle des „Jahweh-Echad-Titels",

10
10+5
10+5+6
10+5+6+5
10+5+6+5+1
10+5+6+5+1+8
10+5+6+5+1+8+4 = 173

und 22 die Sprache, das Wort. Also haben die Verfasser durch ihre Zahlenbilder angezeigt, daß im Vermächtnis des Mose das Wort des göttlich-großen „Jahweh Echad" gesagt ist.

Auch die Zeitangabe will beachtet werden. Es ist im 40. Jahr — also nach 39 Jahren — und nach 11 Monaten. Buber übersetzt genau: „Es war im 40. Jahr, in der elften Mondneuung, am ersten auf die Neuung." Es sind also 39 x 12 plus 11 Monate vergangen. Das ergibt 479. Das Wort für die Gesamtheit der göttlichen Gesetze ist: „Mischpatim"[109]: 40-300-80-9-10-40 = 479. Zugleich ist 479 die 91. Primzahl. Alle Zahlen von 1 bis 13 ergeben 91. Es ist die Fülle des „Einzigen" (13). Also auch hier: Diese Worte sind das Gesetz des „Einen Jahweh".

Der Segen des Mose (Dtn 33,1-29)

Auf dem Berg Nebo erblickte Mose vor seinem Tode das verheißene Land. Dann spricht er seinen letzten Lobpreis Gottes und segnet feierlich die Israeliten. Diese Worte des Mose sind von erhabener Größe. Das wird auch die Formung des Textes zeigen. Auffallend ist zunächst die Gliederung. Sie ist durch 10 Rede-Einleitungen gegeben. Die Erinnerung an die größte Stunde des Mose, den Empfang der 10 Gebote am Sinai, wird wachgerufen. Die Segenswünsche des Mose vor seinem Sterben sind offensichtlich als die Erfüllung des Dekaloges gedacht, als der Lohn der treuen Befolgung.

Die Einleitungen bestehen aus insgesamt 32 Wörtern zu 133 Buchstaben. Die 32 verweist auf die göttliche Herrlichkeit, hebr. Kabod, die sich an Israel erweisen soll. Die 133 ist die Weisheitszahl 19 (Quersumme von „Chokmah") x 7, also die heilige (7) Weisheit, die durch den Mund des Mose spricht und segnet. Der Text der direkten Rede besteht aus:

Wörter: 304 — Die Ausbreitung des Segens (4^2) als Weisheit (19) Gottes. 16 x 19 = 304.

Buchstaben: 1210 — Durch das Wort (22) des Segens wird die Schöpfung Israels vollendet. Die Schöpfungszahl 10 in ihrer Fülle: alle Zahlen von 1 bis 10 sind 55. 22 x 55 = 1210.

Zahlenwerte: — Die großen Summen werden — wie schon in der Schöpfungsgeschichte gezeigt — sinnvoll als Quersummen gelesen. Entsprechend der Zehnergliederung findet sich:

Segen	Dtn	Zahlenwert	QS:
1	33,2-6	13560	15
2	33,7	2541	12
3	33,8-11	14185	19
4	33,12	994	22
5	33,13-17	15385	22
6	33,18-19	4503	12
7	33,20-21	7446	21
8	33,22	1093	13
9	33,23	2834	17
10	33,24-29	17911	19

Alle Quersummen ergeben für den Zehner-Segen 172. Das ist eine höchst kunstvolle Anspielung auf den Dekalog. Denn der Dekalog (Ex 20) besteht aus 172 Wörtern, und er weist auf den Inhalt der zwei Tafeln hin: „Elohim" (86). Zwei mal 86 ist 172.

Akrosticha: 17952 — Das ist die Zahl für das segnende Wort (22). 816 ist eine Zahl der „Vierer-Fülle" im Übermaß: 4 x 4 = 16. Wenn

	man bei allen Zahlen von 1 bis 16 die in jeder Zahl steckenden Zahlen von 1 an zählt, dann ergibt sich 816. 22 x 816 = 17952.
Vers-Akrosticha:	Entsprechend der Dekalogformung kann man die 10 Abschnitts-Akrosticha zählen. Das ergibt 1118. Das ist 13 x 86: der Verweis auf den „Elohim echad" (86, 13).

Der Höhepunkt: Die Schluß-Preisung, die letzten Worte des Mose auf Erden (Dtn 33,26-29)

Der letzte Lobpreis beginnt mit dem Ausruf: „Es gibt keinen wie den Gott Jeschuruns!" Der Name „Jeschurun" wird in den Lexika und Kommentaren als alttestamentlicher Ehrenname für Israel, als poetische Koseform gedeutet. So kommt auch in diesen letzten Sätzen des Mose ein Element der Herzlichkeit, ja der Liebe für sein Volk zu Ausdruck.

Wörter: 52	13 x 4. Der Segen des „Einzigen" breitet sein Volk aus.
Buchstaben: 208	13 x 4 x 4: Das ist der Segen in Fülle.
Zahlenwert: 14650	QS: 16. Ausbreitung in Fülle (4 x 4).
Akrosticha: 2388	„El Jeschuruns" ist 1-30 10-300-200-6-50 = 597. Der in die Fülle der Ausbreitung (4) segnende „El Jeschuruns" (597) ist gezeigt in 4 x 597 = 2388.

Verschiedene symbolische Gestaltungen

Die Segenssätze des aaronitischen Priestersegens (Num 6,24)

Der aaronitische Priestersegen ist für die Tempel- und Synagogenliturgie zumindest seit dem Exil ein konstitutiver Bestandteil. Sein strenger, dreiteiliger Aufbau erinnert an einen Stufenbau. Die obere Zeile hat drei Wörter, die mittlere fünf und die untere sieben. Er besteht aus nur 15 Wörtern.

Segne-dich Jahweh und-behüte-dich
leuchte Jahweh sein-Antlitz auf-dich und-begnade-dich
erhebe Jahweh sein-Antlitz auf-dich und-gebe dir Frieden

Jebareka JHWH we-jischmereka
Jaer JHWH panaiw eleika wichuneka
Jissa JHWH panaiw eleika we-jassem leka schalom

In Zahlen gelesen:

1.	10-2-200-20-20	26	6-10-300-40-200-20				
	252		576				
2.	10-1-200	26	80-50-10-6	1-30-10-20	6-10-8-50-20		
	211		146	61	94		
3.	10-300-1	26	80-50-10-6	1-30-10-20	6-10-300-40	30-20	300-30-6-40
	311		146	61	356	50	376

K. Seybold formuliert: „Wie mit dem Lineal gezogen, so präzise sind die drei Reihen parallelisiert. Nach dem Verbum finitum folgt — zum Teil gegen den Strich normaler Satzbildung (in der zweiten und dritten Reihe) — die explizite Nennung des Subjekts, der Jahwe-Name, dreimal in zweiter Position ... So wird man sagen können, daß zumindest die beiden letzten Aussagen seltene, wenn nicht singuläre Bildungen sind.“ Hinsichtlich der Entstehungszeit schließt er, „daß Num 6,24-26 im Vergleich mit allen alttestamentlichen Segensformeln ... aufgrund seiner poetischen Struktur und seiner Tendenz zur theologischen Verdichtung und Abstraktion jünger zu sein scheint. Er wird wohl in seiner jetzigen Form erst nachexilisch in den Kreisen der Jerusalemer Tempelpriesterschaft entstanden sein.“[110]

Die zahlensymbolischen Bilder:

1. Der Segen besteht aus 15 Wörtern und 60[111] Buchstaben. Wie schon in der Abrahamsgeschichte angedeutet, läßt sich hier unschwer das Verhältnis von 1 zu 4

(15 zu 60) erkennen. Dazu kommt noch, daß 15 die Kurzform des Jahweh-Namens ist (Jah: 10-5), der auch aus anderen Zusammenhängen bekannt ist („Allelu-Jah“, „Obad-Jah“, „Sachar-Jah“). Es ist also in der Segensstruktur die Ausbreitung und Ausrufung des Namens Jahweh in die Vier-Vielheit der Welt gemeint. Eine Parallele dazu ist die schon erwähnte Vorschrift der 4 Schaufäden am Gebetsmantel, die auch Ähnliches bezeugen sollen: Ihre 39 Windungen der Flechtung bedeuten auch das Bekenntnis zum „Jahweh (26) echad (13)“ in die Vier-Vielheit der Welt.

2. Die Gesamtsumme der Zahlenwerte ist 2718. Das ist 3^2 x 302. Die Zahl 302 ist eine Füllezahl des theologisch bedeutsamen Ausdrucks „Herrlichkeit Jahwehs“, hebr. Kebod Jahweh, = 20-2-6-4 10-5-6-5.

20	
20+2	
20+2+6	
20+2+6+4	
20+2+6+4+10	
20+2+6+4+10+5	
20+2+6+4+10+5+6	
20+2+6+4+10+5+6+5	= 302

So wird also die machtvolle (3 x 3) Herrlichkeit Jahwehs (302) erfleht.

3. Die Werte der Akrosticha, der Anfangsbuchstaben
Es zeigt sich folgendes Bild:

		10	10	6			= 26
	10	10	80	1	6		= 107
10	10	10	1	6	30	300	= 437
							= 544

Es fällt auch hier das Verhältnis 1 zu 4 auf, denn die 26 des Jahweh-Namens in der ersten Zeile steht zur Zahl 544 „unter“ ihr in einer Beziehung. Wenn man dann noch erkennt, daß 544 = 4 x 136 ist und weiß, daß 136 die Summe aller Zahlen von 1 bis 16 (4 x 4) ist, dann ergibt sich folgendes Bild:

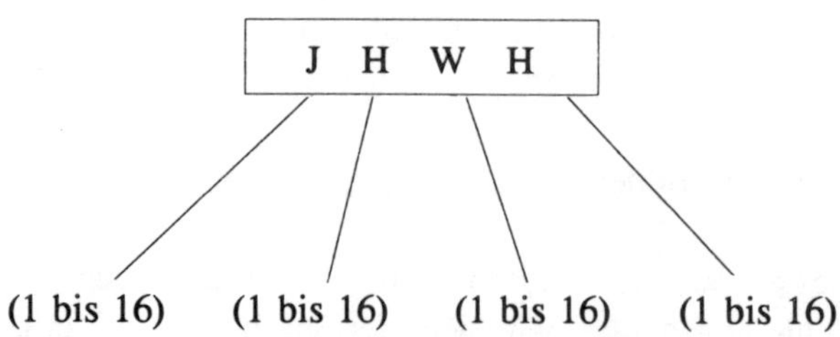

Als ergänzende Bestätigung: Im Buch Jona geht es ja auch um das Thema, daß Gottes Name zu den Heidenvölkern getragen wird. Dort kommt der Name Gott genau 16mal vor.

4. Die Quersummenwerte:

		(252) 9	(26) 8	(576) 18		
	(211) 4	(26) 8	(146) 11	(61) 7	(94) 13	
(311) 5	(26) 8	(146) 11	(61) 7	(356) 14	(50) 5	(376) 16

Als Bild:

		9	8	18			= 35
	4	8	11	7	13		= 43
5	8	11	7	14	5	16	= 66
							144

Das bedeutet 12 x 12, die im Segen erflehte Vollkommenheit Gottes. Dieser aber segnet als Jahweh (26), der die Herzmitte des Segens ist:

	8		
8	11	7	= 26
	7		
	= 26		

5. Von hier aus gesehen erscheint es nicht überinterpretiert, wenn man auch den Mittelteil der Akrosticha-Reihen betrachtet und findet (s.o. Nr. 3):

	10		
10	80	1	= 91
	1		
	= 91		

Bekanntlich ist 91 die Füllezahl von „Echad“, „Einziger“ (13). Alle Zahlen von 1 bis 13 ergeben: 91.

6. Man kann sich schwerlich versagen, dann auch zum Schluß einen Blick zu werfen auf das entsprechende Herzstück der Zahlenwerte. Das ist:

	26		
26	146	61	= 233
	61		
	= 233		

Die Zahl 233 ist der „Baum des Lebens“ aus Gen 2. Die eine Thorah des einen Jahwehs für Israel, deren eigentlicher Inhalt ist: „Jahweh echad“ — wie dort gezeigt.[112]

Die Gottesvision des Jesaja (Jes 6,1-3)

I. Der Text zeigt folgendes Bild:

(Die Übersetzung)	Wörter:	Buchstaben:	Akrosticha:	Zahlenwert:
a) Im Todesjahr des Königs Usija sah ich den Herrn.	7 Der Heilige (7)	27 in seiner Allmacht (3^3)	125 offenbart seine Lehre (5^3)	2070
b) Er saß auf einem hohen und erhabenen Thron. Der Saum seines Gewandes füllte den Tempel aus. Serafim standen über ihm. Jeder hatte sechs Flügel: Mit zwei Flügeln bedeckten sie ihr Gesicht, mit zwei bedeckten sie ihre Füße, und mit zwei flogen sie.	26 Jahweh (26) ist:	105 der Heilige (7 x 15),	1792 dessen „Säume“ in alle Welt reichen (7 x 4^4).	7738
c) Sie riefen einander zu: Heilig, heilig, heilig ist der Herr der Heere. / Von seiner Herrlichkeit ist die ganze Erde erfüllt. Die Türschwellen bebten bei ihrem lauten Ruf, und der Tempel füllte sich mit Rauch.	22 Sein Wort ist:	84 heilig (7 x 12) und vollkommen,	512 alle Welt (4 x 4) ist erfüllt von seiner Herrlichkeit „Kabod“ = 32). 16 x 32 = 512	5015

Alle Werte:	55 Erscheinung des Erschaffenden in Allmacht (Alle Zahlen von 1 bis 10 = 55).	216 Es ist der dreimal heilige (3) Jahweh (72: Jahweh-Fülle). 3 x 72 = 216.	2429 Er erscheint in seiner Weisheit: „Chokmah“: 8-20-40-5. 36 (1 bis 8) 36+210 (1 bis 20) 36+210+820 (1 bis 40) 36+210+820+15 (1 bis 5)	14823 Gottes „Selbstvorstellung“: „Ich bin Jahweh“, hebr. Anoki Jahweh, in Fülle: Anoki Jahweh: 1-50-20-10 10-5-6-5 1 1+50 1+50+20 1+50+20+10 1+50+20+10+10 1-50+20+10+10+5 1+50+20+10+10+5+6 1+50+20+10+10+5+6+5 = Summe: 1647. Dieser Jahweh zeigt sich in Allmacht (3x3): 3 x 3 x 1647 = 14823. (Nur so ist die Zahl sinnvoll auflösbar.)

II. Das „Trishagion“ (Jes 6,3)

Der himmlische Lobpreis der Seraphim ist ein Höhepunkt des Alten Testamentes. Der himmlische Lobgesang lautet:

> „Heilig, heilig, heilig ist der Herr der Heere.
> Erfüllt ist die ganze Erde von seiner Herrlichkeit!“
>
> „Kadosch kadosch kadosch Jahweh Zebaoth
> melo kal ha-arez kebodo.“

Und als Zahlen:

100-4-6-300	100-4-6-300	100-4-6-300	10-5-6-5	90-2-1-6-400	
(410)	(410)	(410)	(26)	(499)	
40-30-1	20-30	5-1-200-90	20-2-6-4-6		
(71)	(50)	(296)	(38)		= 2210

Wir finden also:

Wörter: 9	=	Hinweis auf Gottes Macht (3x3).
Buchstaben: 35	=	Der Heilige (7), der sich in seiner Fünfrollen-Thorah offenbart (5) = 7 x 5.

Akrosticha: 485	=	Wert für hebr. ha-Eduth, 5-70-4-6-400, „das Gesetz". Der Plural der Gebote ist Ausdruck für das ganze Gesetz Gottes.
Zahlenwert: 2210	=	5 x 442. 442 ist der Inhalt der ganzen Thorah (5), der innerste Kern der fünf Rollen, die Fülle von Jahweh echad (26 + 13):

Denn: Alle Zahlen von 1 bis 26	=	351
und: alle Zahlen von 1 bis 13	=	91
		442

Also faßt dieser Ruf in sich: den Lobpreis des Allmächtigen, der seine Heiligkeit in seinem Gesetz offenbarte als fünfrollige Kundgabe des „Einzigen Jahweh" in Fülle.

Wenn wir nach bewährter Praxis die Quersummen betrachten, so ergibt sich:

	9	=	9
	35	=	8
	485	=	17
	2210	=	5
Summe:			39

Auch das spricht für sich: „Jahweh einzig".

Der Lobpreis der Weisheit Salomos (1 Kön 5,9-12)

Gott gab Salomo Weisheit und Einsicht in hohem Maß und Weite des Herzens — wie Sand am Strand des Meeres. Die Weisheit Salomos war größer als die Weisheit aller Söhnes des Ostens und alle Weisheit Ägyptens. Er war weiser als alle Menschen, weiser als Etan, der Esrachiter, als Heman, Kalkol und Darda, die Söhne Mahols. Sein Name war bekannt wie bei allen Völkern ringsum. Er verfaßte dreitausend Sprichwörter, und die Zahl seiner Lieder betrug tausendundfünf.

Dieser Text ist geradezu eine Liebeserklärung der späteren Weisheitslehrer an ihre geistigen Vorfahren, vor allem natürlich den von Gott so beschenkten Salomo.

Dieser Text zeigt folgende Gestaltung:

Wörter: 39	„Jahweh echad" gibt die Weisheit.
Buchstaben: 154	Sein heiliges (7) Wort (22) schenkt sie: 7 x 22 = 154.
Akrosticha: 1584	Die Weisheit ist das Wort (22) aus der Jahweh-Fülle (72): 22 x 72 = 1548.

Zahlenwert: 8851 Das ist 167 x 53: Die wahre Weisheit ist das „Schma Israel“ (167) als die göttliche Thorah (Thorah nach dem Stellenwert der Buchstaben: TH = 22, O = 6, R = 20, H = 5: 53).

Die Weisen, die Salomo noch übertraf, waren von Gott inspirierte Vorgänger der Weisheitslehrer. Sie werden später als Vorfahren Judas (1 Chr 2,6) zu Tempelsängern (1 Chr 6,16-32 und zu Psalmendichtern erhoben (Ps 88 und 89).

Die Werte ihrer Namen sind 1379: Das ist 7 x 197. Es war der „Herr der Herren“, der große Gott „EL Eljon“ (Gen 14,20 = 1-30 70-30-10-6-50 = 197), der aus der Weisheit seiner Heiligkeit sie erfüllte: 7 x 197 = 1379.

Die Weisheit der 3000 Sprichwörter und 1005 Lieder bedeutet in der theologisch passenden Auflösung: 4005 = 15 (Jah) wirkte in ihnen als der große und weise „Jahweh echad“ in Allmacht:

$10^2 + 5^2 + 6^2 + 5^2$ und $1^2 + 8^2 + 4^2 = 267$. 15 x 267 = 4005

Das „Mene Tekel“ des Danielbuches

Das Buch Daniel, das wohl erst um 160 v. Chr. seinen Abschluß fand, gehört zur Weisheitsliteratur. Gerade die Gestalt des von Gott erleuchteten Weisen konnte die Verfasser dazu bringen, Daniel als Deuter und Vorbild der Weisen Israels zu sehen. Wenn diese Schriftgelehrsamkeit und Weisheit auch in der Kenntnis der zahlensymbolischen Bilder bestand — was hier einmal vorausgesetzt ist — dann wäre es fast verwunderlich, wenn bei der Gestalt des Daniel keine Hinweise diesbezüglicher Art zu finden wären.

Die bekannte Szene in Daniel 5,5 und deren Deutung in 5,25-28, in der die geheimnisvolle Schrift der geheimnisvollen Hand gelesen und für die Heiden gedeutet wird, entzieht sich scheinbar einer Deutung. Im Biblisch-Historischen Handwörterbuch von B. Reicke und L. Rost schließt der Artikel über das „Mene Tekel“: „Auf jeden Fall bleibt uns der Sinn wenig klar.“[113] Sollte man nicht versuchen zu erkennen, ob dieser Sinn in den Worten steckt, wenn man ihn eben mit den Augen des Gläubigen liest, dessen Vorbild und Abbild ja Daniel ist und der den unverständigen Heiden letztlich nicht zu vermitteln ist — außer eben als Straffolge für den Unglauben und für den Frevel an Gottes Heiligtum?

Die Worte lauten:
„Mene mene tekel u-parsin“, im Zahlenbild

40-50-1	40-50-1	400-100-30	6-80-200-60-10-50	
(91)	(91)	(530)	(406)	Das ist zusammen 1118.

Dieser Zahlenwert entspricht dem bekanntesten der Bibel, nämlich dem des „Schma Israel“:

„Höre Israel, Jahweh unser Gott: Jahweh einzig!“ (Dtn 6,4)
„Schma Israel, Jahweh Elohenu Jahweh echad!“

300-40-70	10-300-200-1-30	10-5-6-5	1-30-5-10-50-6	10-5-6-5	1-8-4
(410)	(541)	(26)	(102)	(26)	(13)

Zusammen: 1118.

Und gleichsam als Zusammenfassung des Ganzen auch als Produkt: 1118 = 86 (Elohim, auch der Gott der Völker) x 13 (Einziger). 86 x 13 = 1118.

Die Opfer des Laubhüttenfestes (Num 29,12-38)

„Das Laubhüttenfest war lange Zeit 'das Fest' schlechthin... Darum ist es hier mit den reichsten Opfern ausgestattet. Die Zahl der zu opfernden Stiere verringert sich von dreizehn am ersten Tag bis auf sieben am siebten Tage...“[114]

J. H. Hertz kommentiert: „Die Opfer dieses Festes waren zahlreicher als die jedes anderen Festes... Die Zahl der Ochsen, die sich mit jedem Tage des Festes um einen verminderte, betrug insgesamt siebzig. Nach der Auffassung der Rabbinen entsprechen diese siebzig Ochsen den siebzig Nationen der Welt und waren als Sühne für *alle* Menschen gedacht.“[115]

Der Text lautet mit den entsprechenden Hervorhebungen:

1. Tag

Am fünfzehnten Tag des siebten Monats sollt ihr eine heilige Versammlung abhalten. An diesem Tag dürft ihr keine schwere Arbeit verrichten; ihr sollt sieben Tage lang ein Fest dem Herrn feiern. Ihr sollt ein Brandopfer darbringen, als Feueropfer, als beruhigenden Duft für den Herrn. <u>Dreizehn Jungstiere, zwei Widder und vierzehn fehlerlose einjährige Lämmer sollen es sein</u>, ferner als dazugehörendes Speiseopfer <u>drei Zehntel Feinmehl</u>, das mit Öl vermengt ist, <u>für jeden der dreizehn Stiere, zwei Zehntel für jeden der zwei Widder und ein Zehntel für jedes der vierzehn Lämmer</u>, außerdem <u>ein Ziegenbock</u> als Sündopfer, das alles zusätzlich zum regelmäßigen Brandopfer und zum dazugehörenden Speise- und Trankopfer.

2. Tag

<u>Am zweiten Tag sollen es zwölf Jungstiere, zwei Widder und vierzehn fehlerlose einjährige Lämmer</u> sein, dazu die Speise- und Trankopfer, entsprechend der Zahl der Stiere, Widder und Lämmer, wie es vorgeschrieben ist, <u>ferner ein Ziegenbock</u> als Sündopfer, das alles zusätzlich zum regelmäßigen Brandopfer sowie zum dazugehörenden Speise- und Trankopfer.

3. Tag

Am dritten Tag sollen es <u>elf Stiere, zwei Widder und vierzehn fehlerlose einjährige Lämmer</u> sein, dazu die Speise- und Trankopfer, entsprechend der Zahl der Stiere, Widder und Lämmer, wie es vorgeschrieben ist, ferner ein Bock als Sündopfer, das alles zusätzlich zum regelmäßigen Brandopfer sowie zum dazugehörenden Speise- und Trankopfer.

4. Tag

Am vierten Tag sollen es zehn Stiere, zwei Widder und vierzehn fehlerlose einjährige Lämmer sein, dazu die Speise- und Trankopfer, entsprechend der Zahl der Stiere, Widder und Lämmer, wie es vorgeschrieben ist, ferner ein Ziegenbock als Sündopfer, das alles zusätzlich zum regelmäßigen Brandopfer sowie zum dazugehörenden Speise- und Trankopfer.

5. Tag

Am fünften Tag sollen es neun Stiere, zwei Widder und vierzehn fehlerlose einjährige Lämmer sein, dazu die Speise- und Trankopfer, entsprechend der Zahl der Stiere, Widder und Lämmer, wie es vorgeschrieben ist, ferner ein Bock als Sündopfer, das alles zusätzlich zum regelmäßigen Brandopfer sowie zum dazugehörenden Speise- und Trankopfer.

6. Tag

Am sechsten Tag sollen es acht Stiere, zwei Widder uns vierzehn fehlerlose einjährige Lämmer sein, dazu die Speise- und Trankopfer, entsprechend der Zahl der Stiere, Widder und Lämmer, wie es vorgeschrieben ist, ferner ein Bock als Sündopfer, das alles zusätzlich zum regelmäßigen Brandopfer sowie zum dazugehörenden Speise- und Trankopfer.

7. Tag

Am siebten Tag sollen es sieben Stiere, zwei Widder und vierzehn fehlerlose einjährige Lämmer sein, dazu die Speise- und Trankopfer, entsprechend der Zahl der Stiere, Widder und Lämmer, wie es vorgeschrieben ist, ferner ein Bock als Sündopfer, das alles zusätzlich zum regelmäßigen Brandopfer sowie zum dazugehörenden Speise- und Trankopfer.

8. Tag

Am achten Tag sollt ihr eine Festversammlung abhalten. An diesem Tag dürft ihr keine schwere Arbeit verrichten; ihr sollt als Brandopfer, als Feueropfer, als beruhigenden Duft für den Herrn einen Stier, einen Widder und sieben fehlerlose einjährige Lämmer darbringen, dazu die dem Stier, dem Widder und den Lämmern entsprechenden Speise- und Trankopfer, wie es vorgeschrieben ist, ferner einen Bock als Sündopfer, das alles zusätzlich zum regelmäßigen Brandopfer und zum dazugehörenden Speise- und Trankopfer.

Der achte Tag des Festes

Der achte Tag hat eine besondere Färbung. Die Rabbiner weisen darauf hin, daß der Text diesen Festtag von den sieben anderen unterscheidet. Während die 7 Tage des Festes als Fest „für den Herrn“ in 29,12 definiert werden, fehlt nach dem feierlichen Neuansatz der Hinweis „für den Herrn“, hebr. le-Jahweh. Die rabbinische Tradition beschreibt das folgendermaßen:

„Du findest: Am Laubhüttenfest bringen die Israeliten siebzig Stiere vor dir dar für die 70 Völker der Welt. Die Israeliten sprechen: Herr der Welten! Siehe, wir bringen für sie siebzig Stiere dar, und sie sollen uns lieben... Darum sprach Gott zu ihnen: Jetzt bringet für euch am achten Tage Opfer dar... Gleich einem Könige, der ein Festmahl sieben Tage lang veranstaltete und alle Bewohner der Stadt dazu in den sieben Tagen des Mahles einlud; als die sieben Tage des Mahles verlaufen waren, sprach er zu seinen Freunden: Nun haben wir an allen Bewohnern das Unsrige getan... nun wollen wir uns, ich und du, an dem vergnügen, was du findest...“[116]

So sieht die Liste der Opfer aus:

Tiere:					Speiseopfer: (in Zehntel-Maß, entsprechend der Vorschrift für den ersten Tag)		
Tag:	Stiere:	Widder:	Lämmer:	Sühnebock			
1.	13	2	14	1	39	4	14
2.	12	2	14	1	36	4	14
3.	11	2	14	1	33	4	14
4.	10	2	14	1	30	4	14
5.	9	2	14	1	27	4	14
6.	8	2	14	1	24	4	14
7.	7	2	14	1	21	4	14
Summe:	70	14	98	7	210	28	98
8.	1	1	7	1	3	2	7

a) Die Bedeutung der Liste der 7 Tage:

1. Die Zahl der Tiere: Auf die Zahl 70 wurde schon hingewiesen. Die Gesamtzahl der Tieropfer der sieben Tage beträgt 189. Diese Zahl ist auch die Zahl der Wörter des Deuteronomium-Kataloges und ist 7 x 3^3 als Verkündigung des Heiligen Gottes (7), der in Allmacht (3 x 3 x 3) die Welt regiert. Zieht man die im Text als andersartig genannten Sündopfer ab, dann erhält man 182. Das ist das Wirken des Heiligen (7) als Jahweh (26), denn 7 x 26 ist 182. Zieht man von dieser Summe die bereits eigens gedeuteten 70 ab, dann erhält man 112. Das ist „Jahweh Elohim“ (26 + 86). Es erscheint dann nicht als zu gekünstelt, in der Reihe der Summierung der Tieropfer folgendes zu lesen: Für die 70 Völker der Welt opfert Israel dem Weltherrscher „Jahweh“ (26) Elohim (86)“ und bringt die Sündopfer für den Heiligen (7) dar.

70 + 26 + 86 + 7 = 189

2. Die Zahlen der Speiseopfer: Die entsprechende Summe ist 336. Auch diese Zahl läßt sich leicht deuten: 12 x 7 x 4. Das ist die berühmte Schöpfungszahlaussage: 7 x 4, die sich auch in Gen 1,1 findet, und die Zahl 12, die sich hier auf die vor Gott stehenden 12 Stämme Israels bezieht, das die Heiligkeit Gottes (7) stellvertretend in die Vier-Vielheit der Welt (4) hinaus im Opfer bekennt.

b) Die Liste des 8. Tages:

Die Zahlen des achten Tages ergeben 22. Ein Hinweis auf die Besonderheit Israels ist gut zu erkennen. Dieser achte Tag soll das Wesen Israels bekennen und feiern, und dies ist die Auserwählung dazu, das Wort (22) Gottes zu besitzen und den Völkern vorzuleben.

Die Opfer des Festkalenders im erneuerten Jerusalem (Ez 45,23-25)

Daß die Zahlen der Opfer zu einer sinnvollen Endschau führen sollen, läßt sich am Beispiel des Ezechiel für die Opferpraxis des neuen Tempels zeigen, der im erneuerten Jerusalem erschaut wird, wenn Gottes Herrlichkeit wieder in ihm Wohnung genommen hat.

Der Festkalender des Jahres — es gibt zwei Feste — sieht so aus:

Passah:		
7 Tage je 7 Rinder als Brandopfer =	49	
7 Tage je 7 Widder als Brandopfer =	49	
7 Tage je 1 Ziegenbock als Sündopfer =	7	
7 Tage je 7 Epha Speiseopfer für Rinder =	49	
7 Tage je 7 Epha Speiseopfer für Widder =	49	
dazu: je 1 Hin Öl auf jedes Epha =	98	
		= 301
Laubhütte:		
das Gleiche 7 Tage lang „an Sünd-, Brand- und Speiseopfern samt dem Öl“ (Ez 45,25)		= 301
	Summe:	602

Die Deutung ist nicht schwer: 602 ist 7 x 86. Das heißt also: Im Tempel des erneuerten Jerusalems erstrahlt für alle Völker die Heiligkeit (7) des dann von allen Völkern verehrten Elohim (86). Dann geht in Erfüllung, was Ezechiels Vision erschaut (Ez 29,27-28): „Dann will ich mich an ihnen vor den Augen vieler Völker als heilig erweisen. Dann werden sie erkennen, daß Ich, Jahweh, ihr Elohim bin!“

Eine Beobachtung bei Kohelet

Das im 3. Jh. entstandene Buch gehört nach neueren Erkenntnissen zu Recht in den Kanon des Alten Testaments. Nach der von D. Michel und N. Lohfink begründeten Auslegung, in der vor allem die Frömmigkeit des Verfassers und die aus seiner

Umwelt stammenden — in der Antike nicht als solche gekennzeichnete — Zitate als Sinnstruktur deutlich gemacht wurden, haben wir ein wohlüberlegtes Werk der Weisheitsliteratur vor uns. „39mal redet Kohelet in den 12 Kapiteln von Gott!“ So stellt D. Michel fest.[117]

Zur Struktur des Jonabuches

Nach den Kommentatoren liegt die Abfassungszeit zwischen 400 und 200 v. Chr. Im Jonabuch ist das Thema „Der Universalismus der göttlichen Barmherzigkeit“ behandelt. Das heißt also: Blick auf die Völker der Welt, Blick in die vier Windrichtungen. Das heißt dann: die Symbolik der 4.

1. Der Jonabericht umfaßt 688 Wörter.
Die konzentrierteste Form und Aussage des göttlichen Gesetzes in der Thorah (als Geschenk der Barmherzigkeit Jahwehs) ist der Dekalog. Er besteht — wie schon erwähnt — aus 172 Wörtern. Der Dekalog, ausgerufen in die Vier-Vielheit der Völker, ergibt als Symbolzahl: 172 x 4 = 688.

2. Es ist der Gott Israels, Jahweh, der als der wahre Gott unter den Heiden wirkt. Jahweh (26) wird im Jonabuch 26mal erwähnt; der Name Elohim (Gott), den auch die frommen Heiden kennen, wird 16mal erwähnt. Der 4 x 4, in die Vielheit der Völker erahnte und verehrte Gott, ist in Wahrheit Jahweh.

3. Die erste Bekehrung von Heiden geschieht bei den Matrosen. Sie ist solcher Art, daß die Geretteten Jahwehverehrer werden und ein Gelübde an Jahweh machen. Hier wird in einer auffälligen Häufung (1,14-16) der Nahme „Jahweh“ als Inhalt ihres Gebetes 5mal genannt. Das ist der Hinweis auf die „perfekte“ Bekehrung dieser Heiden; denn die fünfmalige Erwähnung deutet sich als die Übernahme der Thorah, des Fünfrollenbuches Jahwehs, dessen eigentlicher Inhalt ja auch „Jahweh“ ist.

4. Die berühmte Rede in Ninive, die die kürzeste und zugleich erfolgreichste Predigt aller Zeiten ist, besteht aus nur 5 Wörtern und 23 Buchstaben. Auch darin läßt sich unschwer ein Hinweis auf die letzte, hinter den Worten des Jona stehende Wirkmächtigkeit des „Einen“ (23 als Echad-Fülle-Wert) erkennen, dessen Wort in seiner ganzen Fülle in den 5 Rollen der Thorah zu finden ist.

5. Der Name „Jona“ hat — worauf Weinreb hinweist[118] — den Zahlenwert 10-6-50-5 = 71. Auch hier ein Hinweis auf den, der die Botschaft des Einen Volkes des Einen Gottes (1) zu den 70 in der Bibel genannten Völkern der Welt bringen soll.

6. Die direkte Rede Gottes besteht im Jonabuch aus 73 Wörtern. Es ist die barmherzige, geduldige „Weisheit Gottes“ = Chokmah (73), die hier spricht.

Zahlenangaben im Buche Ijob

Das Buch Ijob gehört bekanntlich zur Weisheitsliteratur und ist nachexilisch. Es ist eine Lehrerzählung. Schalom Ben-Chorin zitiert den Satz des Talmud: „Hiob hat nie existiert.“[119] Bei einer solchen Erzählung muß man mit fiktiven symbolischen Zahlen rechnen.

a) Der Name „Ijob“, dessen Herkunft dunkel bleibt, liest sich: 1-6-10-2 = 19. Das ist die bekannte Zahl für Chokmah (Quersumme). Ijob verkörpert den Mann der Weisheit. Er besaß (1,3):

		QS
Söhne:	7	7
Töchter:	3	3
Stück Kleinvieh:	7000	7
Kamele:	3000	3
Joch Rinder:	500	5
Esel:	500	5
Summe:		30

Im verdoppelten, neuen Glück nach seiner Bewährung (42,12 f.) erhält er:

		QS
Schafe:	14000	5
Kamele:	6000	6
Joch Rinder:	1000	1
Esel:	1000	1
Söhne:	7	7
Töchter:	3	3
Summe:		23

Dazu ist noch Ijobs Lebenszeit hinzuzurechnen (42,15). Lebensjahre: 140, QS 5. Dann erhält man in den Quersummen: (30 + 23 + 5 =) 58. Das ist die Kebod (32) Jahweh (26), die Herrlichkeit Jahwehs, die sich an dem gottweisen Ijob (19) erwies.

b) Der erschlossene Sinn:
Wenn die Töchter Ijobs „Erbbesitz unter ihren Brüdern“ (42,15) erhielten, dann sind sie den Brüdern gleichgestellt und mit 7 hinzuzuzählen. Auch weist die Verdopplung aller Besitztümer darauf hin, daß auch die 140 Jahre des Glücks eine Verdopplung

seiner vorhergehenden Lebenszeit ist. Zählen wir nun diese Zahlen, dann erhalten wir:

		QS			QS
I.	7	7	II.	14000	5
	3	3		6000	6
	7000	7		1000	1
	3000	3		1000	1
	500	5		7	7
	500	5		3	3
	Jahre: 70	7		+ 7	7
				Jahre: 140	5

Summe I + II: 33237. Das ist 3^3 x 1231. Die (Prim-)Zahl 1231 ist die Zahl von hebr. Kether Thorah, Krone der Thorah = Dekalog:

K TH R TH O R H = 20-400-200 n 400-6-200-5

Also besteht die vorbildliche Weisheit des frommen Ijob darin, daß er die „Krone der Thorah" erfüllte und ihre göttliche Allmacht (3^3) anerkannte und erfuhr. Die Quersummen geben entsprechend den Hinweis auf den, der dies fügte: 72 = Jahweh in Fülle.

Die große Gottesvision des Ezechiel (Ez 1,4-28)

In der Einleitung wird ein Datum genannt: im 30. Jahr, im 4. Monat, am 5. des Monats. Dazu bemerken die Kommentare, daß diese Zeitangabe „schwierig" sei.[120] Diese Zahlen ergeben zusammengerechnet 30 + 4 + 5 = 39.

Die eigentliche Vision besteht aus:

Wörter: 338 — 26 x 13.

Buchstaben: 1437 — Das ist der große Gottestitel der Selbstvorstellung: „Ich bin Jahweh", hebr. Ani Jahweh: 1-50-10 10-5-6-5:

Alle Zahlen von 1 bis	1	=	1
„	50	=	1275
„	10	=	55
„	10	=	55
„	5	=	15
„	6	=	21
„	5	=	15
Summe:			1437

Akrosticha: 13193 — Die bei Ezechiel häufige Wendung, daß die „Hand Gottes" über ihn kommt und ihn schauen läßt, leitet auch hier die Vision ein (Ez 1,3). „Hand Gottes" heißt hebr. Jad Adonai, 10-4 1-4-50-10 = 79. Was zeigt die Hand Gottes, was steht als Botschaft hinter dieser Vision, was soll der Prophet nun künden? Den Kern der Offenbarung: „Höre Israel Jahweh unser Gott, Jahweh einzig." Das Schma Israel = 167. 79 x 167 ergibt 13193. (Da 79 und 167 Primzahlen sind, ergibt sich nur diese Deutung.)

Die Liste der Heimkehrer aus Babylon (Esr 2,1-67 und Neh 7,6-68)

Es finden sich hier folgende Zahlen:

Bei Esra:	Gesamtzahl der Heimkehrer:	42360
	Tatsächliche Zahl:	29818
Bei Nehemia:	Gesamtzahl der Heimkehrer:	42360
	Tatsächliche Zahl:	31089

Außerdem werden Knechte, Mägde, Sänger und Sängerinnen genannt:

Bei Esra:	7537
Bei Nehemia:	7582

Dazu werden noch 8136 bzw. 7155 Haustiere genannt.

Die Diskrepanz zwischen den tatsächlichen Zahlen und der Endsumme ist nur erklärbar, wenn die tatsächlichen Zahlen, die ausführlich angegeben sind, einen Sinn haben. Da bei den großen Zahlen die Quersumme wichtig ist, läßt sich eine Zahlenliste sowohl von den Einzelgruppen als auch von den angegebenen Endsummen erstellen.

Zählt man die Quersummen aller Heimkehrer-Gruppen und die nicht zufällig angegebenen Haustier-Zahlen, dann zeigt sich für Esr 2,1-67: 554, wozu noch die Quersumme der fingierten Gesamtzahl (42360) kommt. 554 + 15 = 569.
Für Neh 7,6-68 ergibt sich die Zahl 547, dazu die Endsummenzahl als Quersumme: 547 + 15 = 562. Beide Werte ergeben zusammen (569 + 562 =) 1131.

Das Schlüsselwort für die religiöse Deutung der Heimkehrer wird in Neh 2,8 gegeben. Es geschah „unter der gütigen Hand Gottes." „Gütige Hand Gottes", hebr. Jad Elohe ha-tobah, hat den Zahlenwert 10-4 1-30-5-10 5-9-6-2-5 = 87. Da dieser Gott der „Einzige" Israels ist (13), lautet die Deutung: 87 x 13 = 1131, die gütige Hand des Einzigen hat dies bewirkt.

Die Überbietung der Sinaierscheinung durch die Erfahrung der Herrlichkeit Gottes in der Stille (1 Kön 19,11b-12)

Da zog der Herr vorüber: Ein starker, heftiger Sturm, der die Berge zerriß und die Felsen zerbrach, ging dem Herrn voraus. Doch der Herr war nicht im Sturm. Nach dem Sturm kam ein Erdbeben. Doch der Herr war nicht im Erdbeben. Nach dem Beben kam ein Feuer. Doch der Herr war nicht im Feuer. Nach dem Feuer kam ein sanftes, leises Säuseln.

H. Gese schreibt: „Die Elia- und Elischatraditionen zeichnen sich theologisch durch eine bestimmte Spiritualisierungstendenz aus. ... Gottes Offenbarung liegt nicht in den Epiphanieelementen der alten Sinaitradition, in Sturm, Erdbeben und Feuer, sondern im transakustischen Wort.“[121]

Dieser in seiner theologischen Bedeutung äußerst wichtige Text hat auch in seiner sprachlichen, zahlensymbolischen Form eine deutliche Aussage.

Wörter: 32	Die Kabod, die Herrlichkeit Jahwehs (32), zeigt sich hier.
Buchstaben: 117	Auch in der Stille wird der „Jahweh echad“ (39) in seiner Macht (3) erfahren: 39 x 3 = 117.
Akrosticha: 720	Es ist der Jahweh in Fülle (72), der Schöpfer (10), der sich hier mitteilt: 72 x 10.
Zahlenwert: 6594	Er wird im Säuseln erfahren und nur durch sein Wort als der Gott der Herrlichkeit, hebr. der El ha-Kabod in der Fülle (314) in Macht (3) und Heiligkeit (7): 314 x 3 x 7 = 6594. El-ha Kabod: 1-30 5-20-2-6-4:

$$
\begin{array}{r}
1 \\
1 + 30 \\
1 + 30 + 5 \\
1 + 30 + 5 + 20 \\
1 + 30 + 5 + 20 + 2 \\
1 + 30 + 5 + 20 + 2 + 6 \\
1 + 30 + 5 + 20 + 2 + 6 + 4 = 314
\end{array}
$$

Der Gesamtbau

Die 5 Bücher der Thorah, das innerste Heiligtum des jüdischen Glaubens, stehen als eigener Bau den anderen Schriften gegenüber. Der Wortbau dieses ersten Teils der Schrift besteht aus 5845 Versen.[122] Wenn man einen frommen Juden fragt, was denn der eigentliche Inhalt der 5 Bücher Mose, der heiligen fünf Bücher sei, dann wird eine typische Antwort sein: Der eigentliche Inhalt jedes der Bücher ist: „Jahweh unser Gott ist ein einziger Gott.“ Ist es daher verwunderlich, daß die heiligen (7 ist das Symbol der Heiligkeit) fünf Bücher des Mose (5) mit dem Kerninhalt des

„Jahweh unser Gott ist ein einziger Gott" (Zahlenwert des Schma = 167) aus 5845 Versen besteht? 7 x 5 x 167 ist 5845.

Eine weitere große Zahl wird von jüdischen Kommentatoren betont: Alle Verse des Buches Genesis ergeben zusammengezählt 1533.[123] Dies ist gleich 7 x 3 (= Zahl der Heiligkeit und der göttlichen Allmacht) x 73 (= Chokmah: 8-20-40-5), dem Wert des Weisheit. Die Genesis als Wortbau: eine Hagia Sophia!

Nachwort zum Alten Testament

Das ist der Versuch, Umrisse eines großen Kunstwerkes sichtbar zu machen. Diese Bilderwelt mag manchem fremd erscheinen. Doch es ist der Mühe wert, darüber nachzudenken, wie tiefgläubige Schriftsteller und Endredakteure eine Schrift ordnen und gestalten, die für sie das wirkliche, geschichtlich-nahegekommene Wort des unendlichen Gottes ist. Keine literarische Kunstform kann die ergriffene Ehrfurcht ausdrücken, und nur die sorgfältige Zählung der Wörter und Buchstaben garantiert unverlierbar die Weitergabe:

Sach 19,4: „An jenem Tag wird Jahweh sein 'Jahweh Einzig', [hebr. יהוה אחד] und sein Name 'Einzig' [hebr. אחד]."

Zahlensymbolik im Neuen Testament

Bei der genauen Kenntnis, die die Verfasser des Neuen Testamentes vom Alten Testament hatten, und ihrer Bekanntschaft mit schriftgelehrten Judenchristen oder als Judenchristen selbst, die eine jüdische Unterweisung erhalten hatten, ist es nicht erstaunlich, sondern geradezu zu erwarten, daß sich Zahlensymbolik im Neuen Testament findet. Es fallen dabei eine Reihe von Texten dafür aus, wie z. B. die größtenteils diktierten Briefe des Paulus (Röm 16,22; Gal 6,11). Auch wird man die Tradition bestimmter Texte wie liturgische Formeln, taufkatechetische Zusammenstellungen, festtradierte Gleichnisse usw. als kaum geeignet für eine zahlensymbolische Gestaltung ansehen müssen. Dazu muß noch die Abfassung in griechischer Sprache bedacht werden. Bekanntlich hatten auch die Griechen keine Ziffern für Zahlenwerte. Auch sie haben — wie im Hebräischen — ihre Zahlen mit Buchstaben ausgedrückt.

Ein berühmtes Beispiel griechischer Zahlensymbolik ist die griechische Beschreibung des Gottes Mithras. Dieser ursprünglich aus dem Orient stammende Gott wurde im Griechischen „Mithras“, aber gern auch „Meithras“ geschrieben. Bei letzterer Schreibart war der Buchstabenwert 40-5-10-9-100-1-200. Das ergibt als Namenswert für den persischen Sonnengott: 365. Das sind die Tage des Sonnenjahres.

Das griechische Alphabet ist nicht dasselbe wie das hebräische. Dazu kommt noch der Umstand, daß die bei weitem längeren Wörter bei der Übernahme des vollen Buchstabenwertes zu riesigen Summen führen. Deswegen ist oft die Lesart der Quersumme zu beobachten, die sich bei fehlender Null anbietet. Es kommen also besonders in Betracht bei neutestamentlichen Schriftstellern jüdischer Tradition: die Zählung der Wörter, die Anzahl der Buchstaben und die aus griechischer Schriftkultur stammende Beachtung der Quersummenzahl, dazu noch die Wort-Anfangsbuchstaben, wie oft im Alten Testament angewandt.

Da die Kenntnis zahlensymbolischer Konstruktionen im Neuen Testament stark zurückgetreten war, konnte die damit verbundene Textsicherung ihre Funktion nicht mehr erfüllen. Für das Betrachten neutestamentlicher Texte zeigt sich daher das Problem der verschiedenen Lesarten. Es kann nicht Thema dieser Arbeit sein, bei den einzelnen Perikopen in die Textkritik einzutreten. Wohl aber zeigt sich, daß ein Text entweder in allen Hinsichten der Werte ein sinnvolles Zahlenbild ergibt oder gar nicht. Weiter ergibt die hier gewonnene Erfahrung, daß der Texttypus der „Koinē“ zur Entdeckung des innewohnenden Bildes führt. Auch ist die traditionelle kirchliche Lesart, wie sie eher bei der Textausgabe von Vogels geboten wird, meist die überzeugendere.[124] Es empfiehlt sich, zu jeder Perikope die entsprechenden, von K. Aland abweichenden Textvarianten zu nennen, um dem Leser einen zeitraubenden Vergleich zu ersparen.[125] Andererseits ist natürlich mit einer überzeugenden Darstellung einer zahlensymbolischen Gestaltung des Textes auch ein möglicher Beitrag zur Textkritik und letztlich zur Textsicherung erbracht. Es können — wie im Alten Testament — nur die bedeutsamsten Perikopen betrachtet werden.

Das Markusevangelium

1. Zunächst fällt bei der Gesamtgliederung folgendes auf:
„Die Einteilung der Sequenzen des Markusevangeliums hat eine Zahl von insgesamt 73 ergeben, es finden sich also 73 Sinnabschnitte.“[126] Die 73 ist eine alttestamentliche Schlüsselzahl und Schöpfungszahl, sie ist die Zahl der göttlichen Weisheit, hebr. Chokmah, und umspannt das ganze Evangelium. In Jesus ist die göttliche Weisheit (Mk 6,2) auf diese Welt gekommen. Nach Morgenthaler hat Mk 885 Sätze.[127] Das ist 5 x 177. 177 ist der Füllewert von Weisheit Gottes, hebr. Chokmah: 8-20-40-5.

$$
\begin{array}{ll}
8 & \\
8 + 20 & \\
8 + 20 + 40 & \\
8 + 20 + 40 + 5 & = 177
\end{array}
$$

Das erweist das Evangelium als die Neue Thorah, das neue Fünf-Rollenbuch (5) der Fülle der göttlichen Weisheit (177). 5 x 177 = 885. Das hebr. Wort didachē, „Weisung“, „Thorah“, ist bei Mk für die Lehre Jesu reserviert und kommt genau fünfmal vor.

2. Die eigentliche Passionsgeschichte und die Auferstehungsperikope des Markusevangeliums hat 13 Erzähleinheiten (Mk 14,43-16,8). Das ist kein Zufall. Markus mußte die Zahlen 26 und 13 als „Jahweh echad“ (26 + 13) kennen, wenn er, wie die meisten Kommentatoren heute annehmen, ein Judenchrist war. Dann bedeutet das: Für Markus geht der ans Kreuz, in den Tod und in die Auferstehung, der der menschgewordene „Jahweh Einzig“ ist.[128]

3. In der Passionsgeschichte erscheint 10mal hebr. paradidonai. Das heißt: „(in den Tod) überliefern“. Damit wird die Erlösung durch das Kreuz den Schöpfungstaten des Alten Testamentes gleichgesetzt.

4. Wir begegnen dem berühmten „Schweigegebot“ bei Mk achtmal. Besonders deutlich ist es formuliert in Mk 9,9: „Während sie den Berg hinabstiegen, verbot er ihnen, irgend jemand zu erzählen, was sie gesehen hatten, bis der Menschensohn von den Toten auferstanden sei.“ Die Zahl 8 weist auf den 1. Tag der Woche, den 8. Tag, den Auferstehungstag hin. Das erinnert daran, daß die literarische Form des Schweigegebotes den Leser jeweils auffordert, die vorliegende Erzählung erst im Bedenken von Tod und Auferstehung Jesu zu verstehen.

Der Beginn des Markusevangeliums

Der erste Satz — gleichzeitig ein Programm — heißt: „Anfang des Evangeliums Jesu Christi, des Sohnes Gottes." Dieser Anfangssatz ist im Textbestand sehr umstritten. Manche halten „Sohn Gottes" für eine Hinzufügung. R. Pesch vermutet diese schon beim Endredaktor. Die vorliegende Auslegung könnte somit auch einen Beitrag zur Textkritik leisten.[129] Beim traditionellen Text ergeben sich 7 Wörter, 40 Buchstaben und 1625 als Akrosticha-Werte.

Die Deutung: Die Botschaft kündet vom „Heiligen" (7), der neuschaffend (10) und erlösend kam für die Vier-Vielheit der Menschenwelt (4): 10 x 4 = 40. Dieses Evangelium ist das neue, vollkommene Fünftbuch (5^3), welches kündet vom Neuen Bund des „Einzigen" (13): 5^3 x 13 = 1625. (Die Zahlenwerte des gekürzten Titels ergäben 5 Wörter zu 29 Buchstaben, als Akrosticha-Werte 916. Das ergibt keinen Sinn.)

Der Anfang der Predigt Jesu (Mk 1,15)

Jesus verkündet, „daß erfüllt ist die Zeit und nahegekommen das Königtum Gottes. Kehrt um und glaubt an das Evangelium".

1. Diese kurze Botschaft besteht aus 16 Wörtern und 81 Buchstaben und hat an Wort-Akrosticha als „Einer" 83.

Die Deutung: 16 ist als 4^2 die Zahl der Ausbreitung, der Predigt in die Vier-Vielheit der Welt. 81 ist die Zahl der Allmacht (3^4). Die Zahl 83 ergibt sich aus der Unterteilung der Botschaft in ihre Sinnteile:

7	die Einleitung (das „daß" entspricht einem einleitenden Doppelpunkt);
49	„Die Zeit ist erfüllt, das Reich Gottes ist nahe." = Erfüllung und Nähe des Königwaltens des „Heiligen" (7^2):
27	„Kehrt um, und glaubt an das Evangelium!" = Umkehr und Glaube als Geschenk und Macht Gottes (3^3).
83	

2. Der Sinn und die Absicht aller Verkündigung der Nähe und der Umkehrforderung gipfelt in dem Aufruf: „Glaubt an das Evangelium!" Das sind:

4	Wörter: Ausbreitung der Predigt;
22	Buchstaben: Glauben an das Wort, in menschlicher Sprache: (22);
21	Wort-Akrosticha in „Einern“[130]: Glaube an die Macht (3) des „Heiligen“ (7). 3 x 7 = 21.
390	Akrosticha-Vollwert[131], der in dieser kurzen Botschaft gut möglich ist: Letztlich der Glaube an die erlösende „Neue Schöpfung“ (2 Kor 5,17), die in der Schöpfungszahl 10 aufleuchtet, gewirkt im Glauben an den „Jahweh echad“, der hier kündet (39).

Die Sieben Worte Jesu in der Ursprache (Mk 5,41; 7,35; 15,34)[132]

Die (heiligen) 7 Wörter haben als Akrostichon-Wert 25, wenn sie als „Einer“ (= Quersumme) gelesen werden. Das ist 5^2, die vollkommenste Thorah. Liest man den vollen Zahlenwert der Akrosticha, dann zeigt sich die Zahl 565. Das ist die göttliche Fülle des menschgewordenen „Einzigen“, des „Echad“ (1-8-4):

1	: Alle Zahlen von 1 bis	1	=	1
1 x 8	: Alle Zahlen von 1 bis	8	=	36
1 x 8 x 4	: Alle Zahlen von 1 bis	32	=	528
	Summe:			565

Die Gesamtsumme der 7 Worte, in ihren Quersummen gesehen, ergibt:

137 Auch das ist ein Hinweis auf die Fülle des „Einzigen“ (1-8-4):

1	: Alle Zahlen von 1 bis	1	=	1
1 + 8	: Alle Zahlen von 1 bis	9	=	45
1 + 8 + 4	: Alle Zahlen von 1 bis	13	=	91
	Summe:			137

Die Zahlen der Brotvermehrungen

Es fällt auf, daß Markus in seinem kurzen Evangelium von 2 Brotvermehrungen berichtet. Dazu nennt er konkrete Zahlen:

1. Brotvermehrung mit 5 Broten und 2 Fischen bei 5000 Menschen und 12 Körben voller Reste. (Mk 6,35 f.)
2. Brotvermehrung mit 7 Broten bei 4000 Menschen und 7 Körben (8,1 f.).

Es ist gut begründet, in den auf die Eucharistie hin durchsichtigen Erzählungen den Bezug zur Kirche in der Zeit des Markus zu sehen. Diese war damals Kirche derer aus dem Judentum und derer aus dem Heidentum der Völker. Beide Herkünfte aber waren zusammengeführt und geeint in der Gnadenfülle des „Einen Brotes", auf das in der Diskussion Jesu über die Brotvermehrung hingedeutet wird (Mk 8,14). Dazu paßt, daß die erste Vermehrung auf jüdischem Boden, die zweite in heidnischem Gebiet stattfindet. Die Zahlen verweisen obendrein auf folgendes:

5	=	Weisung aus der Thorah, dem Fünfrollenbuch;
5000	=	Zahlen, die auf die Wüstenwanderung Israels verweisen (50 und 100 als Gruppenstärke in Dtn 1,15);
12	=	12 Stämme, 12 Apostel.

Entsprechend:

7	=	die noch in jüdischer Tradition genannten und für alle Menschen geltenden 7 noachitischen Gebote[133];
4000	=	die Tausende aus der Vier-Vielheit der Heidenvölker;
7	=	die für die griechisch sprechenden Christen eingesetzten 7 Diakone der Urgemeinde; die 7 Apostel beim Missionswirken, dargestellt beim reichen Fischfang in Joh 21.

Aber letztlich befriedigt das nicht ganz. Nicht geklärt sind die 2 Fische und die ausführliche Wiederholung der Zahlen bei der Diskussion im Boot (Mk 8,18-21), die den Leser mit einer Frage entläßt. Diese dreimaligen, ausführlichen Zahlenbilder haben für Markus in seinem „kurzen" Evangelium einen wichtigen Stellenwert.

Wenn man alle Zahlen zusammenrechnet, dann ergibt sich:

(6,35 f.):	5 Brote x 5000 x 12 =	300000
	(Fische ohne Restzahl) 2 x 5000 =	10000
(8,1 f.):	7 Brote x 4000 x 7 =	196000
	(keine Fische-Zahl)	-
(8,18 f.):	5 Brote x 5000 x 12 =	300000
	(keine Fische-Zahl)	-
	7 Brote x 4000 x 7 =	196000
	Summe:	1002000

Diese Zahl ist — wegen der in ihr enthaltenen Primzahl — sinnvoll nur teilbar durch 167. 167 x 12 x 500. Das ist die Zahl des jüdischen Glaubensbekenntnisses, der Inhalt des „Schma" in Dtn 6: „Jahweh unser Gott: Jahweh Einzig."

Das *eine* Brot ist der menschgewordene Gott, der im Schma Israel bekannt wird (167) und der durch seine Apostel sein heiliges neues Israel (12) beschenkt. Die Zahl 500 ist die Zahl hinter der letzten Zahl des hebräischen Alphabets, die 400 ist. Sie ist eine Zahl der jenseitig-göttlichen Welt. So ist sie das Symbol des Neuen Israel. Der Auferstandene erschien „fünfhundert Brüdern zugleich“ (1 Kor 15,6).[134]

Die „dreißig-, sechzig-, hundertfache“ Frucht (Mk 4,8; 4,20)

Die fruchtbare Ausbreitung des Wortes vom Gottesreich wird zweimal im Bilde der überreichen Frucht beschrieben: 30 x 60 x 100 x 2. Das ist 360000. Auch diese Zahl läßt sich sinnvoll auflösen: Die Zahl der Ausbreitung der Botschaft des von Jesus verkündeten und in Jesus erschienenen Jahweh ist analog des schon genannten jüdischen Gebets- und Segensbildes 15 (Jah) x 4. Durch die Predigt wird das „Wort“ vom Königshandeln Jahwehs das durch die Apostel aufgebaute, vom Himmel stammende Neue Israel reiche Frucht tragen lassen: 15 x 4 x 12 x 500 = 360000.

Die Verklärung auf dem Berg (Mk 9,2-13)[135]

Das Besondere ist zunächst die Zeitangabe: „Und nach 6 Tagen ... führte er sie abseits auf einen hohen Berg.“ Im Buche Exodus wird folgendes berichtet (Ex 24,16): „Die Herrlichkeit Jahwehs ließ sich auf dem Berge Sinai nieder, und die Wolke hüllte ihn sechs Tage lang ein. Am siebten Tage aber rief er aus der Wolke Mose herzu.“ Die Erinnerung an das Erscheinen Jahwehs auf dem Berge Sinai steht im Hintergrund dieser Erzählung. Es dürfte auch daran erinnert werden, daß der Berg „Sinai“ im späteren theologischen Sprachgebrauch auch „Horeb“ genannt wird. Im Deuteronomium sagt Mose rückschauend: „Jahweh, unser Gott, hat mit uns am Horeb einen Bund geschlossen.“ (Dtn 5,2) — Auch Elija erhält seine größte Offenbarung über das Wesen Jahwehs auf dem Berge Horeb (1 Kön 19,1-18). Die Verklärung überbietet die Gottesoffenbarung an Mose und Elija auf dem Berg Horeb.

Die Werte sind:

a) Alle Wörter: 210
Das ist der Wert für „Horeb“ (8-200-2 = 210). Wenn man die Einleitung zu 24 Wörtern abzieht, dann erhält man für die den 3 Aposteln zuteil werdende Offenbarung 186. Das ist die Zahl des allmächtigen Offenbarers Jahweh (10-5-6-5 = $10^2 + 5^2 + 6^2 + 5^2$). Die eigentliche Verklärung Jesu, seine Durchstrahlung mit der

göttlichen „Kabod-Herrlichkeit“ in 9,3 und 9,4 besteht aus 32 Wörtern. 32 = Kabod (20-2-6-4 = 32).

Die zweite Offenbarung, die Wortoffenbarung, besteht aus 20 Wörtern. Dann ist die zweifache Offenbarung (für die Augen und die Ohren) in der Zahl der Wörter: 52 = 2 x 26 (2 x Jahwehs Handeln).

b) Anzahl der Buchstaben: 830
Das ist 5 x 166. Und 166 ist der bekannte Gottestitel „Höchster“, hebr. Eljon (70-30-10-6-50 = 166), den Markus in 5,7 nennt, wenn er Jesus als „Sohn des Höchsten“ bekennen läßt. Damit kommt hier zum Ausdruck: Auf diesem neuen Horeb/Sinai ruft der „Höchste“ als seine Neue Thorah, sein neues Fünfrollenbuch (5) aus: „Dieser ist mein geliebter Sohn, ihn sollt ihr hören!“ Hier liegt auch eine „Einrahmung“ vor. Die eigentliche Verklärung von 9,3-8 hat 280 Buchstaben. Die Buchstabenanzahl 280 ist die im ersten Satz der Bibel (Gen 1,1) vorkommende Zahl der sich verströmenden (4) Schöpfer-Heiligkeit (7) und die (im 1. Kapitel der Gen) Zehnsätze (19) der Erschaffung. 7 x 4 x 10 = 280. Die Neue Schöpfung entsteht durch das Hören auf den „geliebten Sohn“. Die Buchstabenanzahl 550 ist der um diese Zentralbotschaft herumgelegte „Rahmen“. 830 — 280 = 550. Das ist 5^2 x 22, das göttliche Gebot im Wort (22) Gottes als Fülle der Neuen Thorah (5^2).

c) Die Akrosticha (Zahlenwerte der Anfangsbuchstaben ohne Null), die bei der Länge des Textes als „Einser“ bei Mk beliebt sind:

I. Die Akrosticha der doppelten Offenbarung:
Für die Augen: „Und er wurde vor ihren Augen verwandelt; seine Kleider wurden strahlend weiß, so weiß, wie sie auf Erden kein Bleicher machen kann. Da erschien vor ihren Augen Elija und mit ihm Mose, und sie redeten mit Jesus.“ (9,3 + 4) = 115; für die Ohren: „Da kam eine Wolke und warf ihren Schatten auf sie, und aus der Wolke rief eine Stimme: Das ist mein geliebter Sohn; auf ihn sollt ihr hören“ (9,7) = 80. 115 und 80 sind 195. Das ist die Neue Thorah des „Jahweh echad“: 5 x 39 = 195.

II. Die Akrosticha auf dem Berg, dem Neuen Horeb/Sinai (9,2-8): 474.
Das ist die dort geoffenbarte göttliche Weisheit (Chokmoth: 8-20-40-6-400).

III. Die Gesamtzahl der Akrosticha, also bis zur Erwägung der Jünger (9,2-10):
Auf die Frage der Jünger, „was das mit der Auferstehung von den Toten zu bedeuten habe“, antwortet die Zahl 602. Sie ist 86 x 7: Elohim (86) selbst wird dies in herrlicher Heiligkeit an Jesus erweisen.

Das Gebot der Gottes- und Nächstenliebe (Mk 12,29-31):

Die direkte Rede Jesu besteht aus 55 Wörtern. Das sind alle Zahlen von 1 bis 10, also die Vollendung der 10, die hier wohl als Hinweis auf die Vollendung des Dekalogs durch das Doppelgebot Jesu zu verstehen sind. Die Antwort Jesu besteht ferner aus 247 Buchstaben. Das ist 19 x 13. Die Zahl 19 ist eine bekannte Weisheitszahl (Quersumme von „Chokmah"). Dann deutet sich hier an: Dieses Doppelgebot ist die Weisheit des „Einzigen". Die Zahlensymbolik war — wie erwähnt — in der griechischen Sprache am besten mit den Akrosticha als „Einer" oder Quersummen möglich, da die Zahlenwerte sonst ins Riesige anwuchsen. Es zeigt sich folgendes:

	Deutscher Text und die griechischen Akrosticha:	
	(Antwortete Jesus:) „daß das das erste ist:	20
	Höre Israel, Kyrios, unser Gott, Kyrios einer ist.	40
167	Und du sollst lieben den Herrn, deinen Gott, aus deinem ganzen Herzen und aus deiner ganzen Seele und aus deinem ganzen Denken und aus deiner ganzen Kraft.	107
	Ein zweites, dies:	(5)
	Lieben sollst du deinen Nächsten wie dich selbst.	24
	Größer als diese ist kein anderes Gebot."	25
		156

167 ist der hebräische Wert des hier zitierten „Schma" in Dtn 6,4,

156 steht für die eigentlichen Gebote: 156 = 12 x 13. Das ist die vollkommene Weisung des „Einzigen".

Die „Rahmung" der Gebote ist: 20 + 40 + 5 = 65. 65 = 5 x 13. Das ist hier die neue Thorah, das „Fünfrollenbuch" (5) des „Einzigen" (13).

Das Abendmahl (Mk 14,22-25)[136]

Vorbemerkung: Rund 15 Jahre vor der Abfassung des Markusevangeliums ist bereits in Korinth ein Text des Abendmahlberichtes bekannt, den Paulus als Tradition voraussetzt (1 Kor 11,23). Das muß natürlich auch für die Lesergemeinde des Markus gelten. Die Möglichkeiten einer eigenständigen Wortwahl und Textgestaltung waren daher sehr begrenzt und am ehesten noch in der Prophezeiung nach den Deuteworten und der erzählenden Rahmung möglich.

Gliederung der Werte:

a) Die Einleitungen:

„Während des Mahles nahm Jesus Brot, segnete es, brach es und reichte es ihnen mit den Worten:"
„Dann nahm er den Kelch, dankte und reichte ihnen dieses, und sie tranken alle daraus. Dabei sprach er zu ihnen:"

Wörter: 28 =	7 x 4. Das ist die Austeilung und Ausbreitung (4) des „Heiligen".
Buchstaben: 148 =	Das ist für jeden Juden auf den ersten Blick der sichtbare Wert für Pessach (P SS CH: 80-60-8): Jesu Passah.
Akrosticha-Einer: = 98	2 x (Brot und Wein) 7^2 (Heiligste Gabe).

b) Die Deuteworte Jesu:

„Dieses ist mein Leib."
„Dieses ist mein Blut des Bundes, das für viele vergossen wird."

Wörter: 16 =	4 x 4. Ausbreitung, Ausgießung, Zerreißung im Tod (Teilung der Kleider Jesu in 4 Teile lt. Joh 19,23).
Buchstaben: 73 =	Einsetzung des Abendmahles als Werk der göttlichen Weisheit (Chokmah).
Akrosticha-Einer: 60 =	Das Abendmahl als Segen (60 = 15 x 4). Paulus spricht vom „Kelch des Segens" (1 Kor 10,16).
Akrosticha-Wert: 2580 =	86 x 3 x 10: Gott (Elohim = 86) wirkt hier machtvoll (3) neuschaffend (10).

c) Die Prophezeiung (Mk 14,25):

„Wahrlich ich sage euch: Ich werde von dem Gewächs des Weinstocks nicht mehr trinken bis zu dem Tag, da ich es ganz neu trinke im Reiche Gottes."

Wörter: 26	!
Buchstabenanzahl: 108 =	Machtvolles (3 x 3), vollkommenes (12) Tun Gottes. 3^2 x 12 = 108.
Akrosticha-Einer: 117 =	3 x 39.

Akrosticha-Wert: 2475 = Diese Worte sind Jahwehs (Jah: 15) allmächtige (3) Neue Schöpfung in Fülle (alle Zahlen von 1 bis 10 = 55): 15 x 3 x 55 = 2475.

d) Alle Werte:

Alle Werte zusammen ergeben mit den Wörtern „Nehmet, esset" (= Koinē) 72. Das ist die Fülle Jahwehs, 10-5-6-5:

10	
10 + 5	
10 + 5 + 6	
10 + 5 + 6 + 5	= 72

Die Sterbeszene (Mk 15,33-39)[137]

I: Die Wörter-Anzahl:
a) „Um die 6. Stunde brach über das ganze Land eine Finsternis hinein, bis zur 9. Stunde." (= 13 Wörter)
b) „Um die 9. Stunde rief Jesus mit lauter Stimme: Eloi, Eloi, lama sabachthani." (= 13 Wörter)
c) „Das heißt: Mein Gott, mein Gott, warum hast du mich verlassen?" (= 13 Wörter)

Insgesamt also 39 Wörter. Nach der Zwischenbemerkung über Elija und der Tränkung aus 27 Wörtern fährt der Text fort:

> Jesus aber stieß einen großen Schrei aus und hauchte (sein Leben) aus. Und der Vorhang des Tempels ward gespalten in zwei, von oben bis unten. Als aber der Hauptmann, der ihm gegenüber dabeistand, sah, daß er so schreiend aushauchte, sprach er: Wahrhaftig, dieser Mensch war Sohn Gottes. (= 39 Wörter)

Die gesamte WörterAnzahl der Sterbeszene beträgt 39 + 27 + 39 = 105. Das ist 15 (Jah) x 7 (heiliges Handeln Gottes). Der Mittelteil mit den 27 Wörtern weist auf die Allmacht (3 x 3 x 3) Gottes hin, die sich ins Kreuz erniedrigt.

II: Die Buchstaben-Anzahl:
a) Dieser in 39 + 27 + 39 Wörter gegliederte Bericht hat als Buchstabenzahl 39 Wörter zu 173 Buchstaben im 1. Teil. 173 ist der zur Fülle angewachsene Jahweh-echad-Titel:

10	
10 + 5	
10 + 5 + 6	
10 + 5 + 6 + 5	
10 + 5 + 6 + 5 + 1	
10 + 5 + 6 + 5 + 1 + 8	
10 + 5 + 6 + 5 + 1 + 8 + 4	= 173

b) 27 Wörter zu 152 Buchstaben im 2. Teil.
c) Die Sterbeszene des 3. Teils hat 39 Wörter zu 182 Buchstaben. Das deutet hin auf diese heiligste Tat des menschgewordenen Gottes, der Jahweh heißt: 182 ist 26 x 7.

Die Gesamtzahl beträgt: 507. Sie ist auch wieder ein Hinweis auf den allmächtigen (3) „Einzigen" (13) am Kreuz: 3 x 13^2 = 507.

III: Die Wortanfänge, die Akrosticha:
In diesem Kreuzestodbericht sind auch die Wortanfänge in ihrem (griechischen) Zahlenwert zu betrachten. Die Werte entsprechend den drei Teilen sind a) 4914, = 26 x 7 x 3^3. Jahweh wirkt machtvoll in Heiligkeit — am Kreuz. Die anderen Werte sind b) 2335; c) 1991. Alle drei zusammen: 9240. Darin zeigt sich: 60 (15 x 4) x 7 x 22. Jahweh segnet mit seinem heiligen Wort vom Kreuz die Welt.

IV. Die Akrosticha als „Einer":
Die Anfangsbuchstaben des Sterbeberichts (15,37-39) ergeben so gelesen die Zahl 156. Das ist 12 x 13: die vollkommene (12) Liebe des „Einzigen" (13).

Die Auferstehungsbotschaft (Mk 16,1-8)[138]

Sie besteht aus 3 Teilen:

1. Kauf, Gang und Eintritt in das Grab

> 16 Als der Sabbat vorüber war, kauften Maria aus Magdala, Maria, die Mutter des Jakobus, und Salome wohlriechende Öle, um damit zum Grab zu gehen und Jesus zu salben. 2 Am ersten Tag der Woche kamen sie in aller Frühe zum Grab, als eben die Sonne aufging. 3 Sie sagten zueinander: Wer könnte uns den Stein vom Eingang des Grabes wegwälzen? 4 Doch als sie hinblickten, sahen sie, daß der Stein schon weggewälzt war; er war sehr groß. 5 Sie gingen in das Grab hinein und sahen auf der rechten Seite einen jungen Mann sitzen, der mit einem weißen Gewand bekleidet war; da erschraken sie sehr. 6 Er aber sagte zu ihnen:

2. Verkündigung durch den weißgekleideten Jüngling (Höhepunkt!)

Erschreckt nicht! Ihr sucht Jesus von Nazaret, den Gekreuzigten. Er ist auferstanden, er ist nicht hier. Seht da ist die Stelle, wo man ihn hingelegt hatte. 7 Nun aber geht und sagt seinen Jüngern, vor allem Petrus: Er geht euch voraus nach Galiläa; dort werdet ihr ihn sehen, wie er es euch gesagt hat.

3. Flucht und Schrecken der Frauen

8 Da verließen sie das Grab und flohen; denn Schrecken und Entsetzen hatte sie gepackt. Und sie sagten niemand etwas davon; denn sie fürchteten sich sehr.

a) Die Anzahl der Wörter

1. Teil:	78	
2. Teil:	39	39 = Botschaft des „Jahweh Einzig“
3. Teil:	18	
	96	

„Einrahmung“ der zentralen Mitte: 96 = 3 x 32. Das ist die Allmacht der Herrlichkeit Gottes (Kabod: 20-2-6-4 = 32).

Die Anzahl der Buchstaben:

1. Teil:	416	
2. Teil:	196	196 = 7^2 x 4 = Ausbreitende Predigt vom machtvoll Heiligen (7^2)
3. Teil:	94	
	510	= 5 x 102

„Einrahmung“: Zusammenfassung der Wort-Gottes-Botschaft als neue Thorah (5) von der in der Auferweckung Jesu gezeigt Fülle der göttlichen Kabod-Herrlichkeit: (Kabod = 20-2-6-4)

20	
20+2	
20+2+6	
20+2+6+4	= 102

b) Die eigentliche Auferstehungsbotschaft (ohne den dritten Teil, die Furchtreaktion): das liturgische Osterevangelium

Wörter: 117 = Die hier offenbarte Allmacht (3) des „Jahweh Einzig" (39): 3 x 39 = 117.

Buchstaben: 612 = Die aller Welt (4) zu predigende (Mt 28,19) Fülle des „Jahweh Einzig".
Jahweh: 10-5-6-5, Einzig: 1-8-4
Alle Zahlen von

1 bis	10 =	55	
1 bis	5 =	15	
1 bis	6 =	21	
1 bis	5 =	15	(= 106)
1 bis	1 =	1	
1 bis	8 =	36	
1 bis	4 =	10	(= 47)
Summe:			153

4 x 153 = 612

Akrosticha-Einer: 455 = Das ist die Botschaft als Neue Thorah (5) von der Gnaden*fülle* des „Einzigen": 455 ist 5 x 91: 5 x die Fülle des „Echad", denn alle Zahlen von 1 bis 13 = 91.

Akrosticha-Wert: 9735 = (Voller Zahlenwert) 55 x 177. 55 ist der Hinweis auf die Fülle der in Christus geschehenen Neuen Schöpfung. 10 ist die Schöpfungs- und Gründungszahl. Alle Zahlen von 1 bis 10 = 55. 177 ist ein Hinweis auf die sich darin offenbarende Weisheit Gottes, die in Gen 1,1 die erste Schöpfung begann. 177 ist die Füllezahl von Chokmah, der göttlichen Weisheit, die im letzten Kapitel des Evangeliums, das aus 73 Erzähleinheiten besteht, nicht fehlen durfte.
Chokmah = 8-20-40-5 = 73

8	
8+20	
8+20+40	
8+20+40+5	= 177

c) Die Verkündigung durch den Boten (Mk 16b-7)

Dieser Höhepunkt des Markusevangeliums besteht aus:

39	Wörtern und
196	Buchstaben.

Damit ist bedeutet, daß der Auferstandene, der vordem Gekreuzigte, der wahre Gott, der menschgewordene „Jahweh Einzig“ (39) ist. Auch zeigt sich, daß diese Botschaft vom Allerheiligsten auf Erden (7) in die Vielheit der Welt (4) gebracht werden soll. 7^2 x 4 = 196.

d) Der Abschluß des Markusevangeliums

Ein anderes Bild hat Markus noch als abschließende Offenbarung geformt. Es ist das Ende des Evangeliums ab 16,5, wo der von Gott gewirkte Eintritt in das Grab und die Schau der Offenbarung beginnt.

> 5 Sie gingen in das Grab hinein und sahen auf der rechten Seite einen jungen Mann sitzen, der mit einem weißen Gewand bekleidet war; da erschraken sie sehr. 6 Er aber sagte zu ihnen: Erschreckt nicht! Ihr sucht Jesus von Nazaret, den Gekreuzigten. Er ist auferstanden; er ist nicht hier. Seht, da ist die Stelle, wo man ihn hingelegt hatte. 7 Nun aber geht und sagt seinen Jüngern, vor allem Petrus: Er geht euch voraus nach Galiläa; dort werdet ihr ihn sehen, wie er es euch gesagt hat. 8 Da verließen sie das Grab und flohen; denn Schrecken und Entsetzen hatte sie gepackt. Und sie sagten niemand etwas davon; denn sie fürchteten sich.

Die Schlußverse 16,5-8 zeigen als Summe der Akrosticha-Werte 6513. Schon das Zahlenbild, die Ziffernfolge, ist dem ehemaligen Judenchristen der Ausdruck für „Jahweh echad“. Denn damals schon sprach der Fromme das Wort für „Jahweh“ aus Ehrfurcht nicht mehr aus. Er ersetzte es durch hebr. Adonai, „Herr“. So heißt das jüdische Glaubensbekenntnis jetzt „Adonai echad“. Adonai hat den Zahlenwert 1-4-50-10 = 65. Aber 6513 ist vor allem die Zusammenstellung der heiligsten Zahlenwerte der Bibel: 167 für die Worte des „Schma“ und 39 für „Jahweh echad“, denn 167 x 39 ist 6513. Das ist ein würdiger Abschluß des Evangeliums nach Markus.

Das Matthäusevangelium

Der Beginn des Matthäusevangeliums

Das 1. und 2. Kapitel hat jeweils 26 Sätze.[139] Das besondere Walten Jahwehs ist über der Geschichte des Stammbaums und der Kindheit Jesu ins Bild gebracht. Der Stammbaum des Sohnes David, des Sohnes Abrahams, ist bekanntlich in 3 x 14 Generationen ausdrücklich von Matthäus genannt (1,17). Die Zahl 14 ist der Zahlenwert für David (D W D = 4-6-4).[140] Jesus ist der dreimalige David, der vollmächtige messianische Davids-König. Der Stammbaum hat nach der Überschrift 267 Wörter.[141] Das ist die Fülle des „Jahweh Echad“:

10^2-5^2-6^2-5^2		1^2-8^2-4^2	
186	+	81	= 267

Die Seligpreisungen der Bergpredigt (Mt 5,3-10)[142]

Die feierliche Einleitung zeigt, daß für Mt hier eine wichtige Verkündigung einsetzt. Man kann von einem Neuen Sinai sprechen. Es werden zwar nicht zwei Tafeln genannt, doch herrscht auch hier eine Zweiteilung vor, denn die einzelnen Rufe sind zweigliedrig gebaut: Seligpreisung und Erfüllung. Folgende Werte werden sichtbar:

	Wörter:		Buchstaben:		Quersumme der Zweigliederung:
		5		26	
1	12		58		25
		7		32	
		3		20	
2	6		43		13
		3		23	
		3		16	
3	8		45		26
		5		29	
		7		44	
4	10		66		22
		3		22	
		3		19	
5	6		39		18
		3		20	
		5		25	
6	10		47		21
		5		22	
		3		21	
7	8		48		20
		5		27	
		5		38	
8	12		70		28
		7		32	
	72		416		173

72 ist der bekannte große Jahweh-Name:

10
10 + 5
10 + 5 + 6
10 + 5 + 6 + 5 = 72

416 ist 4^2 x 26 = weltweite Verkündigung dieses göttlichen Neuen-Sinai-Gebotes. „Macht alle Völker zu Jüngern", heißt es am Ende des Evangeliums (28,19).

173 ist der Füllewert vom „Jahweh-echad"-Titel:

10
10 + 5
10 + 5 + 6
10 + 5 + 6 + 5
10 + 5 + 6 + 5 + 1
10 + 5 + 6 + 5 + 1 + 8
10 + 5 + 6 + 5 + 1 + 8 + 4 = 173

	Akrosticha:	Quersumme:
	570	
1	456	27
	190	
2	151	17
	190	
3	394	26
	518	
4	671	28
	115	
5	76	20
	450	
6	450	18
	115	
7	500	12
	123	
8	456	21
Summe:		169

169 = 13^2. Das ist: Der Wille des Einzig-Einen in Allmacht wird hiermit kundgetan.

Wenn man die überleitende, sich an die Zuhörer wendende folgende Seligpreisung dazurechnet (5,11-12), dann zeigt sich:

Wörter[143]: 108 = 3^2 x 12: Vollkommene (12) Lehre des allmächtigsten (32) Gottes.

Buchstaben: 600 = 12 x 50: Vollkommenster (12) Sinai (am 50. Tag war der Sinai in Ex 20).

Akrosticha-Quers.: 195 = 39 x 5: „Jahweh Echad" verkündet hier seine Neue Thorah, das Neue Fünfrollenbuch (5).

Die gesamte Bergpredigt

Sie besteht aus 107 Sätzen.[144] Über den 10 Geboten vom Berg Sinai steht als Überschrift: „Ich bin Jahweh": „Anochi Jahweh" (1-50-20-10 + 26 = 107). So ist auch die Bergpredigt der Neue Sinai dessen, der da spricht: „Ich bin Jahweh".

Das „Vater unser" (Mt 6,9-13)[145]

Text:	Wörter:	Buch- staben:	Quer- summe:
Vater unser der in den Himmeln Pater emon o en tois ouranois	6	24	
geheiligt werde der Name dein Agiastheto to onoma sou	4	19	26
komme die Königsherrschaft dein elthato e basileia sou	4	18	13
geschehe der Wille dein, wie im Himmel auch auf der Erde genetheto to thelema sou os en ouravo kai epi tes ges	11	41	
das Brot unser, das tägliche gib uns heute ton arton emon ton epiousion dos emin semeron	8	38	26
und vergib uns die Schulden, unsere, wie auch wir vergeben den Schuldigern, unseren kai afes emin ta ofeilemata emon, os kai emeis afiemen tois ofeiletais emon	13	63	13
und nicht einzwinge uns in Versuchung sondern erlöse uns von dem Bösen kai me eisenegkes emas eis peirasmon alla rysai emas apo tou ponerou	12	57	15
Summe:	58	260	

Die Deutung:

Wörter: 58 = Die „Kebod Jahweh" (32 und 26), die „Herrlichkeit Jahwehs" soll erbeten werden.

Buchstaben: 260	= Dies soll werden: Neue Schöpfung (10) Jahwehs (26). 10 x 26 = 260.
Die Quersummenzahlen	ergeben zu 5 Gruppen zusammengefaßt: „Jahweh Einziger Jahweh Einziger Jah(weh)“: Der Inhalt ist die Neue Thorah, das Neue Fünfrollenbuch, das der dreimal genannte, der allmächtige Jahweh, hier verkündet.

Aber das ist noch nicht alles.
Wenn man die Werte der Akrosticha zählt, dann erhält man:

	530
	571
	215
	1715
	826
	1614
	658
Summe:	6129

Auch hier ist dreimal Jahweh gepriesen, denn 6129 ist 3 x 2043. Dies wiederum ist ein bekannter Wert: Es ist

J^3 H^3 W^3 H^3	E^3 CH^3 D^3
1000 + 125 + 216 + 125	1 + 512 + 64
(1466)	(577)

Das „Vater unser“ ist die höchste Vollendung des Bekenntnisses zu dem Gott, der im Alten Testament als Jahweh echad bekannt wurde.

Das wichtigste Gebot (Mt 22,37-40)[146]

a) Der Text der Gebote

(Er antwortete ihm:)
Du sollst den Herrn, deinen Gott, lieben mit ganzem Herzen, mit ganzer Seele und mit all deinen Gedanken.
38 Das ist das wichtigste und erste Gebot.
39 Ebenso wichtig ist das zweite: Du sollst Deinen Nächsten lieben wie dich selbst.
40 An diesen beiden Geboten hängt das ganze Gesetz samt den Propheten.

Wörter: 26 = Gebote Jahwehs.

Buchstaben:

(beim 1. Gebot) 78	=	3 x 26: Gebot des allmächtigen (3) Jahweh (26).
(beim 2. Gebot) 31	=	Gebot Gottes (El: 30-1).
Akrosticha: 4600	=	Gebote Gottes des „Einzigen“, des Allmächtigen. Elohim = 1-30-5-10-20, echad = 1-8-4:

1		1	
1 + 30		1 + 8	
1 + 30 + 5		1 + 8 + 4	
1 + 30 + 5 + 10			
1 + 30 + 5 + 10 + 40			
(200)	x	(23)	= 4600

b) Die gesamte Antwort Jesu:

Wörter: 49	=	7^2: Die Gebote des „Heiligen“.
Buchstaben: 214	=	Hinweis auf die Doppelfassung des „Neuen Dekalogs“, dessen Urfassung überschrieben ist mit hebr. Anochi Jahweh, „Ich bin Jahweh“: 1-50-20-10 + 26 = 107. 2 x 107 = 214.
Akrosticha: 5832	=	72 x 3^4. Jahweh (angewachsener Füllewert) in höchster Autorität spricht hier durch Jesus.

Das Abendmahl nach Matthäus (Mt 26,26-29)[147]

Wörter:

Jesu Tun: 24	=	Vollkommenes göttliches Tun.
Worte zum Brot: 7	=	Worte des „Heiligen“.
Worte zum Kelch: 49	=	7^2: Worte des „Heiligen“.

Buchstaben:

Jesu Tun: 127	=	Hebr. Melek ha Kabod (40-30-20 5 20-2-6-4), „König der Herrlichkeit“: Gottestitel.
Jesu Worte zu Brot und Kelch: 244	=	Füllewert von Herrlichkeit „Kabod“ (20-2-6-4):

Alle Zahlen von	1 bis	20	=	210		
	1 bis	2	=	3		
	1 bis	6	=	21		
	1 bis	4	=	10	= 244	

Akrosticha:

Das Tun Jesu: 1211	=	Das ist 7 x 173. Und 173 ist der angewachsene Füllewert von „Jahweh echad“, der schon mehrfach erklärt wurde. So ist das heilige (7) Tun des allmächtigen „Jahweh echad“ angedeutet.

Jesu Aufforderung („Nehmet, trinket“): 696	= Das ist 12 x 58: vollkommenes Sprechen in Vollmacht „Herrlichkeit (32) Jahwehs (26)“.
Jesu Deuteworte: 2275	= Das ist die Neue Thorah im Mahl, in göttlicher Allmacht. 5^2 x 91: Fülle der 13 (1- bis 13 = 91), Fülle des „Einen“ (13).
Alle Reden Jesu zusammen: 6162	= Das bedeutet: hier wird durch den Mund des menschgewordenen „Einzigen“ (13) die göttliche Weisheit, hebr. Chokmoth, hörbar. „Chokmoth“ (gleich „Chokmah“) = 8-20-40-6-400: 474. 13 x 474 = 6162.

Der Ruf „Eli, Eli ...“ (Mt 27,46b)

a) Die Einleitung (27,45-46a)

Wörter: 24	= Vollkommenheit der Liebe bis zum Tod.
Buchstaben: 69	= 3 x 23: Die Allmacht (3) des Einzigen in Fülle (23) in der Ohnmacht aus Liebe.
Akrosticha: 4353	= Die größte Tat des „Einen“ in der Fülle seiner Hingabe: „Einzig, Einer“ (1-8-4): $1^4 + 8^4 + 4^4 = 4353$

b) Der Vers 27,46b hat folgende Werte:

Wörter: 13	= Der „Einzige“ ruft am Kreuz.
Buchstaben : 58	= In der Kreuzesstunde zeigt sich verborgen Gottes Herrlichkeit, hebr. Kebod Jahweh, = 32 + 26.
Akrosticha: 704	= Die Kreuzesbotschaft (22) kündet hier die verborgene Kabod-Herrlichkeit (32). 704 ist 22 x 32.

Der Satz des Sterbens (Mt 27,50)

„Jesus aber rief wiederum mit lauter Stimme und gab auf den Geist.“
„O de Jesous palin kraxas phone megale apheken to pneuma.“

Wörter: 10	= Neuschöpfung (10) durch den Tod Jesu für die Welt.
Buchstaben: 44	= Die Fülle des höchsten Gottestitels aus Ex 3,14: der

„Ich werde dasein“, hebr. Ehejeh, 1-5-10-5.

1
1 + 5
1 + 5 + 10
1 + 5 + 10 + 5 = 44

Dieser Name Gottes leitet die erste Erlösung ein; dieser Name steht auch am Beginn der zweiten Erlösung durch den Kreuzestod Jesu.

Der Bericht vom Tode Jesu (Mt 27,45-50 und 51-54)

I. Der erste Teil ist die Schilderung des Sterbens Jesu. Er besteht aus folgender Zahlen-Architektur:

Wörter: 86	=	Das ist „Elohim“ (1-30-5-10-40). Es ist der Tod des menschgewordenen Elohim.
Buchstaben: 189	=	Das ist 7 x 3^3: heiliges Wirken (7) in göttlicher Allmacht (3 x 3 x 3).

II. Der zweite Teil schildert die Geschehnisse, die durch den Tod Jesu bewirkt werden. Er zeigt an Werten:

Wörter: 73	=	Das Ende des Tempelkultes, der Anfang der allgemeinen Auferstehung und das Gläubigwerden der Heiden — all diese Ereignisse sind als Folge des Kreuzestodes Jesu Wirken der göttlichen Weisheit (Chokmah = 73).
Buchstaben: 364	=	Das ist 4 x 91. Die Fülle des „Einzigen“ (13): alle Zahlen von 1 bis 13 ergeben 91. Sie verströmt sich vom Kreuz aus in die Welt (4).

I. und II. als Einheit:
Wenn man die Gesamtsumme der Wörter, Buchstaben und Akrosticha betrachtet, dann ergibt sich, daß sie — wie viele andere große Werte auch — geteilt werden müssen. Man kann auch sagen, daß sie die Rahmung eines inneren, kostbaren Kernes sein können. Was ist nun der innere, kostbare Teil? Doch offensichtlich der „Eli, Eli“-Ruf. Wenn man den „Eli“-Ruf als Besonderheit nimmt, d. h. seine Werte für sich sieht und von der Gesamterzählung abzieht, dann ergibt sich für I und II:

	„Eli-Ruf":	Übrige Gesamterzählung (Mt 27,45-54):
Wörter:	13	146 = über beiden Geschehnissen waltet die göttliche Weisheit (73). 146 ist 2 x 73.
Buchstaben:	58	495 = 55 x 3^2. Hier ist mit göttlicher Macht (3 x 3) die „Neue Schöpfung" zur Vollendung gebracht. Die Fülle der Schöpfungszahl 10: alle Zahlen von 1 bis 10 = 55.

Die Erscheinung des Auferstandenen und seine Sendung (Mt 28,16-20)[148]

Dieser Bericht von der Allmacht des Auferstandenen hat 81 Wörter = 3^4 als gesteigerte Allmacht (3). Aber diese Schlußverkündigung ist untergliedert:

a) Die Jünger sehen den Allmächtigen

16 Die elf Jünger gingen nach Galiläa auf den Berg, den Jesus ihnen genannt hatte. 17 Und als sie Jesus sahen, fielen sie vor ihm nieder. Einige aber hatten Zweifel.

Wörter: 23 = „Echad" in Fülle:

1
1 + 8
1 + 8 + 4 = 23

Buchstaben: 114 = 3 x 38. (Jahweh mit ausgeschriebenen Buchstaben (Jod: 10-4; He: 5-1; Waw: 6-6; He: 5-1 = 38.) Die Macht Jahweh im Auferstandenen.

Akrosticha: 577 = Der machtvollste „Einzige": Echad (1-8-4) = $1^3+8^3+4^3$: 577.

b) Das Handeln Jesu

18 Da trat Jesus auf sie zu und sagte zu ihnen: Mir ist alle Macht gegeben im Himmel und auf der Erde.
19 Darum geht zu allen Völkern, und macht alle Menschen zu meinen Jüngern; tauft sie auf den Namen des Vaters und des Sohnes und des Heiligen Geistes, 20 und lehrt sie, alles zu befolgen, was ich euch geboten haben. Seid gewiß: Ich bin bei euch alle Tage bis zum Ende der Welt.

Wörter: 58 = Hier erscheint die Kabod-Herrlichkeit (32) Jahwehs (26): 32 + 26 = 58.

Buchstaben: 285 = Es erscheint die machtvolle (3) Göttlichkeit des „Jahweh (Füllewert 72) Echad“ (Füllewert 23). 72 + 23 = 95. 95 x 3 = 285.

Akrosticha: 5737 = Diese große Summe muß, wie so oft, unterteilt werden:

-Vers 10: 749 = Jesus kommt und stellt seine hl. (7) Vollmacht vor: 749. Das ist 7 x 107. Die Vorstellungsworte Gottes auf einem vergleichbaren Berg, dem Sinai, lauten: Ich bin Jahweh, hebr. Anochi Jahweh (1-50-20-10 26 = 107). Die Überschrift der Dekalogtafeln bis heute.

-Vers 19 + 20: 4988 = Jesus sendet aus: 4988. Das ist Gottes Vollmacht und seine große „Jahweh“-„Kabod“-Herrlichkeit (58). Gott „Elohim“, der Weltengott und Schöpfer, ist 86. 86 x 58 = 4988.

c) Der Missionsauftrag

Wenn dem Aussendungsbefehl eine besondere Würde eignet, dann ist zu fragen, ob die letzten Sätze des Mt nicht auch in den Buchstabenwerten und in der Anzahl der Wörter ein abschließendes Bild ergeben. Die Verse 28,19 und 20 — der Missionsauftrag mit der Zusage des Beistands — zeigen:

Wörter: 41 = Das ist ein „Echad“-Wert (1-8-4) in reichster Fülle:

1
1 x 8
1 x 8 x 4 = 41

Buchstaben: 208 = Das ist 4^2 x 13: die im Missionsauftrag bevollmächtigte und begonnene Ausbreitung der Kunde vom in Christus erschienenen „Einzigen“ (13) Gott in die Vier-Vielheit (4^2) der Völkerwelt.

Zeiten und Zahlen bei Lukas

1. Die Erfüllung der Danielsweissagung

Es ist davon auszugehen, daß der am Anfang der Kindheitsgeschichte genannte Gabriel die Erinnerung an die Worte Gabriels im Alten Testament wachrufen soll. Nur einmal nämlich — im Buche Daniel (Dan 8,16 und 9,21) — erscheint diese Gestalt und verkündet eine Verheißung. In 70 Wochen einer Heilszeit, die für das Volk und die heilige Stadt bestimmt sind, wird die Sünde „versiegelt“, ewige Gerechtigkeit herbeigeführt und das Allerheiligste gesalbt werden. Die Erfüllung dieser Heilszeit wird durch die Verkündigung des Gabriel an Zacharias in Gang gesetzt: Gabriel verheißt dem Zacharias einen Sohn (Lk 1,13), der dann auch bald (Lk 1,24) von Elisabeth empfangen wird. Er erscheint dann 6 Monate später (Lk 1,26) Maria, also nach 180 Tagen.[149] Entsprechend der Parallele wird auch die Empfängnis Jesu bald nach der Verkündigung Gabriels an Maria anzusetzen sein. H. Schürmann schreibt dazu: „Lukas wollte Maria keine die weitere Zukunft umspannende Aussage in den Mund legen ..., weil er sich Gottes Wort wirkmächtig dachte ... und die Verheißung des Engels sich in Kürze realisierend; Gottes Zusage läßt nicht lange auf sich warten (vgl. die Parallele 1,24). Obgleich der Text alles ehrfürchtig im Geheimnis läßt: für Lukas war es deutlich genug, daß sich die wunderbare Empfängnis nach dem Ja-Wort Mariens V 38 ereignet hat, noch vor dem alsbald erfolgenden Aufbruch nach Judäa 1,39 (vgl. V 56 mit V 36!)." Dann wird also Jesus nach 9 Monaten geboren, das sind 270 Tage. Nach 40 Tagen wird der Neugeborene in den Tempel gebracht (Lk 2,21 = Lev 12,1). (Das sind weitere 40 Tage.) Diese 490 Tage (180 + 270 + 40) sind 70 Wochen. Mit dem Hineintragen des göttlichen Kindes ist die „Salbung" des Allerheiligsten, die Heiligung des Tempels gemäß der Danielsweissagung nicht nur erfüllt, sondern unermeßlich überboten. Wie stark Lukas — obwohl Grieche — alttestamentliche Bilder, auch hebräische Zahlenbilder, gekannt hat, ersieht man aus der Tatsache, daß die in sich abgerundete Kindheitserzählung Lk 1.2 das Wort „Herr" = „Kyrios", das die LXX für Jahweh verwendet, genau 26mal verwendet. Lukas hat also auch die Symbolik der Zahl 26 im Alten Testament gekannt. Neben dem frommen Simeon erscheint im Tempel noch eine zweite Gestalt: Hanna, die hochbetagte Prophetin. Es heißt von ihr (Lk 1,36 f.): „... sieben Jahre hatte sie mit ihrem Manne gelebt; nun war sie eine Witwe von 84 Jahren." Nun mag man sagen, die — fast nebensächlich erscheinende — Altersangabe weist durch die Erwähnung der 7 vor der 84 besonders auf die Vollkommenheitszahl 84 = 7 x 12 als gottgeschenkte Abrundung ihres gesegneten Lebens hin, aber es muß bedacht werden, daß für Lukas die Kirche das neue Gottesvolk Israel ist, das im Grund schon mit der Geburt Jesu beginnt. Schon in der Verkündigung hieß es (Lk 1,32-33): „Gott, der Herr, wird ihm den Thron seines Vaters David geben. Er wird über das Haus Jakob in Ewigkeit herrschen, und seine Herrschaft wird kein Ende haben." Wenn mit der Geburt Jesu das neue Israel beginnt, dann erinnert man sich daran, daß der Beginn des Alten Israel mit der Zeugung der 12 Söhne durch ihren Vater Israel im Alter von 84 Jahren erzählt ist.

Sonstige Zeitangaben bei Lukas

Die folgenden Beobachtungen beruhen auf einer — allerdings begründeten — Voraussetzung: Während die Kindheitsgeschichte, das Alter Jesu bei seinem ersten

Verkündigen, die Zeiten zwischen Auferstehung und Himmelfahrt und die Zeit der wartenden Kirche bis Pfingsten im Lukasevangelium zur Sprache kommen, ist die für uns wichtigste Angabe nicht auf den ersten Blick hin erkennbar: die Zeit des öffentlichen Wirkens Jesu. Im Bibel-Lexikon heißt es: „Die Dauer des öffentlichen Lebens Jesu ist umstritten. Nach einer Auffassung erstreckte es sich nur auf ein Jahr; verbreiteter sind die Ansichten, es habe zwei Jahre und einige Monate oder ungefähr dreieinhalb Jahre gedauert." Und es schließt mit der Schlußfeststellung, daß die Synoptiker „einen anerkannt künstlichen Rahmen der öffentlichen Wirksamkeit Jesu bieten ..."[150]

Nun findet sich aber doch eine Bemerkung im Lukasevangelium, die einen Hinweis auf diese Zeitdauer liefert: Bei seiner berühmten ersten Predigt in seiner Vaterstadt vergleicht sich Jesus mit Elija (Lk 4,25). Es wird eine Zeit von 3 Jahren und 6 Monaten genannt. W. Grundmann schreibt zur Stelle: „Wenn Jesus Kapernaum zum Ort seiner Wirksamkeit wählen wird, dann folgt er darin den Propheten. Wiederum steht sein Handeln unter prophetischem Aspekt. Im Anschluß an 1 Kön 17,18 wird von einer großen Dürre und Hungersnot auf der ganzen Erde gesprochen zur Zeit des Elia. Sie wird mit Jak 5,17 f. und mit jüdischen Traditionen auf dreieinhalb Jahre befristet, vielleicht als Unglücksfrist verstanden (vgl. Dan 7,25; Offb 12,14). In dieser Zeit wurde Elia entsandt ... nicht zu einer der vielen Witwen in Israel, sondern zur Witwe von Sarepta, vgl. 1 Kön 17,8 f. Das gleiche Geschehen wiederholt sich bei seinem Nachfolger Elischa mit dem aussätzigen Naeman aus Syrien (2 Kön 5). Im Sondergut des Lukas entspricht die Witwe von Sarepta der von Nain (7,11-17) und dem aussätzigen Naam der aussätzige Samariter (17,12-19)."[151] Und H. Schürmann bemerkt zur Stelle: „Mit der Sendung Jesu ... verhält es sich wie mit der des Elias ... und des Elisäus ...: sie weist in die Fremde."[152] Dazu kommt noch: Lukas übergeht die Tradition von der Rolle des Johannes als Elijas. In den Geburtsgeschichten wird er nicht mit ihm identifiziert, sondern bezeichnet als einer, der nur „mit dem Geist und mit der Kraft des Elija" dem Herrn vorangeht. Lukas kennzeichnet ausdrücklich Jesus als den gekommenen Elija: Er wird in den Himmel aufgenommen wie Elija (Apg 1,9; 2 Kön 1,11). Er ist gekommen, Feuer auf die Erde zu werfen wie Elija (Lk 12,49; 1 Kön 18,38 und 2 Kön 1,10). Jesus erweckt wie Elija den Sohn einer Witwe (Lk 7,11-17; 1 Kön 17,17-24). So ist Jesus auch, wie Elija, dreieinhalb Jahre zu den „Heiden" gesandt.

Aus dem Gesagten erscheint es nicht unbegründet, die fehlende Angabe über die Zeit des öffentlichen Auftretens Jesu hier mit dreieinhalb Jahren angezeigt zu sehen.[153] Wir erhalten dann folgenden Zeitplan:

1. Die Tage der 70 Wochen von Lk 1.2 =	490
2. Die Tage des Lebens Jesu vor seinem öffentlichen Auftreten (30 Jahre nach Lk 3,23): 30 x 360 =	10800
3. Die dreieinhalb Jahre seiner öffentlichen Tätigkeit: 42 Monate x 30 =	1260
4. Die Vollendung des Heilsgeschehens mit der Geburt der Kirche an Pfingsten, 50 Tage nach Ostern =	50
Summe:	12600

Diese Zahl ist eine Zahl des Alten Testamentes. Es ist die Zahl der Altersangaben der 26 Erzväter von Adam bis Mose. Es ist die Zahl der Alter von der Weltschöpfung bis zur Geburt des Volkes Israel unter Mose am Sinai. Am Pfingstfest wird die Gesetzgebung und Gründung Israels am Sinai gefeiert; am Pfingstfest vollendet sich nach Lukas die Kirche durch Gottes Geist als das neue Israel, aufgebaut auf die 12 Apostel — wie das alte Israel auf die 12 Söhne Jakobs. Die Deutung der Zahl ist 15 x 12 x 70: Jahweh (15) wirkt durch die 12 (Söhne Jakobs/Apostel) für die 70 Völker der Welt.

Eine weitere Bestätigung

Die Botschaft von der Kirche als Neuem Israel, das Gott an Pfingsten konstituiert, wird von Lukas noch mit einer anderen Zahlenangabe unterstrichen. Die „Keimzelle" des Neuen Israels ist die betende Gemeinde der 120 Gläubigen (Apg 1,15), die auf die Ausgießung des Geistes warten. Die 12 x 10 ist die kleinste Zahl, mit der man Israel bilden kann. Zehn ist die kleinste Einheit Israels als Gemeinschaft (Gen 18,32; Dtn 1,15), heute noch die Mindestbeterzahl in der Synagogenfeier. Die 120 Sitze der Knesseth haben hier ihren Ursprung. Durch die Geistausgießung zu Pfingsten wird die Kirche zum Neuen Israel, zum „Volk Jahwehs". Wie oben bemerkt, kennt Lukas die Zahl 26 als Zahl für „Jahweh". Die 120 werden vom Geiste Jahwehs (26) ergriffen. 120 x 26 ist 3120. Laut Apg 2,41 kommen am Pfingsttage zu den 120 Gläubigen 3000 hinzu.[154] 120 + 3000 = 3120. Das Anwachsen der jungen Kirche auf 5000 (Apg 4,4) ist ebenfalls ein Hinweis auf ein Neues Israel, der auch in der Brotvermehrungsperikope (Mk 6,44; Lk 9,14) aus der Lagerordnung des wandernden Israel unter Mose (50 x 100) herrührt.

Die eigentliche Verkündigungszeit Jesu

Zu den oben genannten 1260 Tagen sind noch die Tage der Belehrung durch den Auferstandenen zu rechnen. Die 40 Tage bis zur Himmelfahrt, die auch auf die

Belehrung des Mose am Sinai hindeuten, können aber auch als Fortsetzung der Verkündigung Jesu gesehen werden. Dann erhalten wir 1300 Tage. Wenn Lukas die 26 als Zahl Jahwehs gekannt hat, dann hat er mit Sicherheit aus seinen jüdischen Quellen auch die Zahl 13 gekannt als Zahl des „Einzigen Gottes". Dann ist die Zahl der Verkündigung Jesu eine Zeit der hundertfachen Frucht (Lk 8,8) der Worte des „Einzigen": 100 x 13.

Die Verkündigung an Maria (Lk 1,26-38)[155]
Der Engel spricht 112 Wörter. Das ist „Jahweh Elohim" (86 + 26), der seine Botschaft sendet. Die übrigen Sätze der Perikope bestehen aus 99 Wörtern. Sie berichtet also vom „Einen Gott", hebr. Elohim echad (86 + 13), der dies bewirkt.

Die Geburt Jesu (Lk 2,1-20)[156]
Die Schilderung der eigentliche Geburt (2,4-7) besteht aus 73 Wörtern. Sie ist also ein Werk der göttlichen Weisheit, hebr. Chokmah, = 73. Die übrigen Wörter der „Rahmung" ergeben 243, das ist ein Hinweis auf die hier sich den Menschen zuneigende göttliche Allmacht in Fülle: 243 ist 3^5.

Die Namengebung (Lk 2,21)
Da Lukas auf die gottgebotene Namengebung Wert legt (1,13; 1,31), weil in den Namen Johannes und Jesus die Überbietung des Johannes durch Jesus aufscheint (Jahweh ist gnädig; Jahweh rettet), ist es nicht verwunderlich, daß die Namengebung Jesu 26 Wörter hat: der rettende Jahweh auf Erden.

Jesu Taufe und Herkunft (Lk 3,21-38)
Dieser Abschnitt besteht aus 208 Wörtern. Das ist Jesus, der menschgewordene Jahweh (26), der aus der Welt Gottes, jenseits der Siebentage-Welt, aus der Welt der 8 kommt: 26 x 8 = 208.

Die Präambel der Predigt Jesu, die Erfüllung der Verheißung (Lk 4,18-19)
Die ersten Worte der Predigt Jesu, sein Programm in der Nazarether Synagoge, besteht aus 26 Wörtern zu 169 Buchstaben: Jahweh (26) redet selbst als Mensch. Es ist der „Eine" (13^2) in Macht. Die Akrosticha (Einer) ergeben 86. Es ist der „Elohim" (86), der Gott der Welt, der sein Programm verkündet.

Die lukanischen Seligpreisungen (Lk 6,20b-22)

Wörter: 73	Das ist die göttliche Weisheit, Chokmah: 8-20-40-5 = 73
Buchstaben: 361	Das ist die Fülle der göttlichen Weisheit: $8\text{-}2_{(0)}\text{-}4_{(0)}\text{-}5 = 19$. 19 x 19 = 361

Akrosticha (Einer):
Lukas hat (ähnlich wie bei Mt) eine Zweiteilung:

a) Preisungen: 169	13 x 13 („Fülle des Einzigen") und
b) Verheißungen: 175	7×5^2: Die heilige (7) Neue Thorah (5) in Vollkommenheit.
Beides zusammen ergibt: 344	Der Dekalog der 2 Tafeln in Ex 20 hatte ja schon 172 in der Wörterzahl. Seine beiden Seiten hatten als Inhalt 86 = Elohim (2 x 86 = 172). Die Neue Thorah Jesu hat 4 x 86 (= 344) als Wille Gottes nicht auf zwei Tafeln für Israel, sondern verkündet an alle Welt (4).

Jesus lehrt beten (Vater unser): (Lk 11,2b 84)

Wörter: 41	Es ist das Gebet zum Einzigen, der in seiner Größe „Vater" genannt werden darf: „Echad" in Fülle = 1 1 x 8 1 x 8 x 4 = 41
Buchstaben: 200	Dieser Vater ist der machtvolle Elohim: 1 1 + 30 1 + 30 + 5 1 + 30 + 5 + 10 1 + 30 + 5 + 10 + 40 = 200
Akrosticha (Einer): 186	Jahweh in seiner Größe wird als Vater gepriesen: JHWH = $10^2\text{-}5^2\text{-}6^2\text{-}5^2 = 186$.

(Damit ist auch der Befund der Textforschung bestätigt.)

Das schönste und tröstendste Gleichnis im Lukasevangelium (Lk 15,11-32)[157]
Dieses Gleichnis vom verlorenen Sohn zählt 390 Wörter. Es kann nur bedeuten: Der „Jahweh echad", der gütige Vater (39) ist durch die verzeihende Kraft seiner Liebe der Schöpfer, der auch für den Sünder stets das Leben schaffend (10) schenkt. Überrascht es noch, daß der Vater genau 73 Wörter spricht (15,22b-24b; 31-32)? Das tiefste Wesen der göttlichen Weisheit (73) erweist sich als Liebe.

Das Abendmahl (Lk 22,14-23)

Die Worte Jesu der eigentlichen Einsetzung (17 f.) bestehen aus 86 Wörtern. Gott selbst, der Elohim (86) setzt die Eucharistie ein. Die übrigen Worte der Rahmung und Einleitung zählen 83. Dann hat der Gesamtbericht 169 Wörter: Der allmächtige „Einzige“ (13^2) lädt zum Mahl.

Die Worte des Gekreuzigten (Lk 23,24b; 43b; 46b)

Vom Kreuz herab spricht Jesus 26 Wörter. „Jahweh“ hängt am Kreuz. Diese 26 Wörter bestehen aus 117 Buchstaben. In der Ohnmacht ist die Allmacht (3^2) der Liebe und des Vertrauens sichtbar. Auch am Kreuz ist er der „Einzige“ (39): 3^2 x 13 = 117.

Der Tod Jesu (Lk 23,44-49)[158]

Die Hingabeworte an den Vater im Himmel bestehen aus 8 Wörtern: Sie blicken in die jenseitige Welt des 8. Tages. Sie haben 39 Buchstaben: Der sterbende Sohn ist der „Jahweh Echad“ auf Erden. Die übrigen Worte der Sterbeszene zählen 86 Wörter: Es stirbt der Gott der Welt, Elohim (86).

Die Botschaft im leeren Grab (Lk 24,1-11)[159]

Dieser Abschnitt hat 156 Wörter: 13 x 12. Der menschgewordene „Einzige“ (13) ist in der Auferstehung vollendet (12). Nimmt man — wie in der Tradition und Einheitsübersetzung — den Vers 12 noch hinzu, dann zeigt sich die Zahl 177. Das ist der Chokmah-Wert in seiner Fülle: Gottes Weisheit erscheint in der Auferstehung.

Die Himmelfahrt Jesu (Lk 24,50-53)[160]

Die Verkündigung über die Heimkehr Jesu in den Himmel, in die hinter dieser Sieben-Tage-Welt in ihrer Entfaltung (7^2 = 49) liegenden jenseitigen Gotteswelt (im Symbol der 50), hat genau 50 Wörter.

Die Worte des Auferstandenen in der Apostelgeschichte (Apg 1,4b-5; 7b-8)

Der Auferstandene redet 72 Wörter. Er ist ja jetzt, für alle offenbart, der menschgewordene allmächtige Jahweh:

10	
10 + 5	
10 + 5 + 6	
10 + 5 + 6 + 5	= 72

Das Pfingstereignis (Apg 2,1-4)
Dieses Geschehen hat bis zum Beginn der Rede des Petrus 208 Wörter. Das ist das vom Himmel (8) gewirkte Handeln Jahwehs (26): 8 x 26 = 208.

Die 276 Geretteten (Apg 27,37)
„Die Verse 27,35-36 berichten, daß Paulus nach diesen Worten Brot nahm, Gott vor den Augen aller Dank sagte, das Brot brach und zu essen begann (V 35). Die Formulierung erinnert an den Abendmahlsbericht und an die Brotwundererzählungen des Evangeliums, wird aber den Leser auch unabhängig davon auf die Eucharistiefeier seiner Gegenwart hingewiesen haben. ... Der Christ weiß, daß das Herrenmal als Ausdruck der „Hoffnung“ (vgl. V 20) dem „Heil“ dient (vgl. V 34b).“[161]

Dann ist zu vermuten, daß auch die Zahl 276 symbolischen Inhalt hat: 276 ist ein Hinweis auf die Fülle des „Einzigen“, der das Rettungsmahl uns bereitet. „Einzig“, hebr. Echad: 1-8-4 =

1	
1 + 8	
1 + 8 + 4	= 23,

und: alle Zahlen von 1 bis 23 ergeben 276.

Beobachtungen zum Johannesevangelium

1. Der Prolog (Joh 1,1-14)[162]

„Stärker, als man zunächst vermuten möchte, ist ... der Anteil pharisäisch-rabbinischer Denkweise und Argumentation, der sich im Joh'Ev feststellen läßt“, sagt R. Schnackenburg. Und er betont: Erstaunlicher noch ist die Vertrautheit mit der Mentalität und Praxis des offiziellen Judentums...“[163] Wenn nun der Prolog, der feierliche Hymnus von der Menschwerdung Gottes, Jahwehs, aus 186 Wörtern besteht, dann ist nicht verwunderlich, daß dies auf den dem Verfasser bekannten Gottesnamen „Jahweh in Fülle“ verweist: Jahweh = $10^2 + 5^2 + 6^2 + 5^2$: 186.

Dann ist auch anzunehmen, daß der Verfasser die 23 als die Fülle des „Einzigen", des „Echad", kannte. Echad = 1-8-4

1	
1 + 8	
1 + 8 + 4	= 23

„Wir haben aus seiner Fülle" empfangen (1,16) und die „Herrlichkeit" (Doxa, Kabod) des „einzigen Sohnes" gesehen (1,14), weil der „Einzige, der Gott ist, Kunde gebracht hat" (1,18). 23 (Einziger in Fülle) und 32 (Doxa) ergibt 23 x 32 = 736. Der Prolog (1,1-14) hat 736 Buchstaben.

2. Die Hochzeit zu Kana

Nachdem W. Lütgehetmann[164] sehr überzeugend den Symbolcharakter dieser Perikope als Gleichnis der Inkarnation interpretiert hat, ist eine diese Deutung stützende zahlensymbolische Ergänzung zu erwägen.

a) Wenn hier die Inkarnation des Logos in die Welt gemeint ist, dann paßt dazu die Tatsache, daß „Kana" als Zahlenwert gelesen 20-1-50-1 = 72 ergibt. Nun werden aber in der LXX (anders als in der hebräischen Vorlage) in der Genesis 72 Völker gezählt. Dann würde hier der Satz des Prologs aufgenommen, daß das wahre Licht „in die Welt kam".

b) Wenn das zu Wein gewordene Wasser auf Jesus selbst hindeutet, dann ließe sich auch eine Erklärung finden für die rätselhafte Zahl der 6 Wasserkrüge, die 2-3 Maß faßten und zudem in einer für Orientalen höchst ungewohnten Weise „bis zum Rande" gefüllt wurden. Wenn sie normalerweise 2-3 Maß faßten, dann war hier ihr Vollmaß von 3 Maß erreicht. 6 Krüge ergeben dann die Zahl 18. Diese Zahl kannte die frühe Kirche als Zahl für „Je", für Jesus. Es steht im Barnabasbrief (9,8), daß die Buchstaben J und e (Jota und Eta) als Anfangsbuchstaben des Namen Je/sus galten, die wiederum 18 ergeben, ebenfalls bei Irenäus (adv. haer. I, 3.2). Was den symbolischen Hintergrund noch stützt, ist die Tatsache, daß diese Erzählung auch 186 Wörter hat, was auf den Allmachtstitel Jahweh führt. Jahweh = $10^2 + 5^2 + 6^2 + 5^2$: 186. Dann bedeutet diese Bildaussage auch: „Der Logos war Gott" (Joh 1,1).

Nach den vom Alten Testament geprägten Kapiteln der Inkarnationstheologie liegt es nahe, daß das folgende Evangelium zusätzlich von der griechischen Zahlensymbolik geprägt ist.

3. Die Stunden im Johannesevangelium

Wir finden die folgenden konkreten Stundenangaben:

1. die 10. Stunde (1,39)
2. die 6. Stunde (4,6)
3. die 7. Stunde (4,52)
4. die 6. Stunde (19,14)

Diese Stundenangaben ergeben die Zahl 29, die Zahl 29 gibt den als „Einer" oder Quersumme gelesenen wichtigen Titel „ho Logos" wider.
Ho = 7_0 L = 3_0 o = 70 g = 3 o = 7_0 s = 2_{00}

Also: 7 + 3-7-3-7-2 = 29.

4. Eine weitere Beobachtung: „Der Tempel seines Leibes" (2,20-21)

Der Hinweis, daß man an diesem Tempel 46 Jahre gebaut hat, hat schon Augustinus veranlaßt, hier eine zahlensymbolische Deutung zu geben. Er verweist darauf, daß nach den griechischen Zahlenwerten die Zahl 46 für den Namen „Adam" steht und knüpft seine Deutung daran an.[165] Man kann aber auch in Erwägung ziehen, ob es nicht näher liegt, den als Quersumme gelesenen Namen und Titel „Jesus Christus" hier angedeutet zu sehen:

Jesus: 1_0-8-2_{00}-7_0-4_{00}-2_{00} =	24
Christos: 6_{00}-1_{00}-1_0-2_{00}-3_{00}-7_0-2_{00} =	22
Summe:	46

5. Die 38 Jahre des Gelähmten (5,5)

Diese Zahl bereitete immer Schwierigkeiten. Die häufigste Erklärung lautet, daß es sich um eine Anspielung auf das Volk Israel handele, das noch am Ende, kurz vor dem Erreichen seines Zieles — der 40jährigen Wanderung — von Gott begnadet werde, weil es in Dtn 2,14 einmal heißt: „38 Jahre waren wir unterwegs." Es wäre zu überlegen, ob es ein Zufall ist, daß der Gegenbegriff zum johanneischen Schlüsselbegriff „Glauben" hier auftaucht: „In dem Unglauben", hebr. En te apistia, ist als Einser-Zahl gelesen:

5-5_0 3_{00}-8 1-8_0-1_0-2_{00}-3_{00}-1_0-1 = 38.

6. Die 153 Fische

Die Zahl der 153 Fische in Joh 21,22 ist heute weithin in fast allen Kommentaren, auch in der Anmerkung zur Einheitsübersetzung des Neuen Testamentes, als symbolisch erklärt. Die Zahl 153 ist die Fülle-Zahl von 17, also alle Zahlen von 1 bis 17. Dazu ist anzumerken, daß auch Lukas die Zahl 17 kennt: Es sind die Völkernamen der Pfingstperikope (Apg 2,9-11).[166] Eine vor Lukas existierende Liste der Oikumene wird allgemein angenommen. Damit ist der Anmerkung der neuen Einheitsübersetzung Zustimmung zu zollen: „Die Zahl 153 hat vielleicht symbolische Bedeutung und bezeichnet die große Zahl der Gläubigen aus allen Völkern, die durch die Jünger gewonnen werden."[167] Man sollte auch ein für Zahlensymbolik sensibles Auge dafür haben, daß hier 7 Apostel (7 Diakone, die griechisch sprechen, 7 Gemeinden der Apokalypse, 7 Körbe mit Brocken aus der Brotvermehrung auf „heidnischem Boden" Mk 8,20: Symbol der Kirche aus den Heidenvölkern) auftreten.

Der himmlische Gottesdienst in der Offenbarung (Offb 4,1-11)

Über den Verfasser und seinen den „semitischen Satzbau nachahmenden Wortstellungen", der „das Alltagsgriechisch ... als unwürdig für den heiligen Inhalt angesehen" hat und „seine enge Verbundenheit mit den alttestamentlichen Propheten, ... deren Sprache in ihm lebendig ist"[168], braucht hier nicht gesprochen zu werden. Es genüge der Hinweis, daß er zutiefst in der alttestamentlichen Sprachgestaltung zuhause war. „Er ist so tief in den Schriften der Propheten verwurzelt, daß er sich ständig ihrer Worte bedient, sie aus dem Hebräischen wörtlich in sein Griechisch überträgt."[169]

Die Maße des himmlischen Tempels sind deutlich zu erkennen:

Wörter:		Buchstaben:
39: Offenbarung des „Jahweh Echad“.	Danach sah ich: Eine Tür war geöffnet am Himmel; und die Stimme, die vorher zu mir gesprochen hatte und die wie ein Posaune klang, sagte: Komm herauf, und ich werde dir zeigen, was dann geschehen muß. Sogleich wurde ich vom Geist ergriffen. Und ich sah:	168: Offenbarung seiner heiligen Fülle (V. 4+5) = 7 x 24 = 168.
173: Die Fülle des „Jahweh echad“ (10-5-6-5 1-8-4): 10 10+5 10+5+6 10+5+6+5 10+5+6+5+1 10+5+6+5+1+8 10+5+6+5+1+8+4 Summe: 173	Ein Thron stand im Himmel; auf dem Thron saß einer, der wie ein Jaspis und ein Karneol aussah. Und über dem Thron wölbte sich ein Regenbogen, der wie ein Smaragd aussah. Und rings um den Thron standen vierundzwanzig Throne, und auf den Thronen saßen *vierundzwanzig* Älteste in weißen Gewändern und mit goldenen Kränzen auf den Haupt. Von dem Thron gingen Blitze, Stimmen und Donner aus. Und sieben lodernde Fackeln brannten vor dem Thron; das sind die *sieben* Geister Gottes. Und vor dem Thron war etwas wie ein gläsernes Meer, gleich Kristall. Und in der Mitte, rings um den Thron, waren vier Lebewesen voller Augen, vorn und hinten. Das erste Lebewesen glich einem Löwen, das zweite einem Stier, das dritte sah aus wie ein Mensch, das vierte glich einem fliegenden Adler. Und jedes der vier Lebewesen hatte sechs Flügel, außen und innen voller Augen. Sie ruhen nicht, bei Tag und Nacht, und rufen:	864: Die Vollkommenheit der Fülle Jahwehs: 12 x 72 = 864.
81: Offenbarung der Allmacht: 3 x 3 x 3 x 3	I. Heilig, heilig, heilig, ist der Herr, der Gott, der Herrscher über die ganze Schöpfung; er war, und er ist, und er kommt.	
	Und wenn die Lebewesen dem, der auf dem Thron sitzt und in alle Ewigkeit lebt, Herrlichkeit und Ehre und Dank erweisen, dann werfen sich die vierundzwanzig Ältesten vor dem, der auf dem Thron sitzt, nieder und beten ihn an, der in alle Ewigkeit lebt. Und sie legen ihre goldenen Kränze vor seinem Thron nieder und sprechen:	139: „Thron der Herrlichkeit Jahwehs“, hebr. Kise Kebod Jahweh: 20-60-1 20-2-6-4 26 = 139.
	II. Würdig bist du, unser Herr und Gott, Herrlichkeit zu empfangen und Ehre und Macht. Denn du bist es, der die Welt erschaffen hat, durch deinen Willen war sie und wurde sie erschaffen.	I. und II.: 177 Lobpreis der allmächtigen Weisheit, hebr. Chokmah, = 8-20-40-5: 8 8+20 8+20+40 8+20+ 40+5 Summe: 177

Die Lieder

Lied I: 16 Wörter zu 60 Buchstaben: Das weist hin auf die Schöpfungsfülle (4 x 4) des segnenden Jahweh (15 x 4).

Lied II: 30 Wörter zu 117 Buchstaben: Der Erschaffende (10) in Macht (3) ist der machtvolle (3) „Jahweh echad" (39). 3 x 39 = 117.

Die Akrosticha beider Lieder zusammen ergeben 4017. Der Herr in Fülle, der „Adon", der als hebr. Ha-Adon z. B. in Mal 3,1 genannt wird, ist der „Jahweh echad". „Ha Adon" (5-1-4-6-50) in Fülle:

5
5 + 1
5 + 1 + 4
5 + 1+ 4 + 6
5 + 1 + 4 + 6 + 50 = 103

Und: 103 x 39 = 4017.

Nachwort:

Die Verfasser der Evangelien standen der Offenbarung des Alten Testamentes noch so nahe, daß für sie das Ereignis der Menschwerdung Gottes in die Fülle ihres Gottesbildes führte. Wer befürchtet, daß sich Texte des Neuen Testamentes ins bloße Bildmaterial für herkömmliche Gottestitel auflösen, der übersieht, daß gerade der innewohnende Hinweis auf den „Jahweh Echad" des Alten Bundes die Erregung der neuen Glaubenserkenntnis widerspiegelt.

„Gott ist Mensch geworden": das kann eine zu glatte Redensart werden. Die Tiefe dieser Aussage kann wiedergewonnen werden in der letztlich unermeßlichen Verkündigung: יהוה אחד, der „Jahweh Echad", der „Jahweh Einzig", ist Mensch geworden.

Anhang: Die Chroniklisten

Die Gesamtlisten des Königtums, des Priestertums und des Gesetzgebers. Die Listen der Namenswerte:

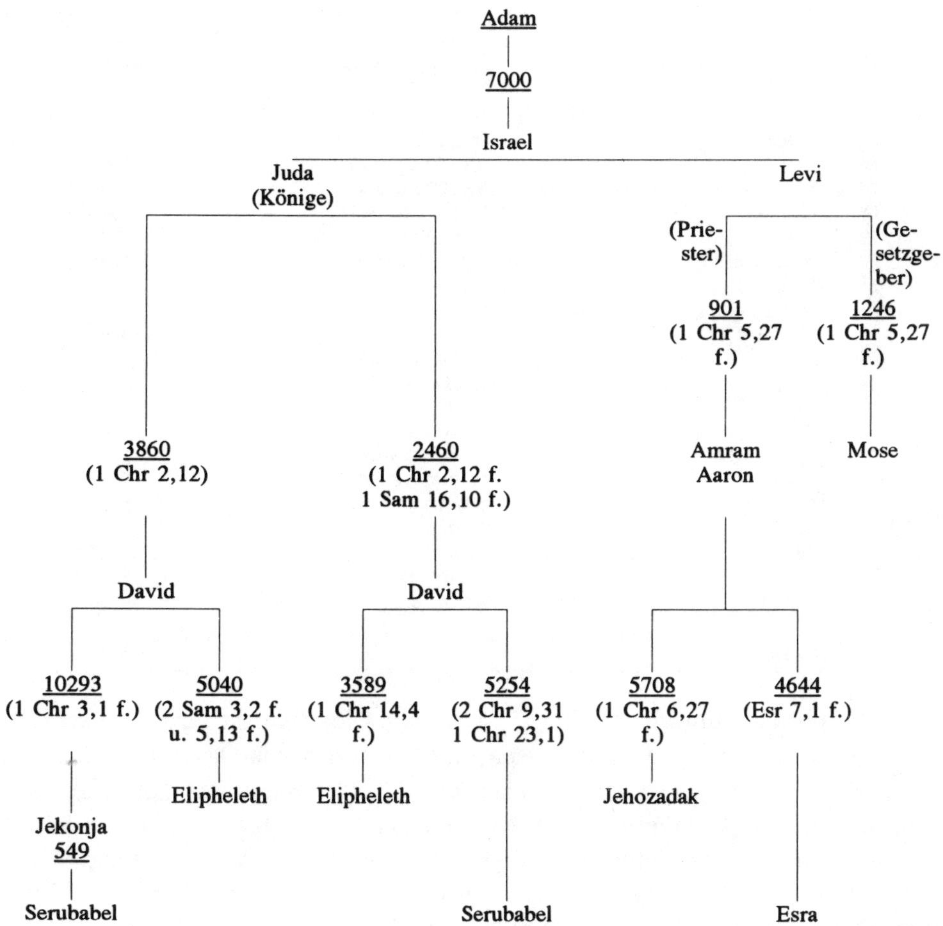

Von Adam bis zum König David: Die Königsliste

Die Stammeslisten im Buch der Chronik (1 Chr 1.2) reichen von Adam bis zum Höhepunkt der Geschichte Israels unter David und ergeben die folgende Aufzählung:

1.	Adam	1-4-40 =	45
2.	Seth	300-400 =	700
3.	Enosch	1-50-6-300 =	357
4.	Kenan	100-10-50-50 =	210
5.	Mahalalel	40-5-30-30-1-30 =	136
6.	Jared	10-200-4 =	214
7.	Henoch	8-50-6-20 =	84
8.	Metuselah	40-400-6-300-30-8 =	784
9.	Lamech	30-40-20 =	90
10.	Noah	50-8 =	58
11.	Sem	300-40 =	340
12.	Arpachschad	1-200-80-20-300-4 =	605
13.	Schelach	300-30-8 =	338
14.	Heber	70-2-200 =	272
15.	Peleg	80-30-3 =	113
16.	Reu	200-70-6 =	276
17.	Serug	300-200-6-3 =	509
18.	Nachor	50-6-8-200 =	264
19.	Terach	400-200-8 =	608
20.	Abraham	1-2-200-5-40 =	248
21.	Isaak	10-90-8-100 =	208
22.	Israel	10-300-200-1-30 =	541
	(1 Chr 2,1)		(7000!)
23.	Juda	10-5-6-4-5 =	30
24.	Perez	80-200-90 =	370
25.	Hezron	8-90-200-6-50 =	354
26.	Ram	200-40 =	240
27.	Aminadab	70-40-10-50-4-2 =	176
28.	Nachson	50-8-300-6-50 =	414
29.	Salma	300-30-40-1 =	371
30.	Boos	2-70-7 =	79
31.	Obed	70-6-2-4 =	82
32.	Isai	10-300-10 =	320
33.	David	4-6-10-4 =	24
	Summe:		9460

Es wird wohl ein Hinweis auf die 33 Jahre sein, die David in Jerusalem regierte (1 Chr 29,27), wenn es 33 Namen sind, die von Adam bis David führen. Israel (= Jakob in 1 Chr 2,1) ist nach Adam der 22. (der durch das göttliche Wort Geschaffene), und die Werte der Namen betragen bis zu ihm 7000. Darin ist ein besonderes Wirken der göttlichen Heiligkeit = (7 x 1000) zu sehen. Bis David, der in diesem Abschnitt der Chronik „plene" geschrieben ist, sind die Werte als Summe 9460. Diese Summe bedeutet: Im Davidkönigtum hat der Herr aller Völker, Elohim (86), sein Volk zur Größe gebracht, nämlich durch sein Wort (22), das in den Mosesbüchern (5) gegeben wurde. 86 x 22 x 5 = 9460.

Die vollendete Liste mit den 39 (!) Namen

Es fällt auf, daß im ersten Buch der Chronik (1 Chr 2,12) vor David ausdrücklich seine Brüder aufgeführt werden. Bezieht man nun diese mit ein, dann ist David, der nach seinen 6 Brüdern der Siebte (!) ist, in der Liste von Adam bis David der 39.! Auch hier ist die Symbolik mit Händen zu greifen: Von Adam bis David waltet über der Geschichte der Einzige Jahweh, der „Jahweh echad", der im Zahlenwert 26 und 13 (= 39) gelesen wird. Dann ist schon fast zu erwarten, daß auch die Reihe der Namenswerte von Adam bis David eine aussagemächtige Summe ergibt. Es liegt folgende Liste vor:

1.	Adam	1-4-40 =	45	
2.	Seth	300-400	700	
3.	Enosch	1-50-6-300 =	357	
4.	Kenan	100-10-50-50 =	210	
5.	Mahalalel	40-5-30-30-1-30 =	136	
6.	Jared	10-200-4 =	214	
7.	Henoch	8-50-6-20 =	84	
8.	Metuselah	40-400-6-300-30-8 =	784	
9.	Lamech	30-40-20 =	90	
10.	Noah	50-8 =	58	
11.	Sem	300-40 =	340	
12.	Arpachschad	1-200-80-20-300-4 =	605	
13.	Schelach	300-30-8 =	338	
14.	Heber	70-2-200 =	272	
15.	Peleg	80-30-3 =	113	
16.	Reu	200-70-6 =	276	
17.	Serug	300-200-6-3 =	509	
18.	Nachor	50-6-8-200 =	264	
19.	Terach	400-200-8 =	608	
20.	Abraham	1-2-200-5-40 =	248	
21.	Isaak	10-90-8-100 =	208	
22.	Israel	10-300-200-1-30 =	541	7000
23.	Juda	10-5-6-4-5 =	30	
24.	Perez	80-200-90 =	370	
25.	Hezron	8-90-200-6-50 =	354	
26.	Ram	200-40 =	240	
27.	Aminadab	70-40-10-50-4-2 =	176	
28.	Nachson	50-8-300-6-50 =	414	
29.	Salma	300-30-40-1 =	371	
30.	Boos	2-70-7 =	79	
31.	Obed	70-6-2-4 =	82	
32.	Isai	10-300-10 =	320	
33.	Eliab	1-30-10-1-2 =	44	
34.	Abinadab	1-2-10-50-4-2 =	69	
35.	Schimea	300-40-70-1 =	411	
36.	Netanel	50-400-50-1-30 =	531	
37.	Radai	200-4-10 =	214	
38.	Ozem	1-90-40 =	131	
39.	David	4-6-10-4 =	24	
	Summe:		10860	

Die Bedeutung der Summe 10860: Der Gottestitel von Ex 3,14, „Ich bin der ich bin“, heißt hebr. Ehejeh ascher Ehejeh, im Zahlenbild 1-5-10-5 1-300-200 1-5-10-5 = 543. Die Zahl der Ausbreitung in die Welt, die dem Volke Israel einmal verheißen wurde in Abraham, der seine Augen erhob „nach Norden und Süden, nach Osten und Westen“ (Gen 12,14), ist die Fülle der Vierheit, die Zahlen 1, 2, 3 und 4 in ihrem angewachsenen Reichtum also:

$$
\begin{array}{c}
1 \\
1 + 2 \\
1 + 2 + 3 \\
1 + 2 + 3 + 4 \qquad = 20
\end{array}
$$

Und 543 x 20 = 10860. So steht über der vom „Einzigen Jahweh“ geleiteten Geschichte Israels (= 39 Namen von Adam bis hin zu David) das Walten des „Ich bin der ich bin“ (= 543), der sein Volk in die Fülle (20 = angewachsene 4) des Davidischen Großreiches führte. (Eine andere Auflösung führt zu der bedeutungslosen Primzahl 181.)

Eine Liste der Davidsöhne im Samuelbuch (2 Sam 3,2 f.; 5,13 f.), die von den End-Redakteuren miteinbezogen wurde

1.	Amnon	1-40-50-6-50 =	147
2.	Kileab	20-30-1-2 =	53
3.	Absalom	1-2-300-30-6-40 =	379
4.	Adonia	1-4-50-10-5 =	70
5.	Schephatja	300-80-9-10-5 =	404
6.	Jitream	10-400-200-70-40 =	720
7.	Schamua	300-40-6-70 =	416
8.	Schobab	300-6-2-2 =	310
9.	Nathan	50-400-50 =	500
10.	Salomo	300-30-40-5 =	375
11.	Jibchar	10-2-8-200 =	220
12.	Elischua	1-30-10-300-6-70 =	417
13.	Nepheg	50-80-3 =	133
14.	Japhia	10-80-10-70 =	170
15.	Elischama	1-30-10-300-40-70 =	451
16.	Eljada	1-30-10-4-70 =	115
17.	Elipheleth	1-30-10-80-30-9 =	160
	Summe:		5040

Die Bedeutung dieser Zahl läßt sich am besten von den oben genannten Zahlenwerten des Gründers Israels herleiten. Der Vollender Israels, David, hätte mit seinen Söhnen das „Haus Jakob“ vollenden sollen; das aber ist durch menschliche Schuld nicht geschehen.

Doch auch der Segen Gottes hat über ihm gewaltet. Die Zahl des Segens ist 60 = 4 x 15; 60 Buchstaben zu 15 Wörtern (Num 6,22-27). Die Zahl Jakobs beim Beginn der Zeugung der 12 Söhne war 84 (7 x 12). 60 x 84 = 5040.

Die 1. Chronistische Liste der Davidnachkommen (1 Chr 3,1 f.)

Söhne
a) in Hebron

1.	Amnon	1-40-50-50 =	141
2.	Daniel	4-50-10-1-30 =	95
3.	Absalom	1-2-300-30-6-40 =	379
4.	Adonia	1-4-50-10-5 =	70
5.	Schephatja	300-80-9-10-5 =	404
6.	Jitream	10-400-200-70-40 =	720

b) in Jerusalem

7.	Schimea	300-40-70-1 =	411
8.	Schobab	300-6-2-2 =	310
9.	Nathan	50-400-50 =	500
10.	Salomo	300-30-40-5 =	375
	+ Jedidjah	10-4-10-4-10-5 =	43
	(Von Gott ausdrücklich verliehener zweiter Name Salomos: „Liebling Jahwehs", gemäß 2 Sam 12,25)		
11.	Jibchar	10-2-8-200 =	220
12.	Elischama	1-30-10-300-40-70 =	451
13.	Elipheleth	1-30-10-80-30-9 =	160
14.	Nogah	50-3-5 =	58
15.	Nepheg	50-80-30 =	133
16.	Japhia	10-80-10-70 =	170
17.	Elischama	1-30-10-300-40-70 =	451
18.	Eljada	1-30-10-4-70 =	115
19.	Elipheleth	1-30-10-80-30-9 =	160
Schwester:	Thamar	400-40-200 =	640
(1 Chr 3,9 eigens den Brüdern zugezählt!)			
	Summe:		6006

Könige:

(Die Verse 3,10-15 bieten „nur die Namen jener, die als Könige Davids Nachfolger wurden".)

20.	Rechabeam	200-8-2-70-40 =	320
21.	Abia	1-2-10-5 =	18
22.	Asa	1-60-1 =	62
23.	Josaphat	10-5-6-300-80-9 =	410
24.	Joram	10-6-200-40 =	256
25.	Achazjahu	1-8-7-10-5-6 =	37

26.	Joas	10-6-1-300 =	317
27.	Amazjahu	1-40-90-10-5-6 =	152
28.	Asarja	70-7-200-10-5 =	292
29.	Jotham	10-6-400-40 =	456
30.	Achas	1-8-7 =	16
31.	Hiskiahu	8-7-100-10-5-6 =	136
32.	Manasse	40-50-300-5 =	395
33.	Amon	1-40-6-50 =	97
34.	Josiahu	10-1-300-10-5-6 =	332
35.	Jochanan	10-6-8-50-50 =	124
36.	Jojakim	10-5-6-10-100-10-40 =	181
37.	Sidikiahu	90-4-100-10-5-6 =	215
38.	Sallum	300-30-6-40 =	376
39!	Jekonja (letzter König)	10-20-50-10-5 =	95

Königssprossen zur Zeit des Exils:

40.	Sidikia	90-4-100-10-5 =	209
41.	Pedaja	80-4-10-5 =	99
42.	Serubabel[170]	7-200-2-2-30 =	241
			4836
			+ 6006
	Summe:		10842

Die Deutung

1. Die Summe der Namenswerte der Davidssöhne und Thamars ergibt die Zahl 6006. Das ist 39 x 7 x 22: Jahweh der Einzige (39) schafft in Heiligkeit (7) die Geschichte Israels durch sein Wort (22).

2. Die Gesamtsumme der Davidssöhne (plus Thamar) und der Könige und Königssprossen bis zur Heimkehr des Davididen Serubabel, der gemäß Neh 12,1 und Esr 7,11 mit dem großen Restaurator Esra, dem zweiten Mose, den religiösen Wiederaufbau leistete, beträgt 10842. Das ist 39 x 278. Das Bekenntnis des Glaubens Israels: „Jahweh ist einzig" (39) und der Name des großen Esra. Esra ist als Zahlenwert 70-7-200-1 = 278. (Da die Primzahlen 13 und 139 dieser Zahl zu Grunde liegen, ist eine andere Lösung nicht zu sehen.) Also ist hier ein Hinweis auf die Führung des Davidsvolkes bis zur Erneuerung durch Esra.

3. Die Zahl der Davidssöhne und der Davidischen Könige bis Jekonja, der nach 1 Chr 3,17 als letzter König regierte, bis er der von Nebukadnezar „Gefangene" wurde, ist genau 39. Auch das weist hin auf die Davidischen Könige, die sich nach dem Chronisten der Führung durch „Jahweh den Einzigen" (39) nicht bewußt blieben.

Eine Liste der tatsächlichen Könige und der zum Königtum Berechtigten

Wie schon erwähnt, gibt es Listen und Zahlenwerte, die erschlossen werden können. Es gibt auch eine Darstellung der Königszeit (2 Chr 9,29 f.; 2 Chr 10,1 f.; 1 Kön 11,41 f.), die die geschichtliche Abfolge der Königsreihe gibt. Dann ist zum Verzeichnis aus 1 Chr 3,9 durch Hinzufügung des Namens und Titels Salomos eine weitere Liste zu erstellen, die im Text der geschichtlichen Darstellungen enthalten ist. Wir fügen dann zu der Liste von Rechabeam bis Serubabel, die den Wert 4836 hat, noch die Zahl des Salomon und seines Titels hinzu: 375 und 43. Dann erhalten wir als Liste der tatsächlichen Geschichte:

Rechabeam — Serubabel	4836
Salomo	375
Titel Salomos	43
Summe:	5254

Die 2. Chronistische Liste der Davidssöhne (1 Chr 14,4)

In 1 Chr 14,4 taucht fast unvermittelt eine zweite Liste der von David in Jerusalem gezeugten Söhne auf. Es sind — wie in 1 Chr 3,1 f. — 13 (!) Söhne. Die Verfasser haben auch diese wohl aus der Tradition übernommene Liste berücksichtigt. So konnten sie eine zusätzliche Symbolik unterlegen. Die Namen der besonders Hervorgehobenen in 2 Sam 3,2 und 5,13 sowie in 1 Chr 3,1 f. (mit Thamar) und die Liste 1 Chr 14,4 ergibt 73 Zeugungen, ein Hinweis auf die auch hier wirkende Schöpferweisheit Jahwehs (Chokmah = 73). Die Liste hat folgende Namenswerte:

1.	Schamua	300-40-6-70 =	416
2.	Schobab	300-6-2-2 =	310
3.	Nathan	50-400-50 =	500
4.	Salomo	300-30-40-5 =	375
	Jedidjah	10-4-10-4-10-5 =	43
5.	Jibchar	10-2-8-200 =	220
6.	Elischua	1-30-10-300-6-70 =	417
7.	Elpelet	1-30-80-30-9 =	150
8.	Nogah	50-3-5 =	58
9.	Nepheg	50-80-3 =	133
10.	Japhia	10-80-10-70 =	170
11.	Elischama	1-30-10-300-40-70 =	451
12.	Beeljada	2-70-30-10-4-70 =	186
13.	Elipheleth	1-30-10-80-30-9 =	160
	Summe:		3589

Beide Chronistische Listen zusammen ergeben für die Königskinder Davids:

	6006
	+ 3589
Summe:	9595

Das bedeutet folgendes: den dreimal angewachsenen Fülle-Wert von Jehuda und Jahweh echad.

1. Juda, hebr. JHUDH = 10-5-6-4-5
2. Jahweh, hebr. JHWH = 10-5-6-5
3. Echad (einzig), 'CHD = 1-8-4

1. Juda	2. Jahweh	3. Echad
10	10	1
10+5	10+5	1+8
10+5+6	10+5+6	1+8+4
10+5+6+4	10+5+6+5	
10+5+6+4+5		
101	72	23

101 x (72 + 23) = 9595. Die Zahl 9595 kann gedeutet werden als das von David gegründete und vom einzigen Jahweh geschaffene und ihm verpflichtete Juda, dessen Name nach dem Exil theologisch vorherrschend wird.

Die Endzusammenfassung

Die letzte Aussage dieser Werte erschließt sich im Blick auf das gesamte Königtum, also die Zeit der Vorbereitung von Adam bis David, dann über seine Söhne bis zum letzten König, zu Jekonja, „dem Gefangenen" (1 Chr 3,17). Die Liste in 1 Chr 14,4 der in Jerusalem geborenen Söhne Davids, die 2. Chronistische Liste der Davidssöhne, scheint uns auf die Davidsprinzen hinzuweisen, die als „in Jerusalem geboren" in ihrer Gesamtheit (1 Chr 3,9) das Königtum mitverkörpern. Die Namenswerte von Adam bis David und von den Jerusalemer Söhnen (und als Prinzen über ganz Israel Geborene) bis zum letzten König Jekonja ergeben:

Von Adam bis David:	10860
Von Schimea bis Elipheleth:	3557
Von Rechabeam bis Jekonja:	4287
Summe:	18704

Diese Zahl ist wegen der Primzahl 167 sinnvoll nur auflösbar als: 7 x 4^2 x 167. Das heilige, von Israel auszurufende und den Königen anbefohlene „Schma".

Die Liste von Adam bis Mose, dem Verfasser der Thorah: Die Gesetzgeberliste

Außer der Liste von Adam bis zum König David und seinen Nachfolgern gibt es noch die Liste der Nachkommen Adams, die in Mose münden — über den Israel/Jakobs-Sohn Levi.

Adam	1-4-40 =	45	
Seth	300-400 =	700	
Enosch	1-50-6-300 =	357	
Kenan	100-10-50-50 =	210	
Mahalalel	40-5-30-30-1-30 =	136	
Jared	10-200-4 =	214	
Henoch	8-50-6-20 =	84	
Metuselah	40-400-6-300-30-8 =	784	
Lamech	30-40-20 =	90	
Noah	50-8 =	58	
Sem	300-40 =	340	
Arpachschad	1-200-80-20-300-4 =	605	
Schelach	300-30-8 =	338	
Heber	70-2-200 =	272	
Peleg	80-30-3 =	113	
Reu	200-70-6 =	276	
Serug	300-200-6-3 =	509	
Nachor	50-6-8-200 =	264	
Terach	400-200-8 =	608	
Abraham	1-2-200-5-40 =	248	
Isaak	10-90-8-100 =	208	
Israel	10-300-200-1-30 =	541	7000
(1 Chr 2,1; Gen 35,10)			
Levi	30-6-10 =	46	
Qehat	100-5-400 =	505	
Amram	70-40-200-40 =	350	
Mose	40-300-5 =	345	
Summe:		8246	

Die Priesterlisten

Außer der Linie von Levi zu Mose haben wir auch zwei Listen des Priestertums als Ergänzung der Linien des Königtums von Juda aus.[171] Sie beginnt mit Levi:

Levi	30-6-10 =	46
Qehat	100-5-400 =	505
Amram	70-40-200-40 =	350
Summe:		901

Nicht Mose, sondern Aaron und seine Nachkommen beginnen die Priesterliste:

Die 1. Priesterliste: Aaron bis Jehozadak (1 Chr 6,27 f.)

Aaron	1-5-200-50 =	256
Eleasar	1-30-70-7-200 =	308
Pinchas	80-10-50-8-60 =	208
Abischua	1-2-10-300-6-70 =	389
Bukki	2-100-10 =	112
Usi	70-7-10 =	87
Serachja	7-200-8-10-5 =	230
Merajot	40-200-10-6-400 =	656
Amarja	1-40-200-10-5 =	256
Achitub	1-8-10-9-6-2 =	36
Zadok	90-4-6-100 =	200
Achimaaz	1-8-10-40-70-90 =	219
Asarja	70-7-200-10-5 =	292
Jochanan	10-6-8-50-50 =	124
Asarja	70-7-200-10-5 =	292
Amarja	1-40-200-10-5 =	256
Achitub	1-8-10-9-6-2 =	36
Zadok	90-4-6-100 =	200
Schallum	300-30-6-40 =	376
Hilkija	8-30-100-10-5 =	153
Asarja	70-7-200-10-5 =	292
Seraja	300-200-10-5 =	515
Jehozadak	10-5-6-90-4-100 =	215
Summe:		5708

Die 2. Priesterliste von Aaron bis Esra (Esr 7,1 f.)

Aaron	1-5-200-50 =	256
Eleasar	1-30-70-7-200 =	308
Pinchas	80-10-50-8-60 =	208
Abischua	1-2-10-300-6-70 =	389
Bukki	2-100-10 =	112
Usi	70-7-10 =	87

Serachja	7-200-8-10-5 =	230
Merajot	40-200-10-6-400 =	656
Asarja	70-7-200-10-5 =	292
Amarja	1-40-200-10-5 =	256
Achitub	1-8-10-9-6-2 =	36
Zadok	90-4-6-100 =	200
Schallum	300-30-6-40 =	376
Hilkija	8-30-100-10-5 =	153
Asarja	70-7-200-10-5 =	292
Jochanan	10-6-8-50-50 =	124
Asarja	70-7-200-10-5 =	292
Seraja	300-200-10-5 =	515
Esra	70-7-200-1 =	278
Summe:		4644

Die Deutung der Summe aller Zahlen ist bereits gegeben worden (s. oben). 50544 $= 39 \times 3^2 \times 12^2$.

Anmerkungen

1. C. Schedl, Baupläne des Wortes, Wien 1974, 46
2. a.a.O., 43-44
3. Unter den Stichwörtern „Gematrie“ und „Zahlen“ sind in den Bibellexika Hinweise zu finden, z. B. Leon-Dufour (Hrsg.), Wörterbuch zur biblischen Botschaft, Freiburg 1967; Bibel-Lexikon, Hrsg. von H. Haag, Zürich 1968; B. Reicke — L. Rost (Hrsg.), Biblisch-Historisches Handwörterbuch, Göttingen 1962.
4.

1.	’	Aleph	1	12.	l	Lamed	30
2.	b	Beth	2	13.	m	Mem	40
3.	g	Gimel	3	14.	n	Nun	50
4.	d	Daleth	4	15.	s	Samech	60
5.	ḥ	He	5	16.	ʿ	Ajin	70
6.	w	Waw	6	17.	p	Pe	80
7.	z	Zajin	7	18.	s	Sade	90
8.	ch	Cheth	8	19.	q	Qoph	100
9.	t	Tet	9	20.	r	Resch	200
10.	j	Jod	10	21.	ś/š	S(ch)in	300
11.	k	Kaph	20	22.	t	Taw	400

5. J. Becker, Wege der Psalmenexegese, Stuttgart 1975, 77
6. a.a.O., 77
7. J. Kremer, Pfingstbericht, JBS 63/64, 154
8. H. Haag, Bibel-Lexikon, a.a.O., Sp. 905
9. „In mehreren Psalmen (besonders Ps 1) spüren wir sehr deutlich, daß der Fromme sich nicht nur am Laut des gehörten, sondern besonders am Bild des geschriebenen Gesetzes erfreut.“ H. Haag, Das Buch des Bundes, Düsseldorf 1980, 267
10. Zur neueren Diskussion um die Priesterschrift: E. Zenger, Gottes Bogen in den Wolken, Stuttgart 1983, 27 ff.
11. Der babylonische Talmud, hrsg. von L. Goldschmidt, Bd. VI, Regensburg ^{3}1981, 74
12. C. Schedl, a.a.O., 35
13. A. Goldberg, Die Mühe Gottes, Judaica 36/3, 112; A. Wünsche, Aus Israels Lehrhallen, Bd. 5, Hildesheim 1967, 95 f.; B. Jacob, Das erste Buch der Tora, Genesis, Berlin 1934, 313
14. Zit. nach G. Schedl, a.a.O., 35
15. Hollenberg-Budde, Hebr. Schulbuch, Basel ^{24}1963, 3
16. A. Wünsche, a.a.O., Bd. 4, 297
17. F. Nötscher, Die Psalmen, Würzburg ^{4}1953, 240 f.
18. M. Peter, Dtn 6,4 — Ein monotheistischer Text? BZ 1988/2, 252 ff.
19. Pentateuch und Haftaroth, hrsg. von J. H. Hertz, Bd. 2, Berlin 1937, 391-393
20. A. Wünsche, Bd. 3, 171
21. W. Beyerlein, Wider die Hybris des Geistes, Studien zum 131. Psalm, Stuttgart 1982, 38 (Anm. 6) und 92
22. Zum Begriff „Weisheit“ (Sophia): ThWb, 7, 482
23. Es würde den Rahmen dieses Buches sprengen, wenn hier eine Buchstaben- und Wortzählung der Psalmen, besonders der „Weisheitspsalmen“, vorgenommen würde.
24. Zur Textdiskussion auch: L. Schwienhorst, Die Eroberung Jerichos, Stuttgart 1986, 18-19. Der gesamten Arbeit liegt der Text zugrunde: Biblia Hebraica Stuttgartensia, Stuttgart 1971.
25. B. Reicke — L. Rost, a.a.O., Sp 415
26. D. Arenhoevel, Erinnerung an die Väter, Genesis 12-50, Stuttgart 1976, 62
27. „Zu dieser 'priesterlichen' Bearbeitung wird man auch einige chronologische Angaben, die sich in den Vätergeschichten finden, zu rechnen haben. ... Die runden Zahlen (75, 100, 175) zeigen, daß hier ein durchdachtes System zugrunde liegt.“ R. Rendtorff, Das Alte Testament, Neukirchen-Vluyn 1983, 147

28. D. Arenhoevel, a.a.O., 35
29. S. Ph. De Vries, Jüdische Riten und Symbole, Wiesbaden ^{2}1982, 54
30. K. Seybold, Der aaronitische Segen, Neukirchen-Vluyn 1977, 18
31. Bibliotheca Rabbinica, Bd. IV, Hildesheim 1967, 388
32. F. Nötscher, a.a.O., 128
33. Raschis Pentateuch-Kommentar, Hrsg. von S. Bamberger, Basel ^{3}1962, 29
34. S. Ph. De Vries, a.a.O., 39
35. G. v. Rad, Das erste Buch Mose, Göttingen ^{6}1961, 132
36. P. Lapide, Mit einem Juden die Bibel lesen, Stuttgart ^{2}1958, 105
37. Vgl. Bibliotheca Rabbinica, I, a.a.O., 222
38. B. Jacob, a.a.O., 430
39. Zum Gottestitel „Gott der Götter" weist G. Braulik darauf hin, er drücke „nach semitischem Sprachgebrauch die höchste Steigerungsform der Oberherrschaft Jahwehs aus". G. Braulik, Testament des Mose. Das Buch Deuteronomium, Stuttgart 1976, 50
40. C. Westermann, Genesis, Neukirchen-Vluyn 1974, 349
41. E. Zenger schreibt dazu: „Was die Symbolik der einzelnen Zahlen ist, wissen wir bis jetzt weder für die mesopotamische noch für die biblische Tradition." E. Zenger, a.a.O., 144
42. „Ein befriedigender Schlüssel ... ist noch nicht gefunden. Daß die Zahlen der Semitenliste (11,10 ff.) mit unserer Liste (5,1-32) auf ein System abgestimmt ist, ist anzunehmen." G. v. Rad, a.a.O., 54
43. R. Smend, Die Entstehung des Alten Testamentes, Stuttgart 1978, 57
44. F. Weinreb, Der göttliche Bauplan, Zürich 1966, 74
45. H. Junker, a.a.O., 24
46. E. Zenger, a.a.O., 89
47. C. Schedl, a.a.O., 24
48. S. Ph. De Vries, a.a.O., 267
49. P. Deselaer, Das Buch Tobit, Göttingen 1982; und H. Haag, Bibel-Lexikon, a.a.O., Sp. 1761
50. L. Ruppert, Pentateuchdiskussion und Josefserzählung, BZ 1985/I, 39
51. C. Westermann, a.a.O., 661
52. J. Scharbert, Genesis 1-11, Würzburg 1983, 101
53. B. Jacob, a.a.O., 295
54. C. Westermann, Theologie des AT in Grundzügen, Göttingen 1978, 188
55. H. Junker, Genesis, Würzburg ^{3}1953, 41
56. B. Jacob, a.a.O., 307
57. J. Scharbert, Genesis 1-11, Würzburg 1983, 117
58. W. Gesenius, Hebräisches und Aramäisches Handwörterbuch, Berlin ^{17}1959, 192
59. E. Zenger, a.a.O., 107
60. J. Becker, 1 Chronik, Würzburg 1986, 6
61. H. A. Steck, Der Abschluß der Prophetie im AT, Neukirchen-Vluyn, 1991, 18
62. Th. Bomann, Das hebräische Denken, Göttingen ^{5}1968, 118 und 123
63. Zur Vereinbarkeit von Gen 11,10 mit Gen 5,32: B. Jacob, a.a.O., 306 f.
64. Zu den Angaben bis zur Regierungszeit Salomos bemerkt G. Sauer: „Hier kann man sich des Eindrucks nicht erwehren, daß es sich um konstruierte Zahlen handelt." G. Sauer, Die chronologischen Angaben, ThZ 24, I 2
65. L. Schwienhorst, a.a.O., 98
66. K. Koch, Die Zahlen der jüdischen Könige, VT, Vol. 28, Faszikel 4, 28 ff.
67. G. Sauer, a.a.O., Anm. 6
68. P. Weimar und E. Zenger betonen, daß „die Zahl 480 ... in sich als Symbolzahl aus 12 x 40 einen Höhepunkt der Zwölfstämmegeschichte Israels signalisieren will." P. Weimar und E. Zenger, Exodus, Stuttgart 1975, 116
69. E. Zenger, a.a.O., 148

70. „Gottes Ziel mit seinem Volk Israel war von Anfang an, das ist schon in Gen 1 angedeutet [Festzeiten-Anzeige der Gestirne], die Einrichtung des Gottesdienstes im verheißenen Land und dessen Mitte, dem Tempel von Jerusalem." C. Westermann, Theologie des AT in Grundzügen, a.a.O., 169
71. G. Henschel, 1 Könige, Würzburg 1984, 48; M. Rehm, Die Bücher der Könige, Würzburg 1954, 25
72. J. Scharbert, Exodus, Würzburg 1989, 104
73. C. L. Meyers, The Tabernacle Menorah, Michigan 1976
74. F. Josephus, Jüdische Altertümer, Wiesbaden o.J., 160
75. B. Reicke — L. Rost, a.a.O., Sp. 1038
76. H. Haag, a.a.O., Sp. 1951
77. J. Plasteras, Und rettet sie aus Ägypten, Stuttgart 1970, 167
78. R. Oberforcher, Die Flutprologe als Kompositionsschlüssel der biblischen Urgeschichte, Innsbruck 1981; J. P. Lewis, A study of the interpretation of Noah and the Flood, Leiden 1978, 138; Raschis Pentateuch-Kommentar, a.a.O., 21-23; Bibliotheca Rabbinica, Bd. I, Midrasch Bereschith Rabba, a.a.O., 148
79. R. Smend, a.a.O., 57
80. Die Arche als Thorah-Schrein im Bild: M. Hengel, Juden, Griechen und Barbaren, Stuttgart 1976, 145
81. B. Jacob, a.a.O., 188; E. Zenger, a.a.O., 109, 112, 175
82. J. Scharbert, Genesis, a.a.O., 88; E. Zenger, a.a.O., 111-115
83. P. Kuhn, Gottes Selbsterniedrigungen, München 1968, 39
84. J. Ratzinger, Am Anfang schuf Gott, München 1986, 27; U. Cassuto, A Commentary on the Book of Genesis, Jerusalem 1961, 94, 271
85. B. Jacob, a.a.O., 20; E. Zenger, a.a.O., 65
86. Sidur Sefat Emet, Hrsg. von S. Bamberger, Basel 1982, 164
87. B. Jacob, a.a.O., 63
88. J. Scharbert, a.a.O., 54-55; O. Loretz, Schöpfung und Mythos, Stuttgart 1968, 117; L. Ruppert, Die Sündenfallerzählung in vorjahwistischer Tradition und Interpretation, BZ 1971/2, 198; W. Richter, Urgeschichte und Hoftheologie, BZ 1966/1, 97 ff.
89. J. Ratzinger, a.a.O., 51
90. Zit. nach F. Weber, Jüdische Theologie, Hildesheim 1975, 221
91. F. Weber, a.a.O., 22
92. Sidur Sefat Emet, a.a.O., 171; Bibliotheca Rabbinica, Bd. III, Debarim Rabba, a.a.O., 1
93. „Nach Stellenwert" heißt die Zählung der Buchstaben in der Aufzählung von 1. bis 22. Buchstaben (s. Alphabet).
94. C. Westermann, Genesis, a.a.O., 295
95. B. Jacob, a.a.O., 124
96. H. Gese, Vom Sinai zum Zion, München 1974, 107
97. Bibliotheca Rabbinica, Bd. IV, Der Midrasch, Mischle, a.a.O., 114
98. H. Gese, a.a.O.
99. J. Scharbert, Exodus, a.a.O., 45-46
100. N. Lohfink, Ich will euer Gott werden, Stuttgart 1981, 41
101. Es ist eine Frage der Definition, ob die Zahl 2 zur Primzahlenreihe gehört. Die priesterschriftlichen Verfasser waren dieser Ansicht.
102. R. Schmidt, mit Gott auf dem Weg, Stuttgart 1977, 32
103. J. Becker, 1 Chronik, Würzburg 1986, 86
104. J. Plasteras, a.a.O., 179
105. G. Braulik, Das Testament des Mose, a.a.O., 6, 13, 14
106. G. Braulik, Deuteronomium, Würzburg 1986, 7
107. H. Junker, Deuteronomium, Echter-Bibel, Würzburg 1952, 8

108. Vers 2 als „Anfang einer abgebrochenen Beschreibung des Wüstenzuges" zu bewerten übersieht den feierlichen und wohl mit äußerster Genauigkeit gesetzten Charakter der Überschrift und Einleitung der „Mitte des Alten Testamentes". Die Zahl 11 muß mit Bedacht in die Zahlenbilder eingefügt sein als Teil derselben. S. a. H. Junker, a.a.O., 8
109. Gesenius, a.a.O., 473
110. K. Seybold, a.a.O., 18, 65; Kittel, ThW, Stuttgart 1935, 757
111. Bibliotheca Rabbinica, a.a.O., Bd. IV, Midrasch Bemidbar Rabba, 260
112. „Der im Gottesdienst vom Priester erteilte Segen (Num 6; Lev 9) kommt von dem Segen her, mit dem Gott seine Schöpfung gesegnet hat (Gen 1) ..." C. Westermann, Theologie des AT in Grundzügen, a.a.O., 189
113. B. Reicke — L. Rost, a.a.O., Sp. 1188
114. H. Schneider, Numeri, Würzburg 1954, 76
115. Pentateuch und Haftaroth, a.a.O., Bd. 4, Berlin 1937, 300; A. Wünsche, a.a.O., Bd. 5, 108.
116. Bibliotheca Rabbinica, Bd. IV, Hildesheim 1967, 521
117. D. Michel: Gott bei Kohelet, Bibel und Kirche 45/1, 32
118. F. Weinreb, Das Buch Jona, Zürich 1970, 163
119. S. Ben-Chorin, Jüdischer Glaube, Tübingen 1979, 247
120. J. Ziegler, Ezechiel, Würzburg 1953, 10
121. H. Gese, Zur biblischen Theologie, Tübingen ^{3}1989, 46
122. Pentateuch und Haftaroth, a.a.O., Bd. 5, 443
123. B. Jacob, a.a.O., 16
124. H. Vogels, Novum Testamentum Graece et Latine, Freiburg i. Br. ^{5}1955
125. The Greek New Testament, Hrsg. von K. Aland u.a., Stuttgart 1966
126. F. Belo, Concilium 1980/10, 544
127. R. Morgenthaler, Statistische Synopse, Zürich 1971, 68
128. Zusammenstellung bei R. Pesch, Das Markusevangelium II, Freiburg 1977, 16
129. Im genannten Text in Klammern.
130. Oder: Die griechischen Anfangsbuchstaben der einzelnen Wörter in ihrem Quersummenwert.
131. Oder: Die Anfangsbuchstaben der Wörter in ihrem vollen griechischen Zahlenwert.
132. Text: 5,41 „koumi" (Koinē, Vulgata); 15,34 „lema" (Koinē, R. Pesch, E.Ü.)
133. G. Strecker, RGG IV, 1450 f.
134. P. J. Kearney, He appeared to 500 Brothers, Novum Testamentum 22/3 1980, 264 ff.
135. Text: 9,8 „ei me" (anstatt „alla"); 9,9 „apo" (anstatt „ek")
136. Text: 14,22 (labon) „ho Jesous ton" (arton)
137. Text: 15,36 „tis gemisas" (ohne „Kai")
138. Text: 16,1 (he) „tou" (Jakobou)
139. R. Morgenthaler, a.a.O., 90
140. Einheitsübersetzung der Hl. Schrift, Neues Testament, Stuttgart ^{2}1980, 16 (Anm.)
141. Text: 1,6 (David de) „ho Basileus" (vgl. H. Vogels, a.a.O., 1)
142. Text: 5,9 (hoti) „autoi" (hyioi)
143. Text: 5,11 (pan) „rema" (poneron)
144. R. Morgenthaler, a.a.O., 91
145. Text: 6,10 (epi) „tes" (ges); 6,12 „aphiemen" (Hiermit wird auch die traditionelle, theologisch besser vertretbare Lesart bekräftigt: „wie auch wir vergeben unsern Schuldigern".)
146. Text: 22,37 „en hole kardia sou kai en hole psychē sou kai en hole te dianoia sou"; 22,39 „deutera de homoia"
147. Text: 26,26 „ton" (arton)
148. Text: 28,18 (epi) „tes" (ges)
149. Zum „biblizistischen" Stil des Lukas: H. Schürmann, Das Lukasevangelium I, Freiburg 1969, 141; Zur alttestamentlichen Monatsrechung zu 30 Tagen: H. Haag, a.a.O., Sp. 1164; Zum lukanischen „Nachahmen" des Bibelstils: G. Schneider, Die Apostelgeschichte, Bd. 1, Freiburg 1980, 70

150. H. Haag, a.a.O., Sp. 836
151. W. Grundmann, Das Evangelium nach Lukas, Berlin o.J. 123
152. H. Schürmann, a.a.O., 239
153. B. E. Thiering, NT 23, 1981/1, 41 ff.
154. „Natürlich handelt es sich hier um eine irreale Zahl ..." J. Roloff, Die Apostelgeschichte, Göttingen 1981, 63
155. Text: 1,28 „ho aggelos" (eipen); (Koinē, Vogels, E.Ü.)
156. Text: 2,2 (naute) „he" (apographe); 2,5 (auto) „gynaiki" (ouse); 2,12 „to" (semeion); 2,15 (aggeloi) „Kai ho anthropoi" (Koinē, Vogels)
157. Text: 15,12c „kai" (anstatt: „ho de"), (Koinē, Vulgata, Vogels)
158. Text: 23,44 (en) „hosei" (hora) (Koinē, Vogels, E.Ü.)
159. Text: 24,10b „hai (elegon)"
160. Text: 24,51 „kai anephereto eis ton ouranon"; 52 (kai outoi) „proskynesantes auton"; 53 „ainountes kai" (eulogountes) entsprechend: E. Schweizer, NTD 3.
161. G. Schneider, a.a.O., Bd. 2, Freiburg 1982, 396 f.
162. Text: 1,3 „ouden" (ho gegonen); Dazu: K. Aland, Eine Untersuchung zu Joh 1,3.4, ZNW 59/1968, 175 ff.; R. Schnackenburg, Das Johannesevangelium, Bd. 1, Freiburg 1965, 215 f. ist für diese Lesart offen. Einige Verse später entscheidet er sich für eine Lesart desselben Sinaiticus (a.a.O., 255), (E.Ü., 216; H. Vogels, a.a.O., 286).
163. R. Schnackenburg, a.a.O., 108 f.
164. W. Lütgehetmann, Die Hochzeit von Kana, Regensburg 1990
165. H. Vogels, Die Tempelreinigung und Golgotha, BZ 1962/6, 102-107
166. „17 Namen werden genannt." J. Roloff, a.a.O., 44
167. Einheitsübersetzung des Neuen Testamentes, a.a.O., 273
168. H. Kraft, Die Offenbarung des Johannes, Tübingen 1974, 15 f.
169. E. Lohse, Die Offenbarung des Johannes, Göttingen 1976, 4
170. Die Hoffnung, die sich auf Serubabel richten, sind in Hag 2,20-23 ausgesprochen.
171. "Das Priestertum der Könige ist vom Alten Testament, das in der deuteronomistischen Literatur nur noch Leviten und später ausschließlich die Söhne Aarons als Priester zuläßt, konsequent ausgemerzt worden." J. Becker, Messiaserwartung im AT, Stuttgart 1977, 35

Register der Personen- und Stämmenamen

Register der Bibelstellen

Altes Testament